地球人ライダー
松尾清晴

【ワルキューレ1500cc】

オートバイ
地球ひとり旅

ヨーロッパ編

CHOEISHA

ヨーロッパ編の走行ルート

オランダ・アムステルダムをスタートして西へ
地中海沿いを走り、フェリーも使い中東を経由し
東欧、北欧とヨーロッパの外回りをぐるっと一周する

2001/7/2
ノールカップ
North Cape

2001/6/25
オウル
Oulu

フィンランド
Finland

ロシア
Russia

2001/6/23
ヘルシンキ
Helsinki

2001/6/19
サンクトペテルブルク
Saint Petersburg

2001/6/22
エストニア
Estonia

2001/6/15
モスクワ
Moscow

2001/6/10
ラトビア
Latvia

2001/6/7
リトアニア
Lithuania

ベラルーシ
Belarus

カザフスタン
Kazakhstan

001/6/3
ルシャワ
Warszawa

2001/5/10
キエフ Kiev

ウクライナ
Ukraina

2001/5/4
ルーマニア
Romania

カスピ海

黒海

ジョージア
Georgia

パクー
Paku

2001/4/15
ブルガリア
Bulgaria

2001/2/12
2001/2/27（再訪）
アンカラ
Ankara

2001/3/1
バス移動で
シリア・ヨルダン
ビザ取得

2001/2/23
バットマン Batman

2001/2/9
イスタンブール
Istanbul

トルコ
Turkey

回は山沿い
訪は海沿い

2001/2/19
カッパドキア
Kapadokya

2001/3/3
アレッポ Aleppo

イラン
Iran

2001/1/29
2001/4/11（再訪）
アテネAthens

2001/2/17
アルタルヤ
Antalya

2001/4/9
キプロス
Cyprus

シリア
Syria

イラク
iraq

2001/4/9
フェリーで
イスラエルからギリシャへ

2001/3/28
イスラエル
Israel

2001/3/7
アンマン Amman

ヨルダン
Jordan

2001/3/13
カイロ Cairo

2001/3/20
至 アスワン

エジプト
Egypt

2001/3/12
フェリーでエジプトへ

オランダ　記念すべきオートバイ旅のスタートの地（上）
最初の国境を越えたベルギー・ヘント市内（下）
2000 年 11 月 4 日、7 日　撮影

ドーバー海峡を列車で移動（上）
ロンドン市内を走る（中）
返りはフェリーで移動（下）
2000 年 11 月 8 日、9 日、10 日　撮影

パリ　凱旋門を背景にシャンゼリゼ通りにて（左上）
「AN2000」と表示されたエッフェル塔（右上）
かわいい赤ちゃんを連れた家族（左下）　パリジェンヌと共に（右下）
2000 年 11 月 21 日　撮影

アンドラからフランスへ　猛吹雪の中をピレネー山脈越え
2001 年 1 月 7 日　撮影

ローマ　コロッセオ前で郷里の「ふるさと嬉野会長」とばったり遭遇（上）
ナンバーの「大宮」が読めるイタリア人とその家族（下）
2001 年 1 月 15 日、16 日　撮影

トルコ　故障を繰り返すもHONDAの看板を掲げるバイク店さんで修理してもらう　2000年2月17日、19日、22日　撮影

ヨルダン・ジャラシュ遺跡群で
2001年3月9日　撮影

クーフィーヤを被って
2001年3月11日　撮影

エジプトにて現地の子どもたちと共に
2001年3月24日　撮影

ボスニアヘルツェゴビナ　ユニオン隊と出会う
2001年4月29日　撮影

ユーゴスラビア・ベオグラードにて
2001年5月1日　撮影

ルーマニア　チャックを二度開けられる
2001年5月5日　撮影

ルーマニアのテレビに出演
2001年5月7日　撮影

ウクライナ・キエフにて
2001年5月10日、11日　撮影

クロアチアの美容院で現地の女性たちと偶然出会う
2001年5月18日 撮影

ロシア・モスクワ　赤の広場にて
右下はお世話になったタンニャさん
2001 年 6 月 16 日、17 日　撮影

ノルウェイでは大自然を満喫
2001年7月　撮影

スイス・グリンデルワルト　アイガーを背景に民宿の人たちと
2001 年 8 月 23 日　撮影

はじめに

2000 年 10 月 56 才で早期退職した。定時制高校卒業して国鉄に就職。肥前鹿島駅→東京駅→浦和車掌区。国労組合員だった。国鉄から JR に移行に伴い専務車掌から雑務種へ強制降格配転、上野人材活用センター 42 才。元の専務車掌に戻せと裁判闘争。裁判官も人の子だった。国の政策はくつがえすことはできなかったのだ。窓際族どころか軒下族 15 年。定年で裁判闘争は終了。闘い続け負け続けた。わが人生に悔いはなし。定年と同時にオートバイの旅に出る。

退職と同時に海外を走る決断した。計画もたてた。しかし、道路はどうなっているのか、ガソリンは、ガス欠になったら、強盗にあったら、宿は、事故ったら、言葉はしゃべれない、書けない、果たして走ることができるのだろうか。あれこれ考えると考えるほど、どんどん不安ばかりがふくれあがってくる。夜も眠れないほどになって来た。まだ発生もしていないこれらの事象。いくら考えても解決のしようがないではないか。「もういい」その時はその時だ、事件や事故が起きたその時に対応するしかないだろう、と、いろいろな想定することを途中でやめた。それで気持ちもおさまった。結果的にはそれでよかったのだ。

ところがどっこい日本から走り始めるオランダに着いたその日の朝、気が

ついたら病院のベッドの上だった。もらって食べたマリファナ入り睡眠薬ビスケット強盗に出くわしたのである。一万5千円盗られていた。こんなこともあるだろうと覚悟はしていたので落ち込みはしなかった。オランダ、さあー走るぞ、しかし右側通行だぞ……果たして走ることができるのか。実際走る前は不安で眠れない夜が続いた。ここまで来たらせっかく来たのだからと隣りの国も走ってみようとの気持ちにかわった。走り始める国境越えは緊張した。手続きはどこで何をするのかまったくわからん。

　行きあたりばったり。申請用紙の設問そのものが、わからん「すみません」「わかりません」「よろしくおねがいします」ひらがなで記入「OK」だった。わたしの場合、出国1時間、入国1時間、国境手続きに2時間かかった。そこからどんどん訪問国は広がって増えていった。140ヵ国の旅になった。オートバイを運べない島国などもあったのでオートバイで走った国は118ヵ国だった。19年間ずーと走り続けていたわけではない。日本からオートバイを送って約1年間〜1年半ぐらい海外を走って日本に戻りまた出発する……この繰り返し。

　パキスタンでは知り合った現地の人の家に預かってもらって帰国した。イタリアではオートバイ屋に預かってもらい帰国した。次に走る大陸をどうするのかそのあいだ帰国中に決めた。56才から75才まで19年間、140ヵ国、39万キロ、こんなに走れるとは思いもしてなかった。早く決断してよかったと今思う。道に迷った、戻った、転んだ、地元の人に手伝ってもらい聞きながら走ってきたことも書いた。まだナビやパソコンはなかった。学校で使う冊子の地図帳からノートに写して走ってきた。

　ピレネー山脈はそんなに高い山だとは想像もしなかった。まさか吹雪にあうとも想像しなかった。峠はスキー場になっていた。里に下りて安全な道になった所で雪道の怖さは身体の震えがしばらく止まらなかった。フランスのブドウ畑の畝は100m以上一本の線になっていて棚になっている日本のブドウ畑とは違った。以前は「中近東」と呼んでいた。ユーゴスラビア・今のセルビア名前を聞いただけでアフリカ同様怖さを連想していた。実際中東、ア

フリカの国に入ってみる普通の国だった（当たり前だ）。

　このころになって気持ちもだいぶ落ち着いてきた。雪が残っているトルコの峠で転倒……怖くなってイラン・ネパール行きはあきらめて暖かいシリア、ヨルダン・エジプトに切り替えた。ピラミッドを目の前にしたとき。おー……これがエジプトか。とうとうオートバイで「来てしまった」と感慨深かった。陸を走っている大型貨物船……貨物船はスエズ運河を走っていたのだ。東欧もくまなく走る。内戦でビル崩壊、屋根が吹っ飛び内戦の激しさは生々しく残っている。東欧の肉は安くてやわらかくてうまかった。日本じゃ食えないからあちこちの安い国で思いっきり食ってきた。

　モスクワ、クレムリンから北欧に向かった。地図では点々とある湖のフィンランド……実際走ってみると湖は見えなかった。北の果てノルウェイに入る。朝もない夜もない白夜の季節……なれるまでに戸惑う。ノルウェイの北では、地球ではないのではとゾクっと「鳥肌が立った」メハムン岬。寒かったなー。素通りしていいのかって自然に問いかけられている景色は素晴らしく写真におさめるのが忙しくなかなか先に進めない。ノルウェイからスウェーデンへと行ったり来たり。かっての東西ドイツ・ブランデンブルグ門も行ったり来たりした。

　フランスのユースホステルで出会った生まれたばかりの赤ちゃん。赤ちゃんを見た瞬間、ワッこんなにかわいい赤ちゃんがいるのかと驚いた。アフリカ黒人女性の赤ちゃんだった。幼いころ近くのミカンの木に止まっていた生まれたばかりの透き通った青白い「セミ」を見て逃げかえった同じ感覚を受けた、ほんとにかわいかった。「アルプスの少女・ハイジの里」リヒテンシュタインは 2000 人ほどの小さい国だとはじめて知る。そういえばアルプスの少女ハイジと同じく裸足で歩いている子どもをたくさん見かけた。

　最後のスイスで 42 ヵ国目。こわごわと走りだしたヨーロッパの旅は終わった。皆さんには親切にしてもらった。こらえきれずに泣いたこともあった。これもアフリカ編に書いた。アラスカではヘリコプターで病院に運ばれる交

通事故にもあった。入院費740万円の請求には、お・お・驚いた。これからオランダからオートバイを船でアメリカ、ニューヨークに送ってアメリカ中南米を走りだす。

　お詫び……日記をそのまま移しただけです。写真、名前などもそのまま使わせていただきました。お許しください。

推　薦　御　礼

　第一巻ヨーロッパ編。お医者さんであり探検家・関野吉晴さんに推薦を頂いた。アフリカに誕生した人間は世界の果てまで広がった。南極に一番近い南米パタゴニア最果てナバリノ島。この場所から逆ルートで遡上……カヤック、歩き、犬そり、トナカイそり、自転車……すべて自力でアフリカ・タンザニアにたどり着く。その関野さんから推薦を頂くことになった。なんとも申し訳ない気持ちです。ありがとうございました。

　一冊目アフリカ編は多くのみなさんにささえられてほぼ完売に近い部数になりました。感謝です。ありがとうございました。今回二冊目、走り始めのヨーロッパ編①巻も引き続きよろしくお願いします。

オートバイ地球ひとり旅　ヨーロッパ編
目　次

オートバイ地球ひとり旅

19年140ヵ国・39万キロ

バイクの松尾

笑われて・笑わせて・道に迷い・親切に泣いた

陸路国境238ヶ所　赤道直下4ヵ所・南の果て2ヵ所・北の果て2ヵ所

① 2000年10月9日～2001年8月31日

ヨーロッパ編

ヨーロッパ編
すべての旅のはじまり
西欧から南欧、アフリカ・中東を経由して東欧、北欧へ

ワルキューレ 1500cc オートバイ地球ひとり旅 19 年
笑われて、笑わせて、道に迷い、親切に泣いた
140 ヵ国・39 万キロ・地球 9 周・赤道直下 4 ヵ所・
北の果て 2 ヵ所・南の果て 2 ヵ所
日本語嬉野弁で越えた陸路国境 238 ヵ所

2000 年 10 月 9 日月曜　　　　オートバイ地球ひとり旅の始まり
　日本を 9 日出発、クアランプール経由 13 日オランダに到着。

旅の始まりは……病院のベッドの上……
ビスケット睡眠薬強盗にあう
2000 年 10 月 13 日金曜　　　　オランダ・アムステルダム

　38 年間勤めた会社を 56 歳で早期退職した。退職と同時に日本を飛び出した 2000 年 10 月 9 日。言葉も地理もわからず「どうなるのか」不安の中、クアランプール乗り換えで日本から最初についたのは出発地オランダ。空港からアムステルダム中央駅に朝 8 時頃ついた。駅前に出ると少しひんやりした空気。仕事に向かう通勤者はせわしく行き交うその通勤者に混じって歩いてアムステルダム・ユースホステルに向かった。

　ついに来たぞ「オランダに」心の中で叫ぶ初めてのヨーロッパだ。インフォメーションはまだ閉まっている。駅前の橋の欄干でユースホステルの住所をメモ用紙に書き写す。アムステルダムの水路に囲まれた、すっきりとした街並みに「きれいな街だな」と感激しながら歩く。うれしさを押さえて自分でも冷静で落ち着いている。トラベル会社みたいなところでアドレスを見せてユースホステルを聴くと「この方向で OK」と言ってくれた。

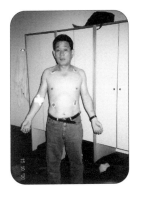

ビスケット強盗にあい、旅の
始まりは病院のベッドの上
だった。オランダに着いたオ
ランダ・アムステルダム

　信号で止まった。後ろから来た中年男にアドレスを見せてホテルの方向を
聞いた。男は「同じ方向だからついて来い」言葉はわからないがそんな感じ
だった。男はビスケットを食べていた。私に一枚くれた「どうもありがとう」
日本語でお礼を言う。2、3分歩いて道路脇公園のベンチに座った「なぜ座
るのか」理由もわからなくなっていた。目の前に小川が流れていたのは覚え
ている。

　ベッドの上に寝てる。天井と周りの壁は白い壁「ここはどこだー！」しば
らくして白い服を着た人が通った。「アッ病院だ」目が覚めて始めて気がつ
いた。ベッドの脇のイスの上にウェストバッグからはみ出している赤いパス
ポートが見える。起き上がろうとするが起き上がれない「両手両足」を縛ら
れているのだ。あばれたのだろうか？　お医者さんとは話をしなかったが看
護婦さんに「もう大丈夫だから」外に出してくれるように頼んだ。

　お礼は言って病院を出たとは思うが覚えてない。治療代も払った覚えがな
い。サイフの中を確かめると残っていた日本円1万5千円盗られている。
しかしカード類。パスポートは大丈夫だった。あの中年男はマリファナをビ
スケットに入れたビスケット睡眠薬強盗だったのだ。くやしいがよしとする
しかない。病院を出たのは夕方だったと思う。そのあとどこをさまよい歩い
たのか深夜になっていた。

　起こされたのは呑み屋のバーカウンターだった。「お客さん！」「おわりだよ」

みたいに肩をたたかれ店の終わりを告げるような言葉だった。店を出た、街のネオンの中からホテルを探した。ノックしたが三軒とも応答なし。腹が減っていた。お好み焼きみたいな店は閉店間際だった。金は払わずただでもらったような感じもする。マリファナ睡眠薬はまだ効いていたのだ、深夜の二時を過ぎていた。

　歩きながら食べた「あーそうだユースホステルに行かなければならないのだ」と気づいた。通りすがりの人にユースを聞くと偶然にも近いらしいことがわかる。日付は変わって14日になっている。24時間オープンのユースホステルに着いた。泊まりの受付けは朝7時からである。フロアーの長いすに横になりそのまま寝込んでしまった。朝、日本人旅行者に起こされ受付をすませた。

　マツオさん「目がうつろでクスリ（マリファナ）やってんじゃないか」とホテルスタッフが「言ってますよ」と日本人女性旅行者が教えてくれた。アムステルダム中央駅からユースホステルまで30分ぐらいのところを丸一日かかってしまった。オランダに到着したとたん「病院行きだった」ことなど「とても話せないなー」と頭の中をかけめぐる。これが日本に知れたらそれ見たことかと「拍手されて」「大笑いされる」こと間違いなし。だまっておこう。

　予想もしなかったとんでもない旅の始まりになってしまった。あーぁ、あしたは10月15日は57歳の誕生日。

2000年10月15日土曜　　　　アムステルダム

　朝起きたら同じ部屋の日本人女性に「松尾さんそれ何！」病院から出てきて心電図に使うようなものを張られていた。自分では気づかず女性に言われてはじめて気づく、これも旅の記念にと写真を撮ってもらった。フロントで宿泊手続きを手伝ってくれた日本人旅行者の女性、スペインの男女、4人でユースホステルに併設されているカウンターバーで夜は57歳の誕生祝い12時近くまで飲む。

スペインの男はプロのカメラマンと話していた。そのカメラマンに記念の写真を撮ってもらう（実はわざわざ日本まで送ってくれた写真を張り付けたもの）

2000 年 10 月 17 日月曜　　　ロッテルダム

日本から送ったオートバイを引き取るにも西も東もわからず不安のなかロッテダムに向かう。ロッテルダムのユースホステルからアドレス片手にオートバイの受け取りに向かう。アドレスを見せ地元の人に教えられたチンチン電車に乗る。うん？　おかしいな、確か港に事務所はあるはずなのに山に向かっている。アドレス住所のあるところで降りる。あっちで聴き、こっちに行って探すがわからない、どうも違うようだ。町に戻る。

タクシーの運転手に聞いてみよう。地図をしばらく見ていてどうにかわかったようだ。同じ名前が二つあったのだろうか。タクシーでだいぶ走ったところに日本語で書いた「ヤマト運輸」の小さい看板見つけた「あーここだ」ようやく着いた。大きな倉庫群が並ぶその一角にオートバイを受け取る営業所はあった。オートバイはまだ着いていなかったがとりあえずオートバイ受け取りの場所がわかりひとまず安心。

ここまでタクシー代 1 万円ぐらいかかったので帰りは「金がない」宿まで送ってほしいと頼んでみると若い人に送っていくように感じのいい上司みたいな人が指示してくれたので大助かりだった。

〈ATM で現金持ち去られる〉

銀行によって操作がまちまちな ATM 機械、アムステルダムからロッテルダムに来て初めて ATM を使う。夕方うす暗くなっていた駅前にある 2 台の ATM に 2、3 人づつ並んでいた。わたしも並んで現金を手にしようと機械操作を始めた。終わったが現金が出てこない。「ダメ」なのだろうか？　今度はとなりの機械でためしてみようと列に並んだ。離れたそのとたん「キャーッ」わたしのうしろに並んでいた女性二人は替わった瞬間叫んだ。

　男が走りだした。逃げたその男はみんなが並んでいるちょっと離れたうしろに立っていたのはわかっていた。「どうした」ほかの男の人が女性に聞いている。機械から現金を「盗んで逃げた」と話しているようだ。彼女たちのお金を持ち逃げされたと思っていたらなんと「わたしの現金」が出ていたのである。それをわたしが「出てこない」と勘違いして隣りに移ったそのスキを狙って持ち逃げされたのである。

　最小限の金額3000円ぐらいだったのでまだよかった。これも勉強とはいえ知らないととんだことになる。それにしても思い出すたびにくやしい。

2000年10月20日木曜　　　　ロッテルダム

　ロッテルダムのユースホステルで朝食のとき同じテーブルに年配の女性といっしょになった。女性はマイカーで来ていることが話しているうちに分かった。オートバイの受け取りが近づいてくるにしたがい「右側通行と街の信号」の道のことが気になって眠れないほど不安だった。「右側通行で信号のある」街を実際走ってみたいと思っていた。これまで町の交差点まで見に行って「右に折れるとき」「左に向かうとき」。

　とくとく「確かめて」はいたが実際街の中を走ってみないとわからないなーと不安を持っていた。目の前に座っているその女性に「乗せてくれ」と言いたいが今会ったばかりで言い出しきれない。食事を終えて一階のフロントで宿泊の延長をしていたらさっきの女性が戻ってきた。ペットボトルのお湯を忘れたらしい。チャンスだ「キューズミー、わたしを乗せてくれませんか」思い切って片言英語と日本語でたのんだ。

　すると「OK」と返事が返ってきた。「おーよかったー」あとで名前は「アルジ」さんとわかる。わたしより年輩に見える。わたしの小学校時代、気持ちの豊かな担任の先生の感じである。車に乗せてもらったアルジさんの車には黄色い菊の花がうしろの座席にふたつのせてある。どこに行くのかわからない、そんなことどうでもよかった。車に乗せてもらって「気持ちが落ち着き」ホッとしてうれしかった。

　走りだして街の中を過ぎた、尚しばらく走ったあと農家の庭に止めて卵を買った。このあと静かなところを走りお墓についた、お墓に花を生けるらしい。うしろの座席から菊の花をおろしたあとトランクにも菊の花が載っていた。花は二つとも根の付いたものだった。小雨の中お墓の周りの土を掘って菊の花を植えるのを手伝う。ここの国では日本と同じお墓の花は菊なのだろうか。自動車で街を走ったことで気持ちが落ち着いてきた。

オートバイ、港にて受け取る
地元の人の自動車に乗せてもらう
2000 年 11 月 3 日土曜　　　ロッテルダム

　これからオートバイでヨーロッパを走るとアルジさんに話した。アルジさんの車でオートバイを引き取りにヤマト営業所まで乗せてくれるという。前回のようにタクシーを使うこともなく助かった。オートバイは到着していた。アルジさんの通訳ですんなりとオートバイを受け取ることができて人助かりだ。ありがとうございました。そしてユースホステルと同じ料金で「私の家に泊まってもいい」とアルジさん。

オートバイを受け取ることができた。オランダ
アムステルダム

　あしたのこともあるのでお世話になることにした。アルジさんの自宅は五階建アパートの 3 階だった。坂本九さんの「見上げてごらん夜の星」をくちずさんでいたのでその人は「飛行機事故で亡くなったんですよ」と話したら驚いていた。坂本九ちゃんは海外でも有名だったんだなーと感慨深かった。また日本の「みそこち」って知っているかと聞かれる。その「みそこち」さんのぶ厚い本を見せてもらった著書は「溝口」と記してあった。自然食の先

生らしい。

2000 年 11 月 4 日日曜　　　　オランダ

　アルジさん宅を 10 時半ごろ出た。ベンジン（ガソリン）を入れてアルジさんのうしろについて走る。高速道路に入る手前で停まった。窓から手を挙げて前に進めのしぐさ。

　アルジさんの車を追い越して「どうもありがとうございました」別れのクラクションを鳴らした。A58 号線はきのうの夜頭に入れた。ハイウェイに乗って車の流れに沿ってスピードを上げる。

　とたんにこみあげて涙があふれてきた。知らない国で見ず知らずの人間にこんなにも親身になって面倒を見てもらって最後は助走までつけて「さぁー行けー」とばかりに勢いをつけて離してもらった。ハイウェイに入ってヘルメットの中で声をあげて泣いた、涙はとまらなかった。涙ってこんなに熱いのか。差別や選別には負けないが人の情には弱い。大きなことを言ったって自分ひとりじゃ何にも出来やしないことを思い知らされる。

アルジさんから食事のマナーを教わる
ユースホステルに戻ってある日のこと「マッツオー（松尾）レッスン」だとアルジさん
①パンを食べるときは少しずつちぎって口に入れなさい、一個を 3，4 回でほおばってはだめ
②パンが口の中に残ったまま、ジュースやミルク、コーヒーで流し込んではいけない。
③左手にパン、口はもぐもぐ、右手にジュースもだめと実際に自分でやって見せてくれた。ジュースを飲もうとしたら口を開けさせて口の中にパンが残っているからダメと注意された。
④ヒジ（肘）をテーブルにのせてはダメです。
以上レッスンを受けた。
わたしの食い方のマナーがよほど悪く気になっていたようだ。はずかしいことだが育ちが育ちだから許してもらおう。

目的地に着く時間なのにへんだなー。サービスエリアに寄せて○○に行く
んだけど「もっと先です」か地図を見せる。「ノーノー」「カムバック」と戻
れとのこと。逆の方向を走って来たのだ。「えー」上りも下りも考えないで
そのまま突っ走ってきたのだった。Uターンしてユースホステルに着いたの
は予定時間より3時間も遅れて着いた。高速から降りて道を聞きながらよう
やくオートバイで探して着いたユースホステルは子供たちの団体が入ってい
てダメ泊まれないと言う。

ホテルのフロントの人はとなりにある民宿を紹介してくれた。途中風車が
回っているのを見たのは初めてだった。一人での走り始めはとりあえず無事
に終わった。晩めしは魚屋さんで魚フライとビールを買う。そしてサンマみ
たいな魚を三枚に下ろしたものに玉ねぎをまぶしてそのまま、生の魚その場
で手でつまみ上げて口の中に放り込むオランダ名物の刺身「魚」らしい。
わたしには忘れられないなんともうまい刺身の魚だった。これからも機会が
あったら喰ってみたい。

ベルギー入国
2000年11月5日月曜　　　オランダ〜ベルギー

ゆうべはあれほど雨が降っていたのだが朝にはやんでいた。ベルギーに向
かって走っているつもりだったが車を止めて聞いてみると、また逆の方向に
走っている。途中この道は「ベルギー」「OK」かと「二度」も車を止めて聞
い時「ゴーゴー」と言ったではないか。ヨーロッパ人は道を聞かれると「GO－
GO－」と言うだけなのかいな、まったくー。

しょうがないなー。

そのあとも何回も聞き直してブリュッセル・ケントのユースホステルにど
うにかたどりつくことが出来た。この町は石畳で、路面電車のレールは滑り
やすいので転ばないかと、びくびくしながら市内を走る。ホテルで「オート
バイで世界を走る」わたしが掲載されている「朝日新聞の掲載紙」を自宅に
電話を入れて夜FAXで送ってもらう。

2000 年 11 月 6 日火曜　　　ベルギー

　朝からどんよりした曇り。今にも雨が降り出してきそうだ。きょうは休養日にする。洗濯物がたまっている。はじめてつかうコインランドリーへ。どうも勝手がわからない余分なコインを入れたのに動かない。コインがなくなり近くの肉屋に行ってハム、ワインを買いコインを手にした。小さい機械を使えばよかったのに大きい機械に入れたため 2 倍のお金を使ってしまった。洗濯を終えて市内をオートバイで一回りしようと出かけた。

　雨が降り出したのでホテルに帰ろうとしたが道がわからなくなった。自転車に乗ったお巡りさんが来た「兄弟が日本にいるとかなんとか……」話す。わからなくなったホテルのアドレスを見せるとオレの後を「ついてこい」と一方交通にもかかわらず誘導してくれた。サンキュウ、ベルギーのやさしいおまわりさん。きのうは地元の人に道をたずねたら色つき「付箋（ふせん）」に町の名前を書いてフロントに「張っていけ」と親切に教えてくれた。

　これは便利だ、道を聞くときはぎ取って地元の人に見せるとわかりやすのに気づいた。「こりゃーいいなー」これからこれを買って使ってみよう。「地元の人」に「行き先」をさっと見せて道を聴くことが出来る便利さに「ヒント」を得た。実は付箋に変えて途中から小さいノートに書き込んで雨でも濡れないようにフロントに工夫、最後までこれを使った。アドバイスありがとう。

路面電車のレールで滑らないように特に雨の時注意した。ビールだけのお店ばかりが目に付いた石畳の町ケント。
ベルギーヘント市内

2000 年 11 月 7 日水曜　　　ベルギー

　朝からシトシトの雨ふったりやんだり。きょうドーバー海峡を渡ってイギ

リスへと考えていたが様子を見てからにする。オートバイを出してケント市内の写真を撮るに出かける。すぐ戻るつもりで出かけたら帰りの道がわからなくなった。女性のおまわりさんにここは進入禁止と……さとされた。「キュウズミー」とあやまり走りだしたが道がわからなく、またもや同じ女性のおまわりさんに出会う。

　あんた「ライセンス」「持ってるのか」ここは「進入禁止」と強く注意され「スイマセン」とUターンして戻るがホテルがわからない。転ばないように濡れたレールに気をつけながらようやくホテルに戻ることができた。晩めしは近くの肉屋でハム、ワイン、レタスの親せきみたいな生で食べられる野菜。立ち飲みビール屋でジョッキー3杯→600円。あしたは晴れてくれーい。結婚する日本の友人にお祝いの「幸せに……」のメッセージを夜FAXで送った。

ドーバー海峡を列車で移動　イギリス入国・ロンドン到着
2000年11月8日木曜　　　フランス〜イギリス・ロンドン

　小雨の中ロンドンに向かい走りだす。ドーバー海峡のユーロトンネルは「走れる」とばかり思っていたら違うらしい。フランスCalaisカラス？　が入り口になっていた。チケットを買ってから2度3度チェックを受ける。3度目わたしだけが別室に呼ばれる。「帰り」の「航空券はあるか」「いやノーチケット」。わたしは「あっちこっち」回って「2年ぐらいで日本に帰る」女性係官は笑いながら「オーツーイヤー二年間か」と言いながらスタンプを押してくれた。

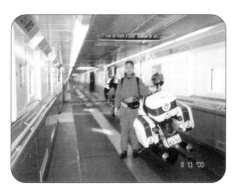

ドーバー海峡のトンネルは自走できると思っていたら列車で運ぶことになっていた。トラックなどの大きいのは別の貨車に載せていた。ドーバー海峡の列車の中（2000年11月）

いつの間にか雨は上がっている。広大な駐車場から列車に乗り込む。乗用車・オートバイはいっしょの列車。トラックなど大型車は別の列車で運ぶようだ。オートバイは2台だけ列車はすぐに動き出した、30分ぐらいでイングランド、ロンドンについた。さーてこれからユースホステルをさがす。ガススタンドで地図を見せて聞くがちょっとわかりづらい。信号で一番前に並んだオートバイのお兄ちゃんにアドレスを見せて「連れてって」と合唱ポーズ。

若い青年は「OK」とかなりの渋滞の中をすり抜けて走る、走る。ユースホステル近くの駅までかなりの距離30分以上引っ張ってくれて助かった。駅の近くにホテルはある、ユースホステルが見えているところまで近づいたがそこは一通の出口で入って行けない。ぐるっと回るとまたわからなくなった。二度目の周り道でようやくユースホステルに着くことができた。オートバイの青年の誘導がなかったら夜になってしまっただろう。

またイギリスでのオートバイの「走り方はーこれでいいのか」と学んだ。イギリスの青年ライダーさんありがとう。

ロンドン市内を観光のつもりで走るが渋滞ばかりでなかなか進まない、ロンドンバスのうしろについてカメラをステップに載っている乗客に渡して撮ってもらった。

2000 年 11 月 9 日金曜　　　イギリス

泊まっているユースホステルは郊外にあるのかと思っていたら、ロンドン市内にあった。バッキンガム宮殿も歩いて20分ぐらいのところだ。オートバイでバッキンガム宮殿に向かい市内を走る。赤い服を着た衛兵隊が近付いてきた。衛兵隊の交代なのだろう。これはいいチャンスだとばかり写真を撮ろうとオートバイを止めたら馬に乗ったお巡りさんにここに止めてはダメと

注意され、あわてたため転倒しそうになり危なかった。

　やっぱり衛兵の交代時間だったのだ。右側通行のせいもあるが標識もわかりやすく総体的にロンドンは走りやすい。雨が降り出してきたので道を聞きまくりどうにかユーホテルにたどり着きホッとする。近くのマーケットで肉を買ってキッチンで食事を終わらせる。

2000 年 11 月 10 日土曜　　　イギリス

　スコットランドに向かうのにハイウェイに乗る。いくら走ってもスコットランドに向かう M40 号が出てこない。途中地図を広げてみると今走っている M25 号は東京首都圏を回る 16 号みたいになっている。一日走りまくって着いたところは元の場所だった。はずかしくて昨夜のユースホステルには戻らず別のユースホステルを探して泊まった。笑い。

2000 年 11 月 11 日日曜　　　イギリス

　スコットランドに抜け出すため早めにホテルを出発。きょうこそは M25 号に乗るぞー。北へ北へと走っているつもりだが……一時間も走っているのに、また間違ったか？　ハイウェイをいったん降りガススタンドで聴く。間違ってないことがわかりホッとする。しかし、なかなか M40 号が出てこないので再びハイウェイを降りてみる。近くにハイウェイはなさそうで本線に戻る。するとまもなく M40 があらわれる。あーよかった。

　あとは北へ、北へ走る。マンチェスターのユースホステルへはガソリンスタンドの女性がわかりやすく紙に書いてくれたので一発でわかった。こうじゃなくちゃーわかりやすい地図の書き方はこのような人ばかりだといいんだがなーこれからはわたしも今日の女性の描いた「現在地〜目的地」を参考に地図を描こうと思う。

スコットランド到着

2000 年 11 月 12 日月曜　　　スコットランド

　ここのホテルの衣装はエプロンをつけて珍しいかわいい民族衣装を着てい

る。朝食は予約してないとだめだった。水飲んで出発した。これからは北へと一本道スコットランドを目指す。まるでカーテンが天井から垂れ下がり仕切ったように晴れ、雨、晴れ、雨と交互に現れる。グラスゴウはハイウェイの終点なのか。市内に入ると緑と白のマフラー、シャツを着こんだ人がぞろぞろとサッカー場に向かって歩いている。

　わたしは道路の端に止めて「ユースを探していると」本の地図を見せた。年配のおじさんが「すぐそこ」親切に説明してくれた「すぐそこ」のユースホステルに一時間かかってたどり着いた。ここは高台の場所にあり2、3泊はしてみたいロケーションのいい場所だった。でもこんな近くにユースがあるとは思っていなかったのでラッキーだった。

ユースホステルの泊まりの人々
ドミトリ（相部屋）は3人から12人部屋で6人8人部屋が一番多いかな。世界の若い人年寄りが同じ部屋に泊まることになる。シーツは借りる。匂いのある部屋、静かな部屋、昼寝てる人、夜遅く帰ってくる人、朝早く出て行く人などさまざま

ユースホステルで「感心したこと
ドイツの青年は夜遅く帰ってきたとき部屋の外の「廊下で着替えて」「スーッ」とベッドに入るだけで部屋の人たちに迷惑をかけない。朝早く出て行くときも荷物を部屋から出して「廊下で着替えて」出ていく心づかいには感心した。使い終わったシーツや毛布は四隅をそろえてきちんとたたんでいた。へーこんな風にするのかと感心する。さすがユースホステル発祥の地出身だ。

2000年11月13日火曜　　　　スコットランド・グラスゴウ（Glasgow）
　オートバイを洗車した午後から市内を一回りして来よう。意外と急な坂道がある。郊外に出ると走りやすい。時間があるので北の方面に走ってみよう2kmも走っただろうか、宿に帰ろう。帰るユースホステルが見つからない。まわりに回ってきのう走った町のセントロに出てようやく帰り道を探し当て

た。ユースホステルが見えたので晩めしはワインと「チーン」とするだけで
いいてんぷらフライを買って戻った。

ユースホステル「ひんしゅくを買う人びと」
夜中に旅行バックのチャックを開けたり閉めたり、ビニール袋を開けた
り閉めたりカシャカシャ音を出す、この音は夜は金属音に聞こえる。深
夜でも仲間がいると話を続ける人。出かける前に済ませておけばいいの
に深夜に帰ってきてからごそごそシーツを敷く日本人が目立つ。わたし
も最初はそうだった。

ユースホステル「ひんしゅくを買う日本人」②
小さくパックしてある朝食のバター、ジャム、そして果物などごっそり
と持って行くのですぐになくなってしまう。あるユーホステルでは日本
人がくると自由に取れるところからさーっと引き上げて日本人には一個
ずつ渡していた。

2000年11月14日水曜　　　　スコットランド

　グラスゴウから道に迷って行ったり来たり。これから進む方向の山は雪が
積もっているのが見える。まさかあそこの山は通らないだろうと眺め写真に
収める。だんだん山道になる。しばらく走り山の頂上からすそ野まで雪が積
もっているところを通る。もしかしてさっき下から眺めていた山ではないか。
高原を走り続ける、寒いな。山を越えてゆく、ヒョウみたいなものがフロン
トに当たって音をさせている。

　右に川なのか海なのか左にも茶色山の同じ風景が続く。小さい街に出た。
ガススタンドで満タンに給油したあと精算しようと事務所に行ったらおばさ
んが「○△○△？」何か言っている。カードでの支払いがダメなのか？　給
油した給油機までわたしを連れて行き「これは軽油」と指さされてようやく
わかった。よく見ればよかったのにいつもの早合点のくせが出てあとの祭り
だ。

スコットランド・ウラプールの港静かな静か一な街。スコットランドの果てに来たなーと言うようなところだった。寒かった。

「エーッどうする」近くに修理工場があるからそこで抜いてもらうようにとおばさんは話す。「なんかいい方法はないか」「そうだ」わたしはガス欠になったときのことを想定して日本から灯油のポンプをオートバイに積んでいる。おーよし、よしこれで抜いてしまおう。店からポリ容器を借りて抜き出した。残りどうしても5リッター程抜けない。これで大丈夫かと聞くと最初は「煙は出る」が走っている内によくなるとおばさんは笑う。

　軽油代＋ガソリン代を支払った。まーこれから注意すればいいことだ勉強、勉強と自分をなぐさめる。しかし相変わらずノーテンパーだ、あーあー、もう少し落ち着いてやったらどうだねまったく……。走りだして冬景色のいいところで停まって写真を撮る。さて、エンジンがかかるか、小さなパタッパタッ爆発音か出て煙も出る。数回セルを回すとエンジンはかかった。さびしい狭い山道を過ぎると小さい港が見えてきた。

　ここはスコットランドのウラプール（Ullapool）。道沿いにユースホステルはあったのですぐにわかった。ここに着くころには軽油の影響もなくなった。

2000年11月15日木曜　　　スコットランド

　静かでのんびりできそうなここウラプールの港町である。あと2、3泊したいところであるがだんだんと、寒くなりそうで雪でも降ったらと思うと恐くなりすぐに離れることにした。ここに来る途中足が冷たくなったので厚手の靴下を買った。日本と比べて値段が高いので一つだけにした。予定してい

たところを時間通り過ぎた。よし行けるところまで行こう。

　しかし雲行きが怪しくなり雨になりみぞれ交じりの雨は前が見えないほど
の降り方になった。「ゆきはよいよい、かえりはこわい」を歌いながら気を
まぎらせる。寒くて手足がしびれてきた。ガソリンスタンドでユースホステ
ルの位置を聞き出す。ここのユースホステルは町の真ん中の高台にある城塞
のようだ。ライトアップされている城塞の一角にユースがあった。じゅうた
ん、部屋のドアーなど豪華そのものだ。

　これまでのユースでは一番だったが四つのシャワーの内使えるのは一つ
だった。Stirling のユースの隣は城になっていて町を見渡せる展望がいい。

2000 年 11 月 16 日金曜　　　スコットランド

　スコットランドに向かうとき左に見えるユースホステル旧城に似た建
物に一度は泊まってみたいところと思っていた。きょうそのユース Loch
Lomond に着いた。泊まりは 12 人部屋にわたしひとりである。広い部屋の
じゅうたん、入り口のドアーは重厚で「ギーギー」と開け閉めすると不気味
な高い音を出す。

古城を思わせるユースホステル
一度はとまってみたいと思って
いたので帰りに泊まった。
スコットランド

2000 年 11 月 17 日土曜　　　スコットランド

　あさ出発の前に朝食をとろうと食堂に行くがカギがかかっている。「ちょっ
とすみません、キュズミー」大きな声を出すが応答なし。ついた時確かあし
たの朝 8 時―9 時に朝食と聞いたようだったのに。まーいいや、グラスゴウ

を過ぎて着いたところはヨーク York。一週間前に豪雨に見舞われたと聞いていたが大丈夫だろうか。市内入り商店の前でユースを聞くと一つ目の左に曲がったところにあった。

　ここまでは高原の道のアップダウン海のうねりのような道を４時間ぐらい走る。寒くなりホッカロンをくつの中に入れたらだいぶ楽になったが風が冷たくて停まるたびにエンジンに手をくっつけて温める。寒いのでイギリスはもう去らなければと思う。

わたしの食事

○夕食はついていないので自分でスーパーで買い物する。ほとんどのユースホステルにはキッチンがついているので自炊でき助かっている。日本にいる時は気づかなかったことだった。肉（牛、豚、マトン）＋レタス、玉ねぎは簡単ですぐ食べられるのがいい。きょうはワイン１本５００円、缶ビール９０円×２、ハム肉など一日１０００円ぐらいで収めたいがオーバーの毎日。

○ステーキはフライパンを熱く熱して油は使わない。片面２，３分づつ焼いて肉の中身はほとんど生のまま食っている。ステーキは一片２００円ぐらいだ。ケチャップをつけて召し上がる。南アフリカに来てからはワサビで食べるとうまいと聞いたので試してみたら本当にうまかった。

○日本にいるときは毎日赤身のマグロを食べていた。ワンパックのマグロを６，７等分に切り分けてその日食べる分だけ解凍していた。しかし不思議と外国に出た途端マグロを食いたいとは思わなくなった。体が要求しないので自分でも不思議に思う。ビールは毎日かかしたことはないが。

○ロンドンのホテル代・ガソリン代
ロンドン３７００円　・　ドーバー２２００円　・スコットランド２２００円
ガソリン１リッター１４１円　（２０００年１１月）

2000 年 11 月 18 日日曜　　　ロンドン

　ヨーク（york）からロンドンを通過ドーバー海峡近くまで走る。久しぶりにずーっと高速を 120 〜 150km で走る。ユースはガソリンスタンドで聞いてすぐわかった。ちょっと早目に着いたのだがユースは締まっている。フロントが開くまで市内をひとまわりして来ようと出かけた。商店街を歩いてまわる。さー帰ろう。途中でユースがわからなくなってしまった。

　最初町についた時のガソリンスタンドまで戻りようやくたどり着くことができほっとする。

　足が棒になるほど歩き続けた……ほんとにどうなるのかと不安になった。出かけるときはホテルの名刺など持って出かけるようにしなければと反省。今晩でイギリスともお別れだ。オートバイでスコットランドなどもう来ることはないだろうなー。それにしても雪に合わなくて助かった。もう少しで路面が凍るところだった。故障した車を道路脇に止めて修理していたのが目についたこともイングランドの特徴なのだろうか。

フランス・パリ到着
2000 年 11 月 19 日月曜　　　イギリス〜フランス・パリ

　ドーバー海峡に 9 時半に着いた。きょうはフランスに向かう。しかし船は 11 時だと言う「しょうがないなー」NO1 に行けといわれた通り進み先頭に。電話をかけに出かける。いったんカードを突っ込んで、2 度、3 度番号を入れる電話は面倒だなー、話す相手が出るまでがむずかしく大変な仕事になる。船が遅れて出港した。フランスに側に着いた。きょうは途中で泊まってあしたゆっくりパリに向かおうと走り出す。

　高速の道を飛ばすに飛ばす、よしパリまで行けそうだ。もうすぐパリ市内だ。ガススタンドで聴きながら一軒のユースに向かって走る。信号の待ち合わせでいっしょになった人にアドレスを見せると「おれについてこい」手まねきして誘導してくれる。もう夜になっている。途中「こっちに行け」とさしずしてもらって別れる。このあとあっちこっちで聞き直してユースホステ

ルにとうとうたどりついた。

　不思議なもんだなー「言葉もできないのに」日本語だけでパリ市内の一軒のホテルを見つけ出したのである。それも夜になっているのに自分でもびっくりするし不思議に思う。ユースホステルの地下にある駐車場はシャッターつきなのでグッドだよ、これなら安心だ。スタッフの感じもいいし、しばらく滞在してもいいなーと思う。

2000 年 11 月 20 日火曜　　　パリ

　午後オートバイの洗車場を探したがガススタンドではダメだったのでユースホステルの水道を借りる、なんとこれが圧力があって気持ちよく洗車できた。これはいいぞーこれからも借りようと思う。

凱旋門に感動
2000 年 11 月 21 日水曜　　　パリ

　はじめてパリ市内に出る。ついたばかりの時は、はたしてパリ市内を走ることができるのだろうかと不安だったが走らなくともしばらく滞在していると周りの空気がわかり不思議に不安も小さくなり気持ちも落ちつくようになった。さーはじめてスタートする。夕べパリ市内地図を頭に入れたが走り始めると、すぐにわからなくなる。ぐるぐるまわっているうちに目の前に凱旋門が見えた。あーっ凱旋門だ！　これ、これが凱旋門だ。

　道路の真ん中にオートバイを止めて写真におさめる。そして通りかかった人にオートバイといっしょに凱旋門をバックに写してもらった。さだかじゃないが、新聞でたしかここの道路に軽飛行機で舞い降りたことを覚えている。凱旋門を見た瞬間ほんとに「自分のオートバイできたんだー」となぜか感動した。凱旋門の周りを何重にも車が取り巻いて走っている。凱旋門からは放射線に 13 本道路が広がっている。

　凱旋門ロータリから出るのに難しいと聞いていたがウインカーを出して一発で以外にもすんなり自分の行きたいエッフェル塔方向に抜け出すことが出

来た。さーエッフェル塔についた。パリ市内をぐるぐる回りルーブル美術館の前に来た。最初フランス人の運転はどんなものだろうかと怖さもあったが、フランス人たちの運転はおだやかそのものだった。10 時ごろから 3 時ごろまで、まあーパリ市内をまずまず走り終えた。

　自分のオートバイでパリ市内を走ったぞ。よかった、よかった、うれしかった。

凱旋門が目に入った時あーほんとにオートバイで着てしまったと感動した。パリ市内

ユースホステル・クリシイのフランスの金髪女性
2000 年 11 月 22 日木曜　　　　パリ

　朝から雨模様、同じ部屋の人はフランス人と二人だけが続いている。朝食のあとフイルム 13 本を郵便局から日本に送る。その中に手紙を入れたかったので用紙一枚をもらってこの間の出来事を書いて入れた。一時間もかかってしまった。午後晴れてきたのでオートバイを持ち出して走り出す、わたしのあとをついてくるオートバイの人がいる。日本人だった。牛のいた市場近くの喫茶店で……

　フランスは農業国だからとかの話しを……その方はフランスにきてガイドなどの仕事をしながら暮らしていると話してくれた名前はサイさんとか言っていたが忘れた。帰り道がまたわからなくなってしまった、またもやオートバイの人に引っ張ってもらう。フランスは物価が高いと思っていたが宿代 2000 円、ワイン、ビール、肉、野菜、トータル 2800 円ぐらいですみそうだ。これじゃフランスは住みやすいじゃないかしばらくとどまろう。

フランス・パリのクリシイ・ユースホステル。マーケットも近くで物価も安く過ごしやすかった。ユースホステルのスタッフのフランシーヌのこころやさしい美女たち

2000 年 11 月 23 日金曜　　　パリ

　今までと違うルートでオートバイをライン川沿いに走りエッフェル塔に向かう。きょうはルーブル美術館に行くのだ。スムーズについた美術館前に駐車。美術館の中庭にあるガラス張りの建物は中国人の人が建てたものと知ってはいた。すごいものだ。目的はほほえみの「モナリザ」だけである。モナリザ展は 60 フランだった。

パリ・クリシイ・ユースホステル。地下に無料駐車場もあって安心だった。６００人ぐらいは泊まれる

2000 年 11 月 24 日土曜　　　パリ

　きょう日本の友達の結婚式へメッセージを送る。日本だとコンビニでFAXすれば5分もかからないんだけど。ここ郵便局では番号札を取って待つ、うーん1時間半もかかっただよーん。午後からハンドルカバーを買いに出かける、雨の日にこれがあると冷たくなくて楽なんだ。オートバイ部品はシャンゼリゼ大通り凱旋門の北の方にお店はあると聞いた。あった、あった両サ

イドに並んでいる。

　がっちりした防寒用は 4775 円まで負けてもらったがチト高いなー。ユースに戻ると日本女性 Y さんから「日本に帰らなければならなくなった」とメッセージを「掲示板に張ってある」とモロッコの男性が教えてくれた。メッセージといっしょに「地球の歩き方」のフランス地図だけを残してくれていたのでうれしかった、ありがたい。

2000 年 11 月 25 日日曜　　　パリ
　きのう郵便局で FAX を送ったので肩の荷が下りた、なにしろ FAX するにも電話するにも四苦八苦やっかいなことこのうえない。きょうは 100km 離れた Chartres 大聖堂を見学に行く、素晴らしい大聖堂だから見ていた方がいいと日本人女性が教えてくれていた。途中のガススタンドで「十字架の形」を胸の前で表すと「4km」先とすぐにわかって教えてくれた。それらしき建築物が見えてきた、思ったより小さいのでここではないのではと近づいた。

　いやはや遠くから見た教会とはえらい違い近づいてみるとこれ以上の教会はないのではと思わせる。でかいすばらしいステンドグラスの大聖堂は奈良の大仏さんも負けそうなものであった。名古屋でケーキ屋さんを開きたいと勉強に来ていた夫婦とは三日連続夕食は同じ時間帯だった。国によって少し違うオートバイいろいろ。ロッテルダムではオートバイは少ないように感じていた。ベルギーでも同じだった。

　イギリスではどっと増えて日本以上ではないかと思うほど多い。カワサキ、ヤマハ、スズキ、ホンダ。イギリスほどではないがフランスは BMW、カワサキ、スズキ、あとヤマハ、ホンダだろうか。スズキは分割で買いやすいシステムになっているから人気があるとパリ在住の日本人から聞いた。また雨のときフランスでは日本のエプロン前掛けみたいな、珍しいものをカバーをひざまでかけて走っているのを多く見かけた。わたしはきのう買ったハンドルカバーをつけた、さー雨よ降れ。

2000 年 11 月 26 日月曜　　　パリ

　きょうの目的は 3 つ。①ノートルダム寺院②オペラ大通り③パリの別の
ユースホステルを探す。走っているとプープーとクラクションが鳴る。あれー
「違反して走っているのかなー」とまわりを見渡して気にしていたがそうで
はないようだ。クラクションの車の方を見ると親指を立てている。わたしの
オートバイを見て「ナイス」の合図だったのである。注目されているのに初
めて気づいた。

　そういえばわたしのオートバイに興味があるらしく追い抜きざまや信号待
ちのときなどマイカーからプープーとクラクションを鳴らしたり、停まって
いるバスの中からも視線がある。最初は頭を下げながら挨拶していたが慣れ
てきてからは自分も「親指」をたてて「サンキュウ」とこたえるようにした。
注目されることはこんなにも気持ちいいものなのか、なんか有名になったよ
うな錯覚さえ覚えうれしかった。

　①ノートルダム寺院②オペラ大通り③ユースホステルとも地図を見てゆっ
くり走ったので意外と早く見つけることができた。ユースホステルも見つ
かった。凱旋門の屋上に上がってパリ市内を見渡した。帰りの道を今までと
変えてみようと走り出した。5 分もしないうちにすぐに地下道に入って「ア
レーやばい」高速道路に乗ってしまい迷宮入り。とんでもない郊外に来てし
まいあっちこっちに止めて聞き直して 30 分でつくところを 2 時間もかかっ
てしまった。

　きょうはスーパーや商店はすべて休み。小さな雑貨屋さんでワイン、野菜、
ハム、缶詰で晩飯にする。もうそろそろ次の国に移ろう。

2000 年 11 月 27 日火曜　　　パリ

　きのうシティバンクで引き出したあと、カードを落としたらしい。きのう
宿に帰ってから気づいたひとりしかいないシティバンクでだぁ。心配になっ
て朝一番シティバンクに向かう。カードはあった。マシンに飲み込まれただ
けだった。現金だけ手にしてカードを受け取ることを忘れていたのだろうか。

パスポートを差し出してカードを受け取る。あらかじめ聞いておいた電話番号日本のシティバンクに電話して止めてあったカードを解除してもらおう。

その解除に手続きはガイダンス案内。「現在シティバンクでは……」とシティバンクの宣伝に始まって、案内番号を次々押して人間が出るのは、しば〜らくたったころで、電話カードの度数がなくなってしまうのだ。もうイライラする。カードを新しく買って又かけ直しようやく人間が出た「どうしましたか」「バ〇ヤロウ、お前の銀行に電話するたびにお金が減るんじゃねーか」ほんとにシティバンクは困ったものだ。あきれるばかり。

この際銀行を変えようと思うほど腹が立つ。「カードはあった」これだけ伝えるのに 10 フランもかかった。セーヌ川沿いの外側に道が見える。いつもの通り道だ。そこを通ればホテルに戻りやすい。よし、あそこまで行けば楽ナンだ。橋を渡りきるとその道はなんと三ツに分かれていた。「エイっとばかり」車の流れにまかせ走ると橋を渡って元のところに舞い戻ってしまった。

二度目に今度は「よしっ」と左に走ってみると高速に入ってしまい 8km ぐらい走って町の中で高速に戻るのだがこれがやっかいなのだ。右折、右折高速を通り越して右折右折しなければならない。高速に戻りようやくいつもの帰り道に出ることができた。アーア 100m の橋を渡るに 30 分以上もかかってしまった。

パリの灯よ、さようなら
2000 年 11 月 28 日水曜　　　　パリ

お世話になったパリのユースを 8 時 40 分に出発。400km 先のシェルプール（Charbourg）と言う西の港の方まで走る予定。いよいよパリをはなれることになる。それにしてもパリのユースは自由で、スーパーも安くて居心地はよかったな。あっと言う間の 10 日間だった。意外とスムーズに目的のユースについた。受付は 14 時から 18 時まで休みと張り紙。ローカルになると 24 時間オープンではないのだろう。

　オートバイを駐車場に置いて市内巡りと歩きだす。ビールを飲んで17時を過ぎたので宿に戻ろう。余裕のある時間ではあるが帰る道がわからなくなってしまった。あっちこっち聞きながらまったく言葉が通じない（あったりまえだ）。しょうがないから高速から降りて最初に聞いた飲み屋さんまで戻る。少しほっとする。一つ目左、二つ目右斜め、またわからなくなった。2時間も歩いてようやくユースホステルについた。

　またもや足が棒になってしまった、でも見つかってホッとした。外に出るときは地図やホテルのアドレスは持って歩かないとひどい目に遭う。イングランドでもそうだったなー。きょう昼間高速料金所でわたしのカードが読みきれなくてダメだと言う。今までホテル、ガススタンドでもOKだったのに。「お金は」「ノーマネー」このあと事務所まで連れていかれて「名前は」パスポートを出さずにわざと日本の「免許書」を差し出す。

　日本語は読めないのだろう「OK」「GO」。すみませんでした。次の料金所でも同じことになってしまったが現金は持ってないのでそのまま通してもらった。すみません申し訳ないです。

モンサンミッシェル
2000年11月29日木曜　　　　フランス

　今にもどしゃ降りになりそうな雲行きの中出発。ゆうべはホテルに戻れなくて歩きとおしたので「かかと」の裏に豆ができたようで痛みがある。また夜中に足がつってしまった。しばらく運動してなかったので疲れなのかなー。走り出してしばらくするとゆうべホテルで見た絵葉書のようなおとぎの国のお城みたいなものが右手海岸沿いに見えてきた。驚いた、エーッあの絵ハガキの城は本物、ほんとに実存するものなのか。

　夕べの絵ハガキを見た時わたしはてっきり空想で描いたおとぎの国のお城だとばかり思っていた。そのお城が見えてきた、右手にみる城はどこから右に入るのだろう。城を見ながら走る。右に入る道だ、遠くに見えていた城は意外と近かった。5、6台の観光バスが泊まっている、その中に日本人観光

客ツアーもいる。「こんにちは」の挨拶は「オートバイで来ている」ことを実は自慢したかったのだ。驚いて写真を撮ったり、ビデオを回している人もあった。

　おとぎの国みたいなこの城が「モンサンミッシェル」であることをあとで知ることになる。

空想で誰かが描いた絵ハガキだとばかり思っていた、そのおとぎの国のお城があった。あとでモンサンミッシェルとわかった。世界遺産であることもあとで知った

　はずかしいことだけど世界遺産とはもちろん知らなかった。きょうの宿泊はユース。さらに走ってサインブリュウ（SainBreug）場所はわからず３回聞いてもわからない。ロータリーの陰におまわりさんが立っている、本の地図を見せると「よしわかった」と自分のオートバイでユースホステルまで引っ張ってくれた。

　ありがとうございました。おじぎしながら握手して別れる。ここは高台にあり裏手が陸上競技場で緑の芝生環境のいいところだ。

2000 年 11 月 30 日金曜　　　フランス

　日本を出てからはじめてハガキの便りを書くことに決める。なんとなく落ち着けるところ、朝から書き出したハガキは 36 枚。餞別金など頂いた方には書き忘れがないようにしなければと点検しながら書く。細かい字でびっしり書いたので全部書き終わった時は夜になってしまった。右手の親指はしびれたままだ。

2000 年 12 月 1 日土曜　　　フランス

　きのう書き終わったハガキを郵便局に出しにゆく。途中 3、4 回道を聞き郵便局についた。切手一枚 75 円 ×36 枚 +FAX750 円 =3465 円カード支払い。フランスの数字→ 1 は英語 ℓ の字に見える。

数字……これで「11」と読む。パリの鉄道駅で時刻を聞いてわからなかったので書いて教えてくれた。忙しかったのか「11」は左のような数字を書いてくれた。なんじゃいな、これと最初ビックリ。へーこれじゃ読めないよ。パリの鉄道で

2000 年 12 月 2 日日曜　　　フランス

　Brieuc ユースホステルを青空の中を飛び出す。午後から霧雨みたいな、いつものようなここらあたりの雨の降り方。StBriruc を 9 時 20 分、Brest を経由カンペル Qulmper で給油、ロリアン Lorlent ナント Nantes には 14 時 40 分ごろ到着。途中の西南の端にあるブレスト港ではヨットが海に映えて美しい光景だった。

　きょうは 2 回聞いただけでユースについたが今までのユースとは雰囲気がなんとなく違うのであと一軒探すことにする。探しているうちに一方通行に入りこんでしまいこれは「まずい」あわてて歩道に乗り上げる。エー工事中で行き止まり。歩道からちょっとバックして、ここは危ないなーと動いた途端転んでしまった。あーア工事中の鉄柵にフロントがガリガリ、通りがかりの人に手伝ってもらう。

　一回、二回で起こせず、腰がズキン。あらためて 1、2、3 でようやく起こすことができた。手伝ってもらった同じ年配の男の人にありがとうございました。フロントは傷ついたが割れなくてよかったなー。つかれているのだろう、降りて動かせばいいものを横着したばっかりに罰があたったのだ。薬局でユースホステルを聞くと地図をコピーしてもらって着くことできた。なんだか町の真ん中にあるユースだ。

ユースの目の前の道路には路面電車が走っている。9階のビル全体がユースホステルになっているようだ。シングル一人 180F=1350 円は安い、イヤそうでもないか。二晩泊ることにした。マーケットに買い物に行き二日分 1650 円。そう言えばフランスの薬局はグリーンの十字架が目印でネオンがついているので目立ってわかりやすい、薬局はどこでも結構よく見かる。

2000 年 12 月 4 日月曜　　　　フランス

朝方雨がかなり降っていたので出発をあしたに延ばそうかと部屋に戻るが 8 時ごろになると雨がやんできた。さっそくスタート。ハイウェイに乗るためパン屋のおばさんに聞き、一発でハイウェイに乗ることができてうれしかった。きょうは 600km 走ることになる。フランスとスペインの国境ビアレッツ Biarrit まで。天気はいいと思って走っていたら小雨と晴れ交互の天気模様。

わたしは 120 キロのスピードで走っているがほとんど追い抜かれてしまう。ほかの乗用車は 150 キロ以上のスピードで走っているようだ。わたしのオートバイは 140 〜 150 キロで走るとガソリンの減り方が早いので大体 120 キロで走るようにしている。もっとも経済効率がいいのは 90 〜 100km ぐらいだろうか。ビアレッツについた。さあーユースを探すぞ。ヨーロッパに来てから今までユースを探すのが趣味の仕事のようになってしまった。

探すのにいつも 2 時間ぐらいかかるが、すぐにわかるとつまらない気持ちに最近なってきた。今回もガススタンドでユースの場所を聞く。この場所に×印をつけて曲がるところに M 印だ、こうじゃなくちゃ。ぺちゃくちゃ言われてもわからないのでこの方法は手慣れた教え方だな。それを頼りに 10 分もかからないようなすぐ近くだったので走りだした。ところがどっこい少し走ってオートバイを止めて通りがかりにおばさん二人連れに地図を見せた。

「そこを曲がって」地図を出して「そこ」はどこなのかと聞く。矢印は右に、指先は左をさしている。地図の見方も知らないのか、「まったく」と胸の中でつぶやく。途中で「サンキュウ」と打ち切り再び走る。地図の中に海と思

われるものが描いてある。海ではなくて「Lake」は「湖」のことだとずーっとあとでわかった。そこはすぐ近くに海が見える。たしかこの辺だなー坂道を下りてゆくごろごろした石の狭い道。

　こりゃーヤバイ、違う。きのう見たいに転んでしまわないように何回もゆっくりゆっくり切り返して坂を上がって元の道に戻った。結局わからずさっきのガススタンドに戻った。手を大きく広げて「ダメだった」再び地図を出して「Youth Hostel ユースホステル」と書いたら両手を耳にあて「寝るところ」かと聞かれる。「そうだ」「そうか、そこを下って行き止まりのところ」その通り行くと2分でついた。「なーんだ」こんな近くだったのか。

　そこの近くには湖があった。地図には「Lake」を「湖」とわからず「海」と思っていたのだ。自分がバカなのに聞いたおばさんをバカにしたりして、最初から地図を見せておけばよかったのだ。アドレスだけ書いていたのでとんだ回り道になってしまった。部屋にはオーストラリア人と自転車で旅をしている日本人と同宿。イタリアあたりから自転車を買って一日50kmぐらい走ってきたと日本人の男は話していた。

2000年12月5日火曜　　　　フランス
　午前中洗車したあと市内を走ってすぐに宿に戻る途中ピレネー山脈が見える。泊っている日本人は自転車をひっくり返してタイヤを回して調整を繰り返している。あすはいよいよピレネー山脈を越えてスペインに向かおう。マドリードまでいけるかどうか。

フランスからペレネー山脈を越えてスペインに入った。これからマドリードに向かう

スペイン・マドリード

2000 年 12 月 6 日水曜　　　フランス～スペイン・マドリード

　朝 9 時ピアレッツをスタート。順調にピレネー山脈に入る。この手前には
かっての国境事務所があったのだろうと思われるハイウェイのゲートのよう
な建物が残されている。ユーロになって国境での点検、スタンプもいらなく
なりすいすい素通りできた。ピレネー山脈は山肌を登って走っていくのかと
想像して不安だった。意外に道はいい。しかしすんなりとはいかなかった。
延々と高原みたいな山道を走る。

　赤茶けた岩肌を通りぬけていく。途中で地図を見ると最初の予定の道を外
れているようだ。どちらに行ってもいいように計画はしていた。まぁいいや、
このまま走ろう。「本当にこの道でいいのかどうか不安になる」バイクを止
めて車の人に「マドリード」「OK か」と確かめ「OK」にほっとする。スペ
インのハイウェイの道路状態はよくない、言ってみれば粗雑な造りだ。アス
ファルトのデコボコ、特に継ぎ目でガタン、ゴトンと手に響く。

　道路状態なんかほかの車はお構いない 150km ぐらいのスピードで走る抜
ける。マドリードまでの標識が出てきた。予定より 1 時間遅れてマドリード
についた。いつものようにガススタンドでユースの場所を聞く。「NO」わ
からないと言う。しかたないオートバイにまたがろうとしたら白バイ 2 台が
入ってきた。チャンスだ道を聞こう「英語ができるか」「ノージャパンオンリー
日本語だけ」するとおまわりさんも「スパニッシュオンリースペイン語だけ」
と……きた。

　冗談をいいながらわたしにはわかりやすく親切に教えてくれる。わかった
つもりでも走り出せばわからなくなる。二度三度ききながらユースの近くま
で来た。トンネルをくぐってすぐの場所だと。教えている本人はわかるだろ
うがわたしには「そのすぐ場所」がわからない。公園の中にユースはあるら
しい。ガススタンドの隣にある、そのガススタンドの道は一通の出口になっ
ている。

　あーあー。広い公園をグルーっと回るが入り口がわからない。暗くなって
しまった。元のガススタンドに戻った。何回も何回も探したがわからない。
一通の出口から入るしかない。意を決して入っていく。ライトをつけた対向
車が来た。そろりそろり走る。ようやくユースに着いた。くたくたになっ
た。ヤレヤレと明かりのついたフロントも見える。すぐそばは遊園地らしく
ジェットコースターもまわっている。

　手早く荷物をおろしてフロントに行く。「きょうは満杯」と断られる。エーッ
「泊まれない」閑散としているのに泊まれないってホントかよ。9時になる
とキャンセル待ちで泊まれるかもとフロントは言う。いま7時だ。ここを離
れると二度と戻っては来れない。どこかのホテルを探そう。市内は渋滞して
いるゆっくりゆっくり走りながらホテルを探す。探しているときは見つから
ないもんだなー……もう8時を回っている。

　あーあった！　繁華街の中に「ホテル」のネオンと「P」のネオンもある。
よし、渋滞で止まっているのを利用してUターンホテルの駐車場に入る。
一泊6000円だ、高くても今日はしょうがない疲れてしまった。久しぶりに
湯船につかりさっぱりした。きょうは外食だ、はじめてのスペイン物価は安
いと聞いているどのくらいなのか。さっそく飲み屋さんに入る。ビールひと
くち飲んで気がついた、一文なし、お金を持ってきてない。

　「キューズ、ミー」英語は通じないらしい。カードでは「ダメ」とのこと。
「ノーマネー」「バンク、バンク」「OK、OK」ちかくのATMを聞き現金を
引き出して戻った。ATMのそばに人相のよくない人が立っている。ロッテ
ルダムでひったくられた経験からほかのATMを探したがなかったので再び
戻って思い切って最小の5000ペセタ=3000円引き出した。食事・ビール代
1900ペセタ=1200円ぐらいだろうか。

　高くはないと思うが、まだ安いのかどうか実感がない。さあーあしたは安
いユースか安いホテルをさがさなきゃならない。この夜のマドリードの町は
なんだか祭りのにぎわいの様子だった毎晩こうなのかなー。泊まれなかった

公園のなかのユースから町に出るとき公園の中をオートバイでゆっくり走っていると、女性たちがワーと群<ruby>群<rt>むら</rt></ruby>がってきた。最初は何してるのだろうかと思っていた。

　よく見ると娼婦とわかる装い客を誘っているようだ。2日たったあと入り口を探しに出かけたとき、昼間もそれらしき女性たちが数は少なかったがたむろしていた。

2000年12月7日木曜　　　スペイン・マドリード

　ホテル9時30分「i」のマークのインフォメーションに行き①市内地図②ユースホステルの場所③ホンダ・オートバイのサービス店を探そう。インフォメーションで③のホンダ店はマドードではなくバルセロナにあるらしい。地図を頼りに観光がてらユースホステルを探す。地図では簡単に見えるが実際走りだしてみると左に曲がらなければならないのにそこは一通で入れない。

マドリード市内

　次は右に曲がろうと思った途端に行きすぎてしまったりして泣きたくなる。この辺だろうとオートバイを停めて歩きで店の人に聞く。薬局では知らないと言う。オートバイが留まっているホンダの店がある。タイヤ交換は「やってるかどうか」聞きたかったので寄ってみる。タイヤ交換はやっていないと言う。地図を見せて「ユースホステル」の場所を聞くとすぐ近くにあるらしい。おーよかった。そのまま歩いて確かめることにした。

　曲がった角から200mのところにあった。オートバイで乗り付けて受付を済ませる。1泊1800ペセタ=1080円ドミトリー8人の相部屋だ。部屋に入

るとわたしに向かって「ヤーカンポ、カンポ」と言う青年がいる、キョトンとしているとゆうべ泊まれなかったユースにいた青年、ここのユースを教えてくれていたのを思い出す。あー「エスタデイ、ナイト夕べの人だった」ゆうべのユースの場所は「Comp カンポ」のところだったのだ。

　宿も決まったし市内をオートバイで走ってみる、カワサキ。ヤマハ、ホンダなど日本のオートバイを多く見かける。街でもマニアの中では人気があるようだ。わたしのオートバイもめずらしそうで、かなり興味のある目でのぞいていた。途中オートバイ屋があったのでオイル交換とオイルフィルター交換を頼んだ。オイル交換はできるがフィルターはないと言う。

　オイル代をカードで支払い済んで、待っていてもオイル交換をしようとしない「どうした？」「NO」何だここはオイルを売るだけの店なのか。古いオイルを捨てなければならないので近くで「交換してくれるところはないか」近くにあった。半分シャッターが閉まっている。あとでわかったことだがここスペインは午後４時過ぎぐらいまで店は昼休みであることがわかった。

　しょうがない、オイルだけ持ってホンダ店をようやく探した。ここも13:00から16:45まで昼休みと張り紙をしていた。そう言えばこの国は昼休みが長いと聞いていた。午後はほとんど仕事してないんじゃないのかー。いったん宿に帰ろう。どこでどうなったのか全く見当のつかない場所に来てしまった。うす暗くなって来てあせる。車の通りが少なくなってきた。

　ここではないかと動き回ってみるがわからなくなった、ガススタンドに来た。自分がいるところを印しつけてもらう。市内から外れてかなり遠くまで来ているようだ。帰ることができるのか、そのうち小雨から雨も本ぶりになり前が見えにくい。ちょっと出かけるつもりでカッパも持ってこなかった。心配になって3、4度聞いてもわからない、昼と夜では景色、風景はいつも見ているビルでもガラリと変わってくる。

　クリスマスのネオンはきれいだがビルの色がわからなくなった。市内に戻

り走りまわっているうちに見たようなビル、デパートが見えてきた。よし、大丈夫だ。かなり遅くなりそうだと覚悟したが8時前にユースホステルに戻れた。雨は上がったようだがびしょ濡れになってしまった。いつものようにキッチンに行ってみた。これまでのユースと違ってオーブン1個だけでガス台もなし、食器類も一個もなかった。

なーんだ「ここのユースは自炊できない」……途中で買い物をしてこなくてよかったすべて無駄になるところだった。外に食事に出かける、スペイン料理みんな評判はいいようだがわたしにはどうもあわないなー。つまみをいつも食べながら飲むと言う習慣になっているからなんとなくしっくりこない。飲んだ気分になぜかなれない。最初に店で1800ペセタ=1080円。二軒目で500円ぐらいだった。

久しぶりに黒牛マークのテキーラウィスキー1杯飲んで体が「なんだか変だ」いつものと違ったアルコールにびっくりしてるんだろうか、やっぱりビールとワインがいいのかな、俺の身体には……。

2000年12月8日金曜　　　くもり　　はれ　　　　スペイン・マドリード
きのう買った「オイル」交換をきょう自分でやることに決めた。古いオイルの容器は掃除のおばさんが持っていた小さなバケツを借りてビニール袋を敷いた。歩道のくぼみを利用してバケツを入れてオイルを抜くちょうどいいくぼみだ。抜いたオイルはビニール袋にいれたままゴミ置き場に置いてきた。うーん、すみませんごめんなさい。紙にオイルと書いとけばよかったかな。

新しいオイルはつるつるしたパンフレットの表紙をジョウゴの代わりに使った。最初入り口を絞りすぎてオイルがこぼれたが何とか工夫したら5リットル入りきった。足りたかどうか。とりあえず終了。これからは自分でもできるので一つ勉強になった。今まで日本ではお店まかせだったから少しは「自分でやっていた方がいいよ」とこれから旅に出る人に言いたい。それでも2時間ぐらいかかった。

オイル交換を終わったあと、オートバイで出かける。きのう見つけられなかったホンダ店についた。今昼休み時間なのかと近くにいる人に聞くと「きょうは休み」らしい。すんなりときょうは着いたのにこれだもんなー。あすマドリードを離れようか、それともあした来てみようか迷っている。19時になったシャワー浴びて外に出て晩飯にしよう。

> 松尾のおっさん。人にアドバイスするどころじゃないよ。
> オイルは入れればいいとゆうもんじゃないんだよ。3.6リッター入れればいいところを5リッターも入れてどうすんだね。そのためにオイルケージがあるってことさえ知らなかったのだ、まったく。次のオイル交換のときこりゃなんだと店の人がたまげていたろう。(あとでオイルの量の確かめ方をこのあと知るはめになったのである。こんなことも知らないでオートバイに乗っていたんだ。それで偉そうに「世界を走っている」と全く恥ずかしいことだと思わないのかこのうぬぼれじじ)「まったくアホのひとりごと」わたしのメカニックはこんなものでした。

スペインの西北・コルーシャ

2000年12月9日土曜　はれ　くもり　氷雨　雨　くもり　スペイン・コルーシャ

タイヤ交換はおそらくやってないと思うがホンダ店に朝行ってみた。やっぱりまだ開いてない。そのままマドリードを出発→西南の果てラ・コルーシャにむかう。10:00出発したが、高速A6(自分はE1と思っていた)に乗りきれない、ハイウェイに乗って進むがどうも違うようだUターン。なんと初日に迷いに迷った場所に着いていた。全然進んでいなかった。再び挑戦2時間も聞き直しながらようやくA6高速に乗った。

よしよしこれでル・コルーシャに行ける。「OK　OK」これでいいのだ……一人で叫ぶ、確信を持てれば安心だ。標識はすべてル・コルーシャになっている。よしよし、あとは「GO－GO」飛ばしに飛ばした。午前中のロスをとりもどそう。なんと、直線では192kmの自己最高スピードで走る。平均160kmのスピードで突っ走る。他の車が止まってるように見える。25kmを7分で通過。カーブも何ともない。やるぜー爺さんライダー。途中から山

岳地帯は工事中で一般道路になった。

　雨、ラ・コルーシャはマドリード、ユースの人や旅人も雨ばかりなので「行かないほう」がいいぞと言われたことを思い出す。人が住んでいるところなのでそんなに恐いところではあるまいと腹をくくり、逆に行きたくなったのだ。雨、小雨、氷雨とひんぱんにかわる。これ以上激しくならなければいいがな。あのスコットランドの山越えと同じだ。わぁーこの辺で泊まろうかなー。山の奥秘境みたいな静かなところでもある。

　温泉があれば泊まったかもしれないが時間は４時。もう少し走ろう。牛の車に追われるように突き進む。山を越えてから再びハイウェイに乗ってコルーシャに着いた。きょう中には着かないと思っていたが着いてしまった。ハイウィイから降りてホテルはすぐに見つかるだろうか。すでにリザ　ブになっているのでガススタンドで給油しながらホテルを聞く「一つ目を左へ二つ目も左へ」その通り進むが又ハイウェイに入ってしまった。

　また高速料金を払うはめに「ノーマネー」なので「カード」で払った。街の明かりは見えるがそこに行けない、だんだんと暗くなり田舎道になった。またもハイウェイに入りこんでしまった。わたしは「ホテルホテル」すると係官が地図をホテルの場所に×印を書いた。料金は「いらないと」サンキュウ親切でうれしい。すぐホテルは見つかった。食堂兼フロントに入った「ハロー、ツディナイト、スリーピング今晩泊まりたい」「OK」・「NO」

　最初中学生ぐらいの男の子に聞いているうちに小学生5、6年の女の子と3歳ぐらいの女の子が出てきた。「OK」と言ったあとオートバイは「地下宴会場」の隅に入れてもいいと案内してくれた。テーブルとイスを片付けてオートバイが入るスペースを空けてくれた。アー助かった。シャワーを浴びてカウンターに座る。つまみは海でとれる動物の爪に似ためずらしいものが出てきた。つまみは海のものがやっぱりいいな。

　そのうちにぞくぞく若い人たちがお店にやってきた。きょうは土曜だった。

自慢話のついでに地下のオートバイを見せたりした。よかったなー地元の人たちとふれあうことは楽しいものだった。子供だけだと思っていたが中学生に見えた人たちも成人の男女だった。きょう今まで最高192km スピード、この日771km 走った。この時予期せぬことが起きていたのだ。

2000 年 12 月 10 日日曜　　　スペイン・コルーシャ

　朝飯の時きょうも泊まるからとはなすと「NO」と返ってきた。どうしてだ「スリーピング」は「OK」だけど「NO」と言う。実はいろいろ聞いて30分もかかってきょうは日曜なので「5時」でレストランは終わり。したがって「夕食」はないとのことだった、「わかった」夕食はスーパーで買ってくることにした。10分ぐらいのところにスーパーがあった。夕方までは大丈夫だろうと銀行でお金を3000ペセタおろして先端と思われるコルーシャ漁港に着く。

　日曜なので漁港独特の活気やにぎやかさはない、海に揺られる魚船は静かだった。2時間ぐらいしてスーパーに戻ると閉まっている。日曜は2時で閉店になっているらしい。泊まっているレストランと言い休日は家族と楽しむ時間らしいうらやましいことだ。夕食は小さいお店で燻製に似たものとパンを買った。泊まっているホテルは家族でやっているのだろうかと思っていたが違うようだ。

スペインの最西北ル・コルーシャの町レストラン＆ホテル親切な人ばかり心やすまるところだった。やっぱり来てよかった。夕方に地元に人たちがいっぱいやってくるので楽しかった宿。

　最初子供と思っていた男の子女の子すべては従業員だった。あとから出てきた年配の女性は離婚したので男の子は父親が違うとその子供に聞こえない

ようにチラッと話した。どう見ても小学 5、6 年にしか見えない女の子は 3 歳の女の子を抱いて 9 時すぎ帰って行った。

2000 年 12 月 11 日月曜　　　はれ　くもり　雨　雨　くもり　スペイン

　朝パン 1 個と紅茶だけなのでビールをグラス一杯注文した。きょうはトコヤに久しぶりに行こう。精算は終わらせている。部屋を出るとき念のためウェストバックをのぞいたら「アッ」パスポートが「ない」。最後に出したのはマドリードユースホステルだ。どこでどうなったか、盗られたのか。ここに着いたときパスポートはと言われた時「部屋」にあるからあとでと言ったきり出さないでいたのでどこで失くしたかわからない。

　盗られたとは思いたくないが……疑ってもしょうがない自分のせいだ。飲んで食べて二泊してトータル 7200 円だった。そのままトコヤに行く。約・時間ぐらいかかったろうか、えり剃りは石鹸をつけないでカミソリを当てるので少しヒリヒリする、顔そりはなし =1000 ペタス 600 円ぐらいか。12 時にハイウェイに乗ってポルトガル目指して走り出す。VIGO の町で道を間違えて引き返す。

　市内に入り込んでしまったついでにきれいな街だしここに泊まることにする。前日のように暗くなってのホテル探しはもうこりごりだ。きのうまでと同じ一階が食堂地下が部屋になっていた一泊 2000 ペタス =1200 円部屋の目の前の海の眺めは養殖だろうかイカダが浮かんでいる。鳥羽の真珠養殖の風景に似ている。高速料金ル・コルーシャ Ru/koruna →ビゴ Vigo まで 5 回の料金 =1024 円ガソリン→ 14 リッター 1326 円（リッター約 95 円ぐらい）

ポルトガル入国　ヨーロッパで国境標識を初めて見た
2000 年 12 月 12 日火曜　　　スペイン〜ポルトガル

　はじめて国境標識を見た。いったんスペイン・ビゴポルトガルに向かう。きのうとまったく同じ高速道路に乗ってしまった。市内にもどってやり直してみたが、また、同じ道に出てしまった。大きくはない街なのだが高速が入りこんでいてわからない。エイッと左に入ったら逆走になって、行き止りの

倉庫みたいなところでUターン。危なかったなー。しゃくにさわりふつう
の道を走っていると高速の入口にまた出てしまった。

　しょうがない高速のA3に今度こそ乗るぞ！　慎重に標識を見ながら進む。
いつまでたってもA3は出てこない。東のマドリードの方に向かっているよ
うだ。わたしは南の方に行きたいんだ。やっぱりだめだった。しょうがない
このまま進んで右に曲がれば南のポルトガルにいけるだろう。高速の適当な
ところから一般道路に降りた。狭い山道をゆっくりゆっくり走り続けた。

　まだ走るには余裕があるがガススタンドで給油しながら「ポルトガルへの
道はこっちの方でいいですか」「シーいいよ 11km」と教えてくれた。田舎
の道は味わいがあっていいなー。「ポルトガル」「ポルトガル」と聞きながら
ゆっくり走り続け、また道を聞く「500mで川に出る」その先はポルトガル
と教わる。川の手前にあったヨーロッパの標識、その下にポルトガルと書い
てある。ヨーロッパではじめて見た国境の標識だった。

国境標識をヨーロッパ
ではじめて見た。田舎
の道を走っていたらス
ペインとポルトガルの
境界に建っていた

　日本の田舎の県境の小さい橋みたいだった。入出国のスタンプを押す国境
事務所は最近まであったのだのだろうが今はない。村の人たちが日向ぼっこ
しながら過ごしている。日本の農村と同じ、気持ちの安らぎを感じる。小さ
いお店があった……村ののどかな雰囲気をつかもうとひと休み。気持ちが安
らぐなー……道を進むと突き当たりになっている。

　右に曲がるとハイウェイに出た。このまま一般道を走ってみたかったがハ

イウェイに乗った。最後の料金所でカードでは「ダメ」だ。現金だけと言われたがわたしはポルトガルに着いたばかりでお金がない。オフィスにつれていかれてあとでここに「持ってきて」とのことのようだ。何か切符を切ってわたしに渡した。お金を持って戻れるだろうか「OK」と返事はしたが戻るのはたぶん無理だ。そのまましらばっくれることにした。ごめん。

　ボルト市内に着いたのは14時をちょっと過ぎている。ユースホステルを探す、地元のおばさんに「すぐそこを曲がって」と教えてくれる。ぐるぐるまわってもわからない。マイカーの人が停まってくれた、そしてユースの方向に行く車を探してくれて停まってくれたマイカーの人に案内してもらいたどり着くことができた。ありがとうございました。

2000年12月13日水曜　はれ　くもり　雨　くもり　雨　　　ポルトガル
　なぜかなじめないポルトのユースだった、一泊しただけでポルトガルの首都リスボンに向かう。すぐにハイウェイ・リスボン方面にすんなりときょうは乗ることができた。300kmでリスボンだ。高速を降りてユースホステルを駅で聞いたがわからず、アドレスと地図を見せながらガススタンドで聞くといかにもすぐ近そうだった。途中、学生二人に聞いていたら、わたしのうしろに「ついてこい」とマイカーで通りかかった親切な女性。

　ありがたい「OK」とついて行く、ハイウェイの途中で「わたしはまっすぐ」「あなたは左のカーブへ」と停まって説明してくれた。サンキュウと別れたがどこをどう走っていいのやら、途中で解き放されるとありがた迷惑なことこのうえなし。雨も降ってきた、いっそうせかされる思いだ。ハイウェイを下りて別のガススタンドで地図を見せユースを聞く、ていねいに教えてくれるが地図を描けない。

　ガソリンを入れ終わったお客さんがおれのあとをついてこいと地図の駅まで誘導してくれた。駅前の屋台、焼きまんじゅうみたいのものをつくって売っている。そのおじさんに聞くと、あと3分ぐらいだと地図を書いてくれた。その場所に行くと門番の人がダメダメと言う、「ユース」「ユース」に行きた

いんだけれど……すると「オーそこのところだ」この道を通って行けと。泊り客ではないと思ったのだろう。ユースのマークがありホッとする。

すぐ目の前には海が広がりシーズンの夏はにぎやかなことだろうと推測できる景色のいい場所にあった。しかし今はシーズンが過ぎて静かな静かなユースホテルになっていた。歩いて5分のマーケットに夕食を買いに行き帰ってみたら真っ黒。停電らしい。キッチンではローソク一本で夕食を済ませる。

パスポート再発行
2000年12月14日木曜　　　　くもり　　　　ポルトガル

パスポート再発行のため①日本大使館に行く②オートバイのタイヤ交換バイク屋を調べる。きょうはこの二つをすませよう。11時にオートバイで宿を出発。サンフランシスコの金門海峡に似た長い橋を右手に見ながらリスボンの中心街へ。日本大使館はすぐに見つかった。パスポートのコピーを見せて6階へ、ここは厳重だ、リュック、ウェストバックなど持ち物すべてエアーポート並みの身体検査を受けて中に入る。

大使館は①近くのポリス所から盗難（紛失）証明書をもらってから来るように。警察署は歩いて行ける距離だった。失くした日にち、場所など簡単に申請用紙に書いただけでおまわりさんはすぐにタイプで証明書をつくってくれた。この手の証明書の作成は手慣れたものだが、うーん、いいような、悪いような気がするな。書いてくれたおまわりさんにオートバイの車体に「リスボン」のサインをしてくれるように頼んだ。

「LISBOA　PORIS」と書きこんでくれるがこのおまわりさんかなり酒臭かったな。14時になってから日本大使館に戻る。再発行はあす金曜か月曜になる。あした電話で確かめてほしいとのこと。わたしは大使館の人に「仕事外」かもしれないがと「ことわって」オートバイ屋でタイヤ交換の交渉を頼んでみた。女性は「いいですよ」と引き受けてくれたがしばらく待たされてどうなっているのか分からない状態だった。

　最後はコピーまでしてくれて「この店」がOKだったと「ここらへん」と地図に印をつけて渡してくれた。あっちこっち電話してもらっていたのだろう。ありがたい。さっそく地図を見ながら走る。途中オートバイ屋を見つけたがそこではタイヤ交換は「NO、やってない」とのこと。しかしオーナーが坂を上がったところの「ホンダ店」まで案内してくれた。設備のしっかりした大きなオートバイ修理屋に着いた。ありがとうございました。

　今まで長持ちするような感じがする「ダンロップ」タイヤはなくて次に入るのは一カ月先来年の1月になると話す。困った顔をしたらブリジストンに電話して17日到着、18日には交換できると話す。「OK」とりあえずめどがついてホッとした。洗濯や日本に電話などしてここリスボンでゆっくりしよう、久しぶりにゆっくりできるなー。きょうの夕食はローソクではなく明るい光の中ですませることができた。

海岸に建っているユースホステル・ポルトガル・リスボン

2000年12月15日金曜　　　　快晴　くもり　はれ　　　　ポルトガル

　腹の調子がどうもすっきりしない、ゆうべのタコが半煮えだったのか、喰いすぎたのか夜中からゲリになる。早目にと夜中の12時ごろ正露丸をのむが洗面所の水で正露丸を飲んでしまった。「正露丸」が勝つか「ポルトガルの水」が勝つか。まぁーどっちが勝つか。9時にたまっていた洗濯物を近くのマーケットの中にあるランドリーに持っていく、しかし10時開店。しょうがない持ち帰って厚手のウエアー、ジャケットを手で洗う。

　残りはランドリーに再び持っていく。パスポートのことで日本大使館に電話すると「出来ている」ので「きょう16時以降」とりに来るようにとのこと。

目の前は久しぶりに輝く太陽の海をホテルのベランダからながめる。正露丸はポルトガルの水に負けたようだ。なんだか体もだるいし、腹の具合も良くならないし……昼寝を決める。このあと大使館にパスポートを取りに行くためお金をおろす。

　時々急におなかがキーッと痛くなってくるのが続く。生汗が出る、ウゥーウゥ……しばらく我慢しているとおさまる。日本大使館16時半に到着。手続き代＋再発行代トータル12,000円「うーん高けー」仕方ねーか。晩飯は食欲がなく自分でたまご焼きを作り、きゅうり、トマト、ビール小2本だけ、知らないうちに疲れも出ているのかなー。8時半、早目に寝ることにした。

2000年12月16日土曜　　くもり　くもり　くもり　　ポルトガル

　ゆっくり寝ることができた。四人部屋、となりはロシア人の二人。夜は窓を開けて寝ると言う、冗談じゃない。少しだけ開けて寝ると言う「ふざけるな」一人部屋だったらそれもいいかもしれない、ここはドミトリーだぞ。「ホテルへ行け」と怒鳴りつけたい気持ちをがまんした。胃の痛みは暴飲暴食のたたりだ。いままで肉2枚、ビール2、ワインをずーっと飲み続け、きのうは生のタコを買ってきたそれが半茹でだったのかもしれない。

　それと噛みきれないまま飲み込んでいたのがあたったのだろうか、いやしい性格のため食あたりとなって猛烈な腹痛と下痢が続いている。日本酒のようにワインをお湯であたためてホットで飲んでみよう。つまみはムール貝の汁をたっぷり飲んだ。シジミの汁は「胃によい」と言うではないか、同じ貝だから同じのはず。ぬる燗のワイン結構いける飲み口になった、いける、いける。

　冷やして飲むばかりがワインじゃないはず身体の体調に合わせて飲むのも必要なこと。近くの人たちが集まりユースはにぎわっている、青年男女のあつまりのようだ。一緒に写真に収まり夜になっても続いた。今日朝から日本に電話を数軒入れた全部で5000円ぐらいかかっただろうか。

2000 年 12 月 17 日日曜　　はれ　くもり　一時雨　風強し　　ポルトガル

　きのうホンダ店に行った時タイヤが到着しているかどうかあした 17 日オープンしているから確かめに来るようにと言われる。今日行ってみると休みではないか。これでは注文したブリジストンタイヤあす 18 日には OK と言っていたけど怪しくなってきた。そう言えば「あまり調子のいい返事は信用しない方はいい」「倍ぐらいの日数がかかる時もあるって」大使館の男の人が話していたな。

　午後からもう一軒のユースはどこにあるか探しに出かけた。すぐに見つかったがそこは駐車場が狭いのとなんとなく雑な感じを受けたので泊まるのはやめにした。市内ではマラソン大会のため中央通りは通行止めになっている。どうも腹の調子が良くないのでマーケットに行ってあさりのいとこみたいな貝を買ってこれだけで晩飯にしよう。腹の痛みは腹の筋肉痛みたいな痛みが残っている。便は水だけ。

2000 年 12 月 18 日月曜　　くもり くもり 一時雨 くもり 風強し　　ポルトガル

　朝、久しぶりにジョッキングに出かける約 2 カ月ぶりである。浜辺なので特に風が強いのだろう風は強いが寒さは感じない。一段高い道にでるときれいな浜辺を見渡せる。ロケーションのいいところである。ヤシの歩道、芝生の中を一時間ぐらいスロージョッキング。朝・食パン 2 種類、バター、ジャム、コーヒー、チョコレート、ジュースはミカンとパインがそろう。

　わたしはミカンジュース 2 杯で終わり。運動すると気持ちがいい。ゲリもおさまったようだ。宿泊は二日間づつの受けつけになっている。手続きを終えてオートバイ屋に向かう。さてさて、タイヤは約束通りついているかどうか。小雨の中不安を持ちながら到着した。配達のトラックが停まっている。「タイヤ、タイヤ」と聞くと中に入れてくれた。店の中に入るとスタッフは電話中、右手のボールペンで丸を書き OK のしぐさだ。

　電話の終わったスタッフに感謝の気持ちを伝える握手。サンキュウ。さっそく修理部門の丸々太ったボス、感じのいい丸顔は髭をはやした中年のおじ

さんに「心配していた」と「両手のひらを上に向け水平に」胸からおなかの方にゆっくりおろした＝「安心」と日本の手話で表すとにっこり。「タイヤ交換はあした」という。「ノーノー」わたしはホテルの予約は「ツデイ、きょうまで」と話すと「OK」午後4時ごろ戻って来いと言う。

　代わりのオートバイに乗って行けと言う。わたしは250ccに乗ったことがないので危ないからと断った。①タイヤの交換②オイル交換③ブレーキ点検④マフラーの輪っかの締め直しなど指さして点検してもらうことにして許しを得て見学させてもらうことにした。台車は5台もあって日本ではあまり見ない修理工場。うしろタイヤがなかなか外れない。外したタイヤのベアーリングを「つぶれている」とボスはわたしに見せる。

　あーそれで信号で停まるときスローになるとハンドルがぐらぐらするのは、これが原因だったのか。スペインのコルーシャに向かうときスピード192キロを出したことを思い出す。危なかったなー。もしかしたらひっくり返って今ごろあの世行っていたかもしれない。考えただけでもぞーとする。これからはどんなに道がよくても150キロ以上のスピードは出さないと心に決めた。

　昼休みになった。わたしは近くのレストランでにわとりのブロイラーでビールを飲んだ。4時から再開だろうとゆっくりして3時ごろオートバイ屋に戻るとオートバイは出来上がっていた。ボスは取り換えたブレーキもこんなに擦り減っていると驚いていた。わたしはベアリングがつぶれた原因は荷物の重さかと聞いたら、いや、雨、すこしづつ水が入り込んだのではないかと説明した。

　わたしが指さして頼んだ個所もすべて直したと説明してくれた。オイル交換した前回スペインで入れた5リッターは抜いて3.6リッター正式にケージの「線の印」のところで止めておくように。そして「オイルは入れればいいというものではない」エンジンがダメになると説明してくれる。最後にプラグは異状なしでOK.これで万全の修理が終わった、安心して走れる。気持ちまで晴ればれしてきた。

　ワインとビールを買いに出かけてスタッフ全員で飲んでくださいとボスに渡した。喜んでくれた。わたしの気持ちは通じたようだ。オートバイをバックにボスといっしょの写真を次々と入れ替わり最後は全員で写真におさまる。タイヤ交換代トータル 73127p=36,476 円。日本ではタイヤだけの交換だけでも 48000 円かかるのでだいぶ安い。オイルフィルターを交換したおかげでマフラーの音も軽快音。

　ホテルに 17 時半につく。腹の痛みは治まったがワインは中止、ビールだけにしよう。さーあしたからまた走るぞGO－GO－

ポルトガルのしっかりしたオートバイ屋でタイヤの交換などすべく点検してもらった。

2000 年 12 月 19 日　くもり はれ くもり はげしい雨　ポルトガル・サグレシュ

　ゆうべの夜は遅くまで騒がしく眠れなかった。子供たちの旅行だろうか、廊下に出て「ウルサイ」「アウトサイド」と怒鳴ったが効き目はなし。治ったと思った腹、夜 10 時ごろまたチクチク痛みだした。ゆうベビール二本、ブロッコリー、あさりのいとこを食べた。別に腹に悪いものはないはずだがな。昼間ビール、ワインとチキンライスを食ったので夜は控えたつもりだったがやっぱり駄目だったか。腹をさすり、さすりながらごめんなさい。

　同じ部屋のものがどこへ行っているのやら明け方 2 時か 3 時ごろまで帰ってこないので電気はつけっぱなしと、うるさいのと、ここの泊まりはもうごめんだ。さあー出発しよう。受付のスタッフ、食堂のお姉ー さん達といっしょにホテルの中庭にオートバイを乗り入れて記念写真を撮った。お世話になりましたバイバイ。高速を降りて一般道を走る横風が強い。オートバイを止め

ると地元の人は「どこから来た」と必ず聞く。

「ジャポン、ジャポン、ハポン」の繰り返し。ユーカリの大木の並木道が続く、風で枝が落ちているそれをよけながらゆっくり進み途中から雨の中を走ってサグレシュ（Sagres）岬ここはポルトガルの南の果てになる。海の色は白っぽい空色大きなうねりは押し寄せているなかサーフィンをしている人もいる。街のインフォメーションで聴いた日本の民宿と同じB&B(ベッドと朝食)に泊まった。近くまで来てが民宿の家がわからない。

地元の人に聞いたら「すぐそこ」だと指さす。ほら「そこ」の家だよ5、6軒並んでいるその内の一軒を指さしているのだけれどもわたしにはわからない。左からワン、ツースリーの「3軒目」か。歩いて教えてくれた方が早い。看板も何も印もなかった、おばあさんが出てきた。二階に部屋をとる。一泊 2000＝1000 円。あしたはポルトガルよさようなら再びスペインへ。

2000 年 12 月 20 日水曜　くもり　はれ　雨　大雨　ポルトガル〜スペイン
　きょうはポルトガルから再びスペインに入る。B&B の宿を 10 時半と遅い出発。朝食はないのかな。目の前の海岸は波乗りの青年たちが高波を待っている。ポルトガルのお金が余っているので買い物かレストランで使おう。ガススタンドで給油したがまだお金は余っている。そうだ食堂に入ろう腹が減っているのでちょうどいいと走り続ける。こんな時はなかなかないものだ。あったと思って入り込んだら会社の敷地だった。

　とうとう見つけた。車がいっぱい停まっているさぞ込んでいるだろうとお店に入ったらわたし一人だった。メニューを出された「ノーサンキュー」見てもわからない、聞いてもわからない「イングリッシュ」いちばん安い値段PORK を指さし出てきたのは何のことはない豚の焼き肉だった。店の子供の写真を撮って出発。とたんに雨になる。雨の中を走りつづける。

　16 時を過ぎているから、まぁ 18 時ごろにはセルビア（Seluvella）に着くだろう。いつもの通り街に着いたらセントロ（中央）まで進んでガススタン

ドでユースの場所を聞き確認する。4km 行ったら右へ。二回目はバイクの人、三回目は学生に聞く、これで目安は着いたが「すぐそこ」がわからない「すぐそこ」へたどりつけないのだ。学生も地図をわかりやすく書いてくれて歩いて2分と話す。

しかしそこは一方通行出口になっている。まわり回っても「すぐそこ」への道がない。又女の人に聞く「…………」「ウーン」次に実は土地の人とは思えないおそらくダメだろうと思った男の人。なんとその人はユースに泊まっている人で「ここを右」にとユースからもらった地図出して説明してくれたが500m 先右に入っても「そこ」がない。相変わらずぐるぐる回り続ける。最後に学生に歩いて誘導してもらった。

出口は一方通行で広くなっているが入り口は小さい道になっていた。セルビアのユースホステルにようやく18時半にたどりついた。にぎやかというか出入りする人の多いユースのようだ。部屋は3人部屋とはめずらしい。ほとんど二段ベッドなのにここは一段ベットが三つ並んでいる。シャワーは勢いよく出て気持ちがいい。ただキッチンがあれば最高なのに残念だな。部屋の人はスペイン人、メキシコ人。

買ってきたビールをあげて3人でカンパーイ。ふたりとも20歳前後にみえる青年だ。爺ジーガンバレーアッハッハ。きょうはレストランポークビール小 2=660 円、ガソリン 13.6 リッター =1200 円

2000 年 12 月 21 日木　　朝から雨　雨　夜も小雨　　スペイン・セルビア
カメラの日付が一日くるっていたのをようやく直した。わかれば簡単のことだけど 2000・12・21 にバッチリあわせる、今まで一日づれていたのだ。記録だからしっかりしないとね。自宅に電話入れたら頑張っているカーさんが頼んでいた年賀状の「住所」（200 軒ほど）を書き終えたので FAX で送るとのこと、ありがたい、すみませんね。いっしょに中学の同級生の名簿も送ってくれるように頼むが保管している場所がわかるかどうか。

　なかなか待っていてもFAXは送ってこない。もしかして番号が違うのかな。スタッフの人に書いてもらった番号だからまちがいはないと思うんだけど。その合間を使って日記を書く。午前中少しの洗濯をして町にでる。電話するのにコインが必要なので食堂に入ってスパゲティを注文もちろんビールも。あまりスパゲティはうまくなかった。両替のつもりなのでしょうがない。16時過ぎたからもうFAXはついているはず。受付に行くがまだ着いていない。

　別のスタッフにfax番号を見せると番号が違っていた。午前中のスタッフよ電話代を返せ、口ばっかり達者の40代の男のスタッフ。番号が違っていたらFAXつくはずがない。同じ部屋のスペイン人の友達が来た、地元出身らしい女性にカナリア諸島どのくらいかかるのか聞いてみた。「フォーディ4日間」かかるらしい。「えーっ」ほんとかねー。暖かく過ごしやすいと聞いていたので行ってもいいなーと考えていた。

　カナリ遠いんだー。もう少し検討してみよう。晩飯に安いと思って買ってきたワインはリンゴの果実酒だった。ぺーっ

自　己　紹　介
松　尾　清　晴　　１９４３年（昭和１８年）１０月１５日生まれ
妻　幸子　長女　長男　二男
さいたま市浦和区常盤１０−１６−１−６０８　（現住所）

出身・佐賀県嬉野市嬉野町吉田両岩（もろいわ）
嬉野町吉田小・中学校
佐賀県立　鹿島実業高校　１９６３年（昭和３８年）卒業
門司鉄道管理局　肥前鹿島駅　１９６３年４月
東京鉄道管理局　東京駅　１９６５年６月
　　　〃　　　　　　矢向車掌区・蒲田車掌区・浦和車掌区

国鉄労働組合役員だったため、国鉄からJR移行時に専務所掌から駅の売店に降職

JR東日本（株）　上野人材活用センター
　　　〃　　　　上野要員機動センター
　　　　　　　　「元の車掌区に戻せ」と15年間の裁判闘争も時間切れ
　　　〃　　　　2000年（平成12年）10月退職

2000年10月　オートバイ地球ひとり旅出発
2019年10月　オートバイ地球ひとり旅終わり

雑 談 記

「食べるところにいって出す方の話は時間がかかる」グリのため走っていてもよおしてきた、小さい食堂があった。よしここで借りよう。オートバイを店の前に止めて中に入る。すみませんトイレを貸してください。「トイレ」「ラバトリー」「WC」「バイヨン」「ウンコ」なにを言っても通じない。メニューを持ってきて「どれにする」。ノーノーメニューにはない。トイレ、WC、あーもうひっとでる（出てしまう）佐賀・嬉野弁でお尻を震わせた。

それを見ていた学校に行く前ぐらいの小さい子供が「こっちこっち」へ来いと手まねきする。従業員にハハハーと笑われながら子供にトイレを案内してもらって事なきを得た。子どもは神様だ。

「夜中に見る夢は」
昼に夢見る人はそうはいないのでは夢は夜見るものと決まっているじゃないの。自分で「夜中」と見出しに付けてあとで気づく……ひとりごと。それにしてもいろんな人の顔がでてくるんだなー。もうとっくに亡くなった人も結構でてくる。田舎のこと思い出しているとヨケゴ橋、洗切橋、裏山の十面地ひとつひとつ。そのころは草のカヤの黒いもの、小さ

いカヤの綿みたいなものも食っていたっけな。その頃の遊んだ仲間ももうみんな大人になってしもうた。

もうすぐ老人になっていくのだなー。山に上がって行くと池があった耕地整？「腰かけ」。池は雨が降ると池からあふれて岩をくりぬいた道にあふれ出して恐い思いをしたことを思い出す。また近くの人がこの池で昔亡くなった人がいたと聞いている。その池で泳いだとき冷たいところと生ぬるいところがあって気持ち悪かったことも覚えている。あの頃のおんちゃん、おばっちゃんももういなくなった。ここの池に来るのは遠かったので弁当持って畑仕事に来ていたっけな。

高校４年生
「高校に行ってよかね」「いうなか！（行ってはダメ）」「働きながらいくけん」「そいぎ、よかたい（それならいい）」中学卒業の１月頃母親と高校に行くことを話した時の会話。５０年前鹿島実業高校定時制に行った。住み込み本屋鹿島書房で朝７時頃から学校に行く５時ごろまで働き学校から９時過ぎ帰って食事のあと夜１２時過ぎまで本の整理などしていた毎日。

その頃の佐賀・鹿島市商店街には同じ夜間高校に通う人が２０人以上はいたなー。そのときは苦労しているとは感じなかった４年間、今思えばそのころがわたしも、商店街も一番充実していたのかもしれない。舟木一夫の「高校３年生」の歌、昼間の高校生の歌に感じられて「あまり」好きではない、わたしは裏街道の夜間高校４年生だからね。

今は人もまばらでシャッターが下りて街の中心だったところは住宅になってしまった。うーんさびしい。全国どこの商店街も同じようなことだと聞いたり見たりしている。ふるさとを離れるとこんなにも鮮明に小さいころのことが思い出されてくる。（もしかしたらさんずの川わたるんじゃないろうなー）生き返った人の話なんかでそのさんずの川きれいっていうじゃない、一度見てみたいもんだ、ま、わたしは実際に聞い

たことはないけど。きょうは休養日のひとりごと
（２０００年１２月２１日スペインにて）

2000 年 12 月 22 日金曜　　　雨　雨　　　スペイン・セルビア

　商店街のコピー屋に入って日記をコピーする。せっかく書いて失くしては困るからね。おれにとっては貴重な記録だもん。コインを入れすぎて戻ってくるかと思ったら一枚しか戻ってこなかった。コピー屋さんってすごいもんだ、フロッピーを入れて 1m×1m ぐらいの製図もコピーできるんだ。正月用の年賀状の写真をここでコピーすることにした。

　写真は隣のカメラ屋で現像した。コピー写真はがき 200 枚 19 時半出来上がる =1750 円。よし、これで年賀状の準備もできた。

　ユースに戻りシャワーを浴びて学生たちでにぎわっている居酒屋にでかける。大阪でしばらく働いたことのある 30 歳ぐらいの男性「日本人、日本人」「アメリカ人」とかひわいな言葉が次から次と出てくる。どこでも同じでエッチな言葉はすぐに覚えるもんだ。このしゃべりまくりの助べー、あまりしつっこいので腕まくりしたらすぐに離れていった。帰りの夜空に星が出ているあしたは晴れそうだ。二日間ずーっと雨だった。

2000 年 12 月 23 日土曜　雨　激しい雨　　　スペイン・セルビア

　窓から外を見るとまた雨だ。ゆうべは星が出ていたのになー。よくもまぁー降るもんだ。モロッコに向かうつもりも気が向かない。あと一泊だ。日記のコピーと写真現像を日本に送ろう。歩いて 10 分ぐらい郵便局は東京の勝鬨（かちどき）橋みたいな橋の手前にあった。セルビアのこの橋は今でも開閉しているのだろうか。そばに大きな貨物船が停まっているから、夜中に開いているのかもしれない。

　送料二個写真とコピー用紙 =7750 円意外と高かった。パリでフイルムだけ送った時は 700 円ぐらいだったのに。12 時過ぎたのできのうの居酒屋に寄る。タラコとオリーバーのつまみでビール。オリーブの実を塩漬けしたも

の「オリーバー」は最高にわたしの口にあっている。くせになってしまいそうである。なんともうまい。そう言えばゆうべのつまみはイワシのいとこみたいな小さい魚の白身のフライもうまかった。

アフリカ・モロッコについたぞー

2000年12月24日日曜　雨　雨　スペイン～アフリカ・モロッコ（スペイン領港）

　アフリカ・モロッコに向けて出発、高速道路に乗ったが途中から目的の標識が出なくなった。アレー、違ったところに進んでいるのか？　おかしいゆっくり標識を確認しながら走っていたいもかかわらずだ。本当にイヤになるもうー。どうにか高原みたいなところを走って着いた。終着地アルヘシラス Algeclras はアフリカに向かう港、港につく前からはげしい雨になったが14時半港につく。

　アフリカ・モロッコのセウタ Ceuta 港までのチケットを買った。オートバイ込みで2800円。出発は15:15分。正月を迎えるため、ずらーっと並んだ乗用車の上にも荷物がこぼれるほどいっぱい、トラックの荷はこれでもかと崩れ落ちそうになるほど積み上げていた。乗船を待つ間車の列に並ぶ。赤ちゃんを抱いた日本人女性が話しかけてきたモロッコ人と結婚してフランス・リヨンに住んでいると話す。

　夫婦でこれから里帰りするとのこと日本ナンバーのオートバイを見たので声をかけたと話す。「あさってラマサンが開ける」のでみんな帰郷している」と説明してくれた。雨はあがったようだ。4時を過ぎている1時間遅れで出港、地中海の真っ青な海アフリカに渡ることで気持ちがわくわくすると同時に不安もある。うとうとしていると島が見えてきた約1時間ぐらいでアフリカについた。

　きょうはユースを探す必要もない、安いホテルを探すだけだ。給油をすませ通りがかりの人にホテルをたずねる。そこのホテルは19000ペセタ＝約1万円？　信じられない高さ、まあぁー仕方がない駐車場は地下にあり安心だ。自分を納得させる。晩めしは外のレストランに、ビールはあるが「ノン」

アルコールだとか。乗船する前に日本人女性の話では「夫はイスラム・ラマダンの断食中」で「きょういっぱいは食べない」

　だから今は少しイライラしている。あした 25 日ラマサンが開けるのでお祭りのように賑やかになるとも話してくれた。しかしお酒は飲まないらしい。ホテルに戻って缶ビール・ジンライムを注文イカを焼いてもらった。イスラムではアルコール類はきびしく禁止でもホテルで外国人は飲んでいいらしいことをあとで知った。夜になって雷を伴う大雨になった。ホントによく降るなー、この時期は雨の時期なのだろうか。

2000 年 12 月 25 日月曜　雨　雨　　　　　モロッコ・カサブランカ

　アフリカに渡ったがここはまだスペイン領だったことをあとで知る。国境は 4、5km 先にあるらしい。9 時ごろホテルを出発雨はやんでいる。きょうこそは晴れてくれー。人、人、人現地の人がたむろしているところを通り過ぎた。踏切みたいなところである。「行け」と合図のまま進むとストップがかかりパスポートと言う。要するにここは国境のようだ。親切な人のよさそうなおじさん二人。

　その人はいろいろな手続きのことを教えてくれ指示してくれる。手続きはわたし一人だった。なんだかんだ 1 時間ぐらいかかって現金が必要だと言う。持ち合わせがなかったのでホテル近くまで戻り ATM 現金 20000 ペセタ=1 万円をおろし国境に戻る。船が到着したのだろう……車が並び国境には手続きの人たちでごった返していた。手続きの親切な二人に 10000 ペセタ=5000 円を支払った。

　胸に名札を下げていた親切なおじさんは指南役であったのだとあとでわかる。国境越えは初めてでなにをどこでどうするのか全く分からなくて手続き出来ない。書類持って何か所も行ったり来たり自分では分からないことばかりで助かった。指南役 2 人 5000 円は高いと思わなかった。わたしは値切ることもなくすんなり「ありがとう」と支払った。それでなくともアフリカと聞いただけでビビってくるその国境にいるのだ。

　両サイドは小高い丘になっている。その高台のところ、どころに銃を構えた兵士が何人か見張っている。2時間かかってようやく手続きは終わった。そのころ混雑してきた国境にオートバイ5、6台で来ている集団は日本人グループだ。これからモロッコの「〇〇あたりまで走る予定」と話すが全くどこなのか分からない、見当もつかない。

　そのメンバーのひとりが写真で国境を撮影している「ヤバイ」なーと思っていると同時に警備隊に見つかった。

　カメラ・フイルムを取りあげられそうになっている。本人はあやっまっているがそのあとどうなったか。フイルム没収だろうな。わたしは幸い国境とか鉄道、駅など写真にとってはいけないことは知っていた。オートバイ集団に挨拶して別れた。国境の最後の出口でパスポートを見せて国境の手続きはすべて終わったようだ。アフリカ・モロッコを走るのだ。自分にとって大それたことをしでかしたような気分。

湖かと思っていたら水害でそばの道まで水が来ていた。この先ではトラックが流されていた。

　「アフリカに来たぞー」だれかれに言いふらしたい気分になる。いままで走ってきた風景、風土が違うように感じられる。なんだか怖さも手伝ってそう感じさせているのかもしれない。ラバ？　ロバに荷物を載せて歩いている人あり。集団でバスを待っている停留所。そこにオートバイを停めて写真を撮っても「いいか」と聞く。「オーノー」と大声を上げる。世話役みたいな人がどこにでもいるもんだね。

　「マネー」だと人差し指と親指で〇をつくる。また親指と人差し指をすり合

わせてお札を数えるしぐさで「マネーマネー」1回目は「ノーマネー」「キューズミ」と両手で合唱ポーズ、写真はとらないでバイバイ。少し走ったところでポケットの中にコインがあったのでお金を渡して写真を撮らせてもらった。両手を合わせありがとうと頭を下げ別れる、地元の人も手をあげてこたえてくれた。

でもどうなんだろう。お金をあげて、とられて？　までして写真を撮る必要があるのか。こんなところにこんな人たちがいた。記念のため、何のために、自己満足のためか。自慢話のためか、そうだ自己満足のタネにするためなんだなー、と思いながらもやっぱり撮り続ける自分がいる。カサブランカに向かって走って行く。道路は思った以上に整備されている。しかし強い横風雨……オートバイごと風に負けないように斜めに倒して走り続ける。

> うしろめたさ、走り始めて……8年たっても
> あの国の人々、この国の人々、風景風土など写真を撮っているがきれいな風景のほかに貧しい、みすぼらしいところほど撮影してきてないか。今もって子供たちにはほんと申し訳ない気持ちが残っている国がある。こんな走り始めて早い時期に気づいていたのにそれから8年過ぎた今でもこりもせず写真撮ったことにうしろめたさが残っている

はじめて触れるアフリカ大陸、荒れた目の前の大西洋の波は陸にまで押し寄せてくるような恐ろしさを感じる。お巡りさんが立っている、結構お巡りさんが立っていることに気づく、そのおまわりさんはカサブランカまであと300kmと教えてくれた。高速道路に乗ってガススタンドで給油。順調に進んでいるなと思ったとたん、カードでの精算がうまくいかない。カード機器がうまく機能しないのだ。

なんだかんだと2時間もかかって反対側のガススタンドに代替えしてもらい精算した。明るいうちにカサブランカ市内につきたいのにイライラしてきた。カサブランカの標識が出てきた、よしいつものようにカサブランカ市内のセントラルに向かおう。うん？　走っていると静かな雰囲気になった。通

り過ぎてしまったようだ。まわりの静けさは不気味だ。ガススタンドで道を
たずねようと寄ったみたが食事中でだれもいない。

　給油に来たお客さんにカサブランカをたずねると戻って左に 4km と。も
う暗くなってしまった。きょうはユースを探すのは無理だろう。このへんか
と左へエイ！と曲がる。途中自転車に乗ったおまわりさんに出会う。セント
ラルは「どこ」と聞くと「この道」を「まっすぐ」行け。ありがたい。市内
で 2 回、3 回聞きユースに意外と早くたどりつた。あーよかったー。20 時
ちょっと前である。ユースホステルは密集した一角にあった。

　受付をすませたあとオートバイはフロントで聞いた別の駐車場に持ってい
く。昔、子供のころから聞いて知っている名前のカサブランカ・華やかなイ
メージのカサブランカ。オートバイを駐車場に移動させるとき、言いよって
きた初老の男「マネーをくれ」と言うすり寄り方だ。相手にせずイライラし
ていたので「ドケーッ」強い口調で怒鳴る。初老を若い人がたしなめて引っ
張って行った。

　そう言えばきょうは朝ホテルから朝食なしで出発して残ったコーラだけで
走ってきた。10 時間以上も断食だった。オートバイを置いて帰り道いっぱ
い込んでいた喫茶店？　食堂？　に寄ってみた。ビールは！「ノンアルコー
ル」。そう言えばフランスのユースで知り合ったモロッコの男女も「ノンア
ルコール」「アルコールはない」と話していたっけな。そのとき「オーお酒
のない国に行ってみたい」と冗談で話していた。

　ほんとうにお酒のない国に来てしまった。まあーいいや、しょうがない。
甘いティを注文腹は減っているしちょうどいいか、あったかい甘いものが
ゆっくり腹の中にしみこんでいくのがわかる。ウーンうまい。つぎはナナ
（ハッカ）の葉っぱ熱いお湯で浸したものを一杯飲んでユースに戻る。ユー
スの目の前の喫茶店は広場まであふれている。喫茶を楽しんいる地元の人た
ちは老人が多い。

　食事するつもりで入るが食べものはなかった。さっきと同じナナを注文してゆっくり飲みながら地元の人たちに「ありがとう＝ショクラン」「ようこそ＝サラモアイコム」「さようなら＝ビサラマ」など教えてもらった5、6人で話がはずんだ。断食は1年に一度一カ月続くことを初めて知る。葉っぱだけのお茶屋で11時頃まですごす。もうじき12時になる靴下をはいていないのでやっぱり冷えるなー。きょうは結局何もたべないでまさにラマダン断食。

カサブランカ市内

2000年12月26日火曜　　　雨　くもり　　　モロッコ～スペイン

　深夜2時ごろまで日記を書いていたので足が冷たくなってしまい、なかなか寝付かれなかった。途中で靴下をはいてみたがかえって冷たく感じたので脱いでしまう。両足を交互に温めあい、明け方近くいつのまにか寝入っていた。8時ごろ起きた、外を見るとまた、また雨だ。しょうがないスペインに引き返そう。本当はここで年賀状を書いてワインやビールでも飲んでゆっくりしようと考えていたが甘かった。

　しかもビールはないし、そんな気になれる雰囲気も環境もない。オートバイを預けている駐車場まで歩いていく。朝食もとらないで雨の中走り始める。シティバンクがあったがまだ開いてない。そのままハイウェイに入った。激しい雨と横風でセンターライン側を走ろうとするが時々相手車線に追い出されてしまう。そうかと思えばトラックの追い越しは一瞬無風地帯になり追い越しざまはバーッとすごい風圧の連続である。

　しかし不思議なもんで慣れれば120～140キロのスピードでも走りきれるようになった。港の近くと思われるところについた。ガススタンドで給油した。道路のすぐそばは水がたまっている。てっきり湖か池かと思っていた。少年に写真を撮ってもらった。なにも知らずに写真を撮ってもらってから少し進むとさわがしい人だかりである。土手に上がって指さす方を見るとトラック数台が運転席だけ残して水没している。

　池ではなくてここのところ数日の激しい雨で水害だったのだ。乗用車は流されたのか水没しているのかはわからない。人だかりは川下に行くに従ってさわがしい。高台にはずらっと並んで見物していた。そう言えばここに山を越してくるとき「すごい」なーと思う濁流を見て通ってきた。その高原地帯にはにポツンポツンと民家が立っていて雨のぬるぬるしている道を上って自宅に向かっている家族もいた。

　道ではロバに荷物を載せて、時々ロバに乗っている人を見かけた。水害の様子を写真に収めたあとアフリカ国境イミグレで手続きを終えて港についた。出国の手続きはスムーズにすんだ。船に乗るとすぐに出港、ジブラルタル海峡を一時間ぐらいでスペイン側に到着。きょうはユースのホテルを探さなくていい。安いホテルを探し気が向いたホテルに泊まろう。

　二軒目の山あいのゴルフクラブのホテルがあった。受付には日本人のスタッフ男性がいた、日本の企業が経営しているようだ。「2万円です」「えーっ」。もう少し先に行けば安いところがあると男は教えてくれた。外は暗くなってしまった。それらしいホテルは2軒とも断られてしまった。さらに進むと4000PST＝2400円ぐらい。もう遅いし暗くなっているのでこれ以上探すのは面倒くさくなった。

　ま、ユースホステルとあまり料金は変わらないので泊まろう。あした起きて環境が良かったら連泊して年賀状を書いて終わらせよう。ここんとこお金を使っているなータイヤ交換やら、なんやら1日5、6千円から1万円ぐらい使っているのかも知れない。いやもっと使っているかも。

2000 年 12 月 27 日水曜　青空　はれ　　　　　スペイン

　ゆうべ着いたときはあまりわからなかったが、目の前はマラッガ海峡の青い海、青空の下に朝を迎えた。こうでなくちゃ。まぶしい白と黄色の建物。散歩がてら海岸まで降りていく、海辺の周辺はリゾート、休養地なのだろうか、銀行、郵便局、マーケットもある。さっそくマーケットでビール、ハム、ワイン、レタスなど買い込む。よし、ここで日本への年賀状を書くことに決める。

　日本までの切手の値段を聞いて 200 枚分の切手を買った。切手代 18600 円ぐらいだろうか。アフリカなど走るつもりもなかったが急に「アフリカを走ってきた」と自慢したくなったのでホテルフロントを通して日本に電話を 12、3 人に入れた。電話代 1 万 2 千円ぐらいかかった。さあ一年賀状書き出すぞ。今書けば正月 2、3 日には日本に着くと話すここの郵便局。

　ま、その前にビールを飲んで腹ごしらえを、ちょっとのつもりが缶ビール 3 本それにワインと続き 3 時ごろから 8 時ごろまで飲んでしまった。ワインは一本 200 円ぐらいの安いものここら辺では普通のワインだと思う。さー年賀状を書くぞ、気合いを入れて書きだした。しかし、すぐにもう眠くて、眠くて……寝る、寝る。書くのは……あした、あした。

2000 年 12 月 28 日金曜　くもり はれ くもり はっきりしない天気　スペイン

　きのう 8 時頃までかかって書き残した年賀状 100 枚を、ボールペン 2 本を使い果たした。住所黒、文は青色になってしまう、ま、読めればいいかと気にしない、気にしない。なにしろ丸二日間かかり終わったのは夕方 6 時過ぎ、それから切手を張る。日本と違ってつばをつけなくても「さっ」と剥がして貼れるものだったので助かった。とりあえず用意した 197 枚貼り終えた。19 時半……よーしすべて終わった。

　オリーブの実の塩漬けは酒のつまみには最高だなぁ！「オリーバー」塩漬け 2 リットル瓶から取り出しほうばる。はればれとした気分。正月をすっきりした気持ちで迎えられる。

地中海を眺めながらビールを
飲んで年賀状を書いたスペイ
ンの宿

2000年12月30日土曜　　　朝一時雨　あと快晴　　　　スペイン

　9時に郵便局は開くとホテルの人は言う。しかし郵便局に行くと「10～12時」と張り紙。確実に届くようにと郵便局にやってきたがそれまで待てない。年賀状がばらばらになるので輪ゴムで止めたいなー。近くのお店でもらってまとめて出そう、思った瞬間道に「輪ゴム」が落ちているではないか。いやはや偶然とはいえ、たかが輪ゴムであってもうれしかった。お金もほしいと思った瞬間落ちてこい！　とりあえずまとめてポストに投函できた。

　さー出発するぞー。きれいに洗車していたオートバイ三日ぶりに乗り出した。山の方に虹がかかっている。その雲といっしょに東に走りだす。雨はやみ右手に地中海をながめながらマラガ Malaga を通過。ホテルを探そうと海岸沿いの町にいく。ホテルを探しているうちに郊外にでてしまいいつのまにか高速に乗ってしまった。

　そのまま走り続けてドライブイン兼ホテル 2100 円と安い宿に泊まることにした。一階レストラン二階はホテルになっているこのようなホテルがわたしは大好きである。ここは浴そうになっている、たっぷりお湯を張ってゆっくりつかる。下のレストランで塩漬けオリーバーでビール、チキンで夕食……にぎやかな夜である。

2000年12月31日日曜　　　朝から快晴　　　　スペイン

　気持ちいい朝、一気にバルセロナまで行くか。東海岸は雨が少ないと聞いていたが本当のようだ。しかし風は冷たく感じる、南とは少し違うなと思う。

ハイウェイではなくて一般道路の道、海岸べりをゆっくり走ろうとしたがいつの間にかまたハイウェイになってしまう。また一般道に降りて走る。あしたは正月でバルセロナのホテルは混んで値段も高かろう。バルセロナの手前で泊まるホテルを探がしながら走る。

２０００年最後の夜泊
まった宿。
一階レストランバー二階
がホテル・スペイン

　夕方ホテルを見つけた、料金を聞くと１万２千円から２万円と高い、冗談じゃない。きのうと同じ一階がレストランバーになって、2階がホテルを見つけた。3500PST＝2100円きのうと同じ金額だ。スタッフの人柄もよさそうだし泊まることにした。2000年の最後のひとりの晩さん会、大みそかをひとり豪勢にやろう、レストランバーでビール一杯飲んだ後ガススタンドで買ったハム、チーズ、ビール、ワインを部屋で祝う。

　ここはバルセロナまであと120kmの街。川の河口で州をつくっているRYU（「龍」なのだろかとひとり合点）とか看板があった場所である。ここまで来るとき海岸沿いにはリゾートの街なのだろうか、数キロおきに高層ビルの並ぶうつくしい街並みを眺めながら走ってきた。途中の美しい街はあとでバレンシアの街であることを知る。

スペイン正月　2001年1月1日　バルセロナ到着
2001年1月1日月曜　はれ　一日中はれ　　　　スペイン・バルセロナ
　おだやかな天気。正月なので特にいままでになかったおだやかさを感じるのかもしれない。9時に起きた。下のレストラン＆バーではにぎやかな話が聞こえる。しかし日本の正月のようなはれやかな雰囲気ではない。ヨーロッ

パあたりは正月ってこんなに静かなのものなのかなぁー。ごく普通の朝のように感じる。地元の人たちを写真に収め記念にオートバイのボックスにサインをしてもらった。

　バルセロナは近いのでずーっと一般道路を走ろう。うん？　トラックが停まっている。何にもない、なんでこんなとこで停まっているのだろう。追い越して前に出た。軽乗用車はガードレールに直角に当たりぶつかって、バックしてはぶつかっている。タイヤは煙を吐いている。いったい何をしてるのだろうか。そのうち車から降りて若い男は金網を上って畑に逃げていく、盗んできた車なのだろうか。どこの国でも変な人がいるもんだなー。

　バルセロナ市内には 13 時ごろ到着。広い通りの両サイドにバスを待つ人が並んでいる。バックパーカーのリュックを背負った人が目立つ。あっちにもこっちにも 5、6 人かたまって歩いている。外国人ばかりが目立つ。おまわりさんにユースホステルの場所を聞くがわからない。タクシーの運転手さんにユースの紙を見せると「俺のあと」をついてこいという。ランプをつけているから料金をとられそうだ。

重層な感じのユースホステルの内部・スペインバルセロナ市内

「ま、いいか」タクシーのあとにぴたーっとつけて走る。かなり走ったところで再び紙を見直してぐんぐん坂道を上がっていく。これじゃわたし一人では無理だ。狭い道をくぐりぬけたところに立派な門構えがあるこれがユースホステルらしい。「ほー」いい環境の中にあるユースホステルのようだ。運転手さんに「ありがとう」とお札を数えるしぐさで「マネーはいくら」と聞くと「NO、いらない」と言う。人のいい中年の人であった。

　ポケットにコインがいっぱいあったので「いくらか」でもと差し出した（ケチ）。運転手さんはコイン二枚だけ 2PST=100 円だけつまんでとってくれた。両手を合わせて「ありがとうございました」と別れる。しかしせっかく着いたのだけどユースはフール（満杯）でダメという。別のユースホステルをスタッフが紙にくわしく書いてくれる。あしたは「泊まれる」と言われたので予約した。

　しょうがない紹介してくれたユースに向かって走りながらきのうまで泊まった一階はレストラン二階がホテルでもいいかと考える。腹が減っていたので街の大通りに出て大きなロータリーから見える屋外ガーデンにテーブルを出しているレストランに入る。これから行くユースは夕方 6 時からオープンになっている。時間は少し早かったがユースについてオートバイは一本離れた所に路上駐車にした。夕食は外食に出る。

　レストランはほとんど休みなのだろうか閉まっている、中華の店だけ開いている。その店に入ると「ぞうり」を履いている人はダメだと断られた。よくいうよ、お客は二人しかいないのに。でもしょうがない自分が悪いんだから。あっちこっち探しまわるが開いているのは一軒もなし。しかたないガソリンスタンドでワイン、ビール、ハムを買ってホテルに戻って正月元旦自分に向かって「おめでとう」とひとりでかんぱーい。

2001 年 1 月 2 日火曜　　　はれ　はれ　　　　　スペイン・バルセロナ

　きのうのユースに変わる。路上駐車していたオートバイのシートカバーが強烈な悪臭が漂ってくる犬がションベンしたのだろう。モンセラードユースホステル。きのう走った通りと思いだしながら走り出すがわからなくなってしまう。ぐるぐるまわっているうちにユースの看板に出た。道路入り口の門がまえから 300m ぐらい中に入ったところにユースホステルがある。静かだ、、受付をすませるが 13 時半からでないと部屋には入れない。

　日本は正月だしちょうどいい、日本に電話したり食堂のテーブルで日記を書いたりして過ごす。家内の実家福島・小高とわたしの実家、佐賀・嬉野に

「新年のあいさつ」の電話をすませる。かわりないようで家族は元気そうだった。昼飯のビールを飲まなきゃなんねー。ホテルを出て道路を渡ったすぐの三角地帯の角にある日本の食堂みたいな店に入る。小さいお店がわたしの気持ちは落ちつく。

ガウディ建築　サグラダ・ファミリア
2001 年 1 月 3 日水曜　　　　スペイン・バルセロナ

　黒いメガネはスペイン人によく似合うなー。日差しが強くて太陽が正面に入るとまったく見えなくなる。わたしは今まで黒メガネはキザみたいで良いとは思わなかったが「ダテメガネ」ではなく日常にここでは必要だとわかった。自分もすぐにほしい。午前中から市内観光に出かけた。夕べ大体の目安をつけている。第一番目は何と言っても「あの、ほらほら、とがった建物のあれ」ですよ。完成まであと 200 年もかかるとか。

中はがらんとしている
バルセロナのシンボル
サグラダ・ファミリア塔

　いまでも建築を続けている、その「とがった高層建築塔」見れば見るほどすごい、すごい。中に入る？　とガランとしている雨が降ったら濡れるんじゃない？　どうしてだろう。サグラダ・ファミリア塔であることを思い出した。建設中のクレーンは写真の邪魔なので「どいてクレーン」。中世とかルネッサンスとかの芸術で見どころいっぱいとみなさん達は言う。その「よさ」がわたしに分からないのだから悲しい。

　ガウディ……ようやく覚えた名前の奇抜な建物なども見て回ったが、建築

よりビール、ワイン、ウィスキーなど酒とつまみに興味があるのだ。やっぱりビールに限る、つまみはオリーバーが一番だ（オリーブの塩漬け）。フイルムをカメラ屋に出したら一時間ぐらいで出来上がると……歩いて行ったシティバンク ATM でまたカードを飲みこまれてしまった。「カード・ノーバック」「マシンまで出てこい」添えつけの電話で怒鳴る。

ガウディ氏の奇抜な建築
バルセロナ市内

　銀行員出てこないのでさらに「カード、ノーバック」「とにかくマシンまで出てこい」「○○やろう」「いいからマシンまで早く出てこい」「ふざけるな」「どうすんだ」。いつのまにか「取りあえずカードをストップするから」と日本語に変わった。日本のシティバンクに連絡したのだろうか。カードをストップ出来たので一安心だけど怒鳴り続けたので少し腹減ったなー。

　帰りはスムーズに帰ることができるか。カメラ屋によって宿に着いたのは夕方 5 時 15 分。きのうは 1 時間半もかかったが、きょうはすんなりと帰れたほうだ。

2001 年 1 月 4 日木曜　　　　はれ　　　　スペイン・バルセロナ
　のみ込まれたカードが心配だ。ひとまずシティバンク 10 時についた。銀行でパスポートを見せると、のみ込まれたカードがすんなりと戻ってきた。当たり前のことだけど、あーよかった。ここのシティバンクを通して日本に電話を入れた時「もし」返してくれなかったら「再発行」すると聞いていた。「も

しも」のことが頭にあったので戻ってきてホッとした。バルセロナ市内をきのう歩いて回ったところをオートバイで走る。

　観光はバイクでは見落とす所も歩くとよくわかる。しかし歩いての観光は限界もある。わたしには奇抜に見えるガウディの建築物、歩いて見れないところもオートバイだとスーッと見て回れる。わたしには便利なもので助かる。きょうでバルセロナともお別れしよう。きのう、きょう汗ばむほどのいい天気に恵まれて一枚上着を脱いで走った。スペインのマドリードやバルセロナは首絞め強盗が出るとか聴いている。

　スペインで最も危ないところと聞いていたが、バルセロナではそんなことが起こるような感じはしなかった。スペインは全体的には親切だ。出しゃばらないし、何かを頼めばていねいに教えてくれた。車の運転も意外とおとなしく感じられた。さーあしたから向かう「アンドラ国」はピレネー山脈の中にあると聞いている。知らない国は興味と怖さが交錯する。問題は天気だ。

ピレネー山脈のアンドラに入る

2001 年 1 月 5 日金曜　　　はれ　雨　くもり　　　スペイン〜アンドラ

　朝、新聞の天気予報欄を見てこれから進むアンドラは「曇り」になっている。新聞見てわかるのは「写真」と天気予報の「絵図」だけ。アンドラ（Andorra）に向かって 9 時 30 分スタート。ハイウェイの近くで給油、そこでアンドラへの道をたずねるとマイカーの人は「おれ」のあとについてこいとハイウェイの入口まで引っ張ってくれた。ありがたい、すぐにハイウェイに乗ることができホッとする。ありがとうございました。

　しかし、この先雪でも降っていないか余り安心はできず、心配でヒヤヒヤだ。先日バルセロナ市内に入るとき遠くに見えていた山、ぎざぎざした日本の妙義山ににた山が近くに見えてきた。ここだったのかあの山は、写真に収める。あーやばい、遠くの山の頂上に雪をかぶった山が出てきた。いやーまいったなー。長いトンネル過ぎると一段と冷たく風になる。ガススタンドでマフラーを出した。

ピレネー山脈の山中にある
国アンドラ

　マフラーをするのはスコットランド以来になる。雨も降ってきた、きょうは一段とスピードを落として慎重に走る。スピードを80キロ以下に落とす。アンドラはまだかいな、まだかいな。やっと出てきた国境だ。パスポートと聞こえるが「GO－GO－」そのまま行けと「手で合図」している。サンキュウ。わたしは「ユーロマーク」のなかに「アンドラ」の文字が入った看板を「撮りたい」んだけど……両手でカメラのしぐさを。「OK、OK」と係官。

　その係官に「アンドラ」マークの看板にオートバイとわたしを入れて写してくれるようにたのんだ。サイドバックにもマジックでサインしてくれるようにたのむ。6万人ぐらいと小さい国なので一番目立つところに大きく「ANDOORA」と書いてもらった。両サイド山に囲まれた日本の山の中にある温泉を思い出す。でも両サイドには家、ビルがぎっしり建っている。崖の上にもおしくらまんじゅうのようにびっしりと並んでいる。

　なぜかわくわくする街を一気に気に入った。アンドラは走りぬけようと最初考えていたが泊まろう。街を走りながらホテルを探す、大きくカーブを回った先に小さいホテルがあった。ホテルの前に止める。お客さんと思った人が宿のオーナーだった。一泊3000PST＝1800円よしここに決めた。夫婦には小学生の男の子供がいるようだ。雨が降り続いている。夕方になって雨もやんだ。

　山のくすぶるモヤは日本と同じの風情を感じる。小さい国アンドラ人口6万人ぐらいと聞いている。アー思いきって来てよかったなー。2泊すること

に決めた。安い肉を買ってきたものを快く焼いてくれた。またここのオリーバーは特別にうまい。空気が違うと食べ物まで違うのだろうかと思う。酒のつまみはオリーバーにすっかり「つかまって」「やみつき」になってしまった。マーケットでビニール袋（小）に入ったオリーバー 10 個まとめ買いした。

山の中にところ狭しとびっしり建っている。免税の国でヨーロッパから買い物に来るらしい。アンドラ市内

2001 年 1 月 6 日土曜　　　雨　　　アンドラ

　市内に写真撮りに出かけたがまた雨が降ってきたので宿に戻る。市内は一本道の両サイドにお店は並んでいるここアンドラの国は免税の国らしくヨーロッパから買い物客がおしよせてくると聴いている。わたしはお金もないし買い物には興味もないがそう言えば気のせいだろうか店構えががっちりして信頼出来そうな店ばかりだ。少し山のほうに歩くとすぐにスキーのリフトが両サイドに動いている。

　両親から小学生の子供が怒られている、子供はふてくされているようだが親父さん奥さんは深刻な顔して怒っている。一人っ子はどこの国もよくある同じ光景だ。17 時夕食そのまま部屋に引きこもる。あしたの天気が気になってしまう。

吹雪のピレネー山脈越え

2001 年 1 月 7 日日曜　　　小雪　吹雪　はれ　　　アンドラ〜南フランス

　夜中に走る車のピチャピチャと跳ねるタイヤの音、一晩中続いた。雪になってもこのぐらい車が通ったら雪道でも走ることができるだろうと考えるが不安になった。ホテルを 8 時半出発の用意。ホテルのご主人は起きている。コーヒーにするか○○にするかとご主人。わたしは「コーヒー」しかわからない。

パン2個にコーヒーを飲む。さっきからチラチラと白い雪が舞ってきている。

　ついに「雪ふりか」外を眺めてコーヒーなど飲んでいる余裕がなくなってきた。早くスタートしないと、気が気でない。すぐにご主人に挨拶して奥さんにもよろしくと言って出発した。これからピレネー山脈を越えてフランス側に行くのだ。ホテルを出るときちらちらだった雪。スキー場のリフト場を何か所か通り過ぎた。ついに恐れていたことが現実になった。だんだん雪が本ぶりになったようだ。

ピレネー山脈の吹雪の中を病院行きを覚悟して走った。恐ろしくこわかったガタガタ震えた。アンドラからフランスに向かって走る、もうすぐ峠

　両側はだんだん白くなって積もってきたが歩いてきた地元の青年にアンドラをバックに記念の写真を撮ってもらう。ホテルのご主人も写真を撮ってくれた地元の青年も雪で「危ない」からオートバイで走るのを「やめろ」とは言わない。山の頂上は白くなっているのが見える。だんだん吹雪になってきた。ライトをつけて前からソロソロ走って来る車の上は雪がまっ白。前もうしろも真っ白で対向車のライトだけがわかる。

「イヤー走れるのか」すべったら一瞬でガードレールにぶつかってしまうな。ローギアーで停まらない程度でそろり、そろり上っていく。雪は深くなってゆく。対向車はもっとゆっくり下りてきている。カーブの連続の坂道はつづく。ローギアで走っていても、うしろのタイヤを雪にとられてぐらぐら、おー

あぶねー。下りで滑って「これじゃ病院行き間違いないな」覚悟した。道端には車があっちこっち停めてタイヤチエーンをつけている。

　反対車線道路は凍って来たようにも見える。上りの方は走っている車が少し多いので凍ってはいない。タイヤでつぶれたその雪道を両足をつけて走る。「もう駄目だ」引き返そう。「下り坂になったら滑って大変なことになる」しかしＵターンできる道幅がない。チエーンをつけている車にそろそろ寄って「NO、NO、危ないから引き返せ」と言われるのを期待して「この先大丈夫ですかね」「このバイクで」と日本語で声をかけた。

スキー場だった

　すると「GO－GO－」と大きな声と腕をあげゼスチャーで「前に進め！」ときた。このひと言の言葉で気がめいっていた気持ちが吹っ切れた。「どうなるかわからんが」「よし走ってやろう」覚悟を決めた。頂上らしいところについた。ガススタンドもあるが閉まってクサリが掛けてあるので寄ることができない。両サイドはスキー場になっているようだ。スキーを肩に乗せて歩いている人ばかり。下りになった……おっそろしい。

峠の両サイドはスキー場だった。スキー客と記念写真を撮る

　何回転ぶんだろうか、転んですめばいいが、震えはとまらない。ブレーキは踏めないローギアーで両足つけて滑らせながらそろりそろり降りていく。朝出る時まで山の頂上のここまで登っていくとは思ってもみなかった。うしろから来る車など気にしていられないそろり……そろりだ。少し広くなった

スキー場のゴンドラ乗り場についた、人が多いのでそこに雪はない。そろりとオートバイを停めて記念写真を撮る。

雪の道は終わった――

　車の通ったあとの雪跡を走る。あと「4km フランス」の標識が出た。ソロースローで降りてゆく。フランスの国境だ。雪の降る国境の標識を写真に撮るパスポートは見せなくてよかった。両替の小屋もあった。ここまで来ると車でつぶした雪の形はなくなってきた。黒いアスファルトに変わってきた。しかし、霧氷は枝一杯に積もっている。あぁーもう大丈夫だろうか。いくらかホッとしたが反対車線の車はそろそろと上ってくる。

　スキーを乗せた車が多い。両サイドには雪がどっさり積もって霧氷になっているが道路に雪はない。オートバイを停めてゆっくり写真を撮れる気持ちになった。ここは分かれ道だ。なにはともあれ山から下へ、下へ平地ハ行く道を選んだ。地方都市トゥールズ（Toulouse）への道だ。ちょっとした街に着いたもう大丈夫だ。オートバイを止めて気持ちを落ち着かせる。しかし雪道の恐さに身体がこわばってガタガタ震えはとまらない。気持ちを落ちつかせよう……。

フランス・カルカソンヌ城

　これから地中海沿岸へ向かおうと考えた。途中から右に行くと近道になるはず「エイー」と右に折れた 119 号線とある。何かあったら救急車の番号だから助けてくれる縁起のいい道路だろうと勝手に想像して走った。一般住宅街に入り込みすぐに行き詰ってしまった。どうにか抜け出して覚えやすく「金貸すと損」を目指す場所はカルカソンヌ (Carcassonne)。ここにはユースホステルがあるので印をつけている。震える気持ちは少しおさまった……。

　雪道からがらっと変わってのんびりしたのどかな田園風景が続く。出てきた太陽の光はやさしい。丘陵地帯を走る続けカルカソンヌについた。ここは二重の城になっていて入り口がわからなくてユースホステルに着くのに 1 時間もかかり夕方 5 時半になった。しかしユースホステルは 15 日まで休みの

張り紙になっている。隣りの皮専門店の主人は6時になると開くと言う。

入り口がわからなくて地元の
人に聴く。うしろは二重塀に
なっているカルカソンヌ城

それまで散歩してみるか、お土産のお店のほかにレストラン、郵便局、ホテルもある、ここは城内が一つの町になっている。6時過ぎてもユースホステルは開きそうにない。城内の一角にあるホテル370フラン今までスペインペセタで計算してきたので、いくらだ！すぐにはわからない、高そうだが、しかたない泊まることにした。ガススタンドで買っていたビール、ワイン、ハムなどホテルの部屋で日記を書きながら喰った。

きょうは日曜だからスーパーなど商店は「休み」このことがいつのまにか頭に入っていて「飲みそこない」しないよう買い物は忘れずに買ってきた。それにしてもきょうの吹雪の中の峠越えは恐ろしかったなぁー。ピレネー山脈の峠越えフランス側に降り切ってオートバイを停めてからしばらく震えがとまらなかった。思いだしただけで恐ろしい、打ちひしがれた思いである。

日本で以前に同じ思いをしたことがある。北アルプス槍ヶ岳登山で貧乏沢に降りたあと北鎌尾根から槍ヶ岳頂上を目指したとき行く手をはばまれた。食料は一食分と水だけ残して処分し身軽にしていたが道が途切れ両サイドは谷底に切れ落ちている。進む道は細い砂みちでまんじゅう型になって登りはつかまるものがない、滑ると終わりだ。アーこれが遭難ということか。

左手には東鎌尾根が近くに見えている。しかし近くに見えても簡単ではなさそう、またそこまでは雪を歩かねばならない。どうするかしばらく考える、30分以上たっただろうか、気持ちを落ち着かせると「よし」意を決して進む、

そっとガレ場に降りる。キレットの部分は岩に腰かけながら腰をすこしづつずらして、砂の土まんじゅうのところは息を殺して爪を立て一気に登りきった……よし……越えることができた。はぁーふーっ。

そのあともヘツリの岩場そして最後は槍ヶ岳頂上の祠に手をついて登りきった。いつもは山から帰るときは「はればれ」とした気持ちになるが「やったー」という、うれしさの気持ちはわかない。その時は帰りの電車の中でもうつろな気持ちで「打ちひしがれたまま」。きょうのピレネー山脈の吹雪のことと同じ「打ちひしがれた」気持ちになってしまった。

今の時間になっても「まずはよかったなー」と言える気持ちもおきない。きょうは冷たいワインよりわたしは身体にいいと思うビンごと熱湯につけたあったかいワイン呑んできょうのこと忘れよう。

2001 年 1 月 8 日月曜　　　朝　くもり　はれ　　　フランス・カルソンヌ

歩いて城内を一回り見て回る、城内の店はまだポツン、ポツンとしか開いていない。ゆっくり歩いても 30 分ぐらいだろうか。城壁の堅城さもさることながら入り口出口も堅牢な面白い仕掛け造りになっている。カルカソンヌ城内に泊まったホテルを 11 時頃出発。すんなり 113 号に進む。一般道を走りながらきのう雪で汚れてしまったオートバイをコイン洗車場で洗う。

ハイウェイを避けながらゆっくり走りモンペリエについた。ユースホステルを見つけたが休みになっている。ここらフランスの南は冬の間はすべて休館になっているのだろうか。しょうがない、月夜の月を見ながら走る、どこかのホテルに泊まろう、ずっと走り続ける一般道路なので車は少ない。途中ホテルを見つけたが高すぎた「キューズミすみません」とことわり走り続ける。走る正面にはでっかい満月が輝いている。

俺の田舎にも大きな月があったなー。中学生のころ冬の澄みきった夜空に黄色のお月さんの明るかったことを思い出す。居酒屋が開いていたので、安いホテルを聞くとわかりやすくアリエス（Aries）と読まないアルルと読む

らしい、そのホテルを教えてくれる。190 フラン =3000 円ぐらい、チト高いが遅いので泊まることにした。ホテルの中の写真を見るとここは「昔、昔」の古い建物の一部だったのがわかる。

「エエーッ」朝起きてびっくりした、近くにローマにあるコロッセオと同じ闘技場があった。ローマのコロッセオと違い欠けたところがなく、それより立派なものに見えるのは完全な形で残っているからだろう。まとまって歩いている日本人観光客はツアーなのだろうか。ホテルに戻ると 12 時近い時間になっている。そのままチェックアウトして次に向かう。

2001 年 1 月 9 日火曜　　　くもり　はれ　　　南フランス

　マルセイユにつく前に海岸を走って見た。夏はにぎやかなことだろうが最盛期を終わり閑散としていて泊まる気持ちにはならなかった。あしたはいっきにイタリアに向かって走ろう。そして本場のスパゲティを早く食ってみたいものだ。好きだったごはん、毎日食べていたマグロ赤身、梅、ショウガとか日本で食べていたが、なぜか喰いたいとは思わない。どうしてなのかなー。しかし、アルコールは欠かしたことはない。

モナコを通過イタリアに着く

2001 年 1 月 10 日水曜　　　くもり　雨　　　フランス〜モナコ〜イタリア

　いつのまにかイタリアについた。トンネル、トンネルばかりで途中休憩所で眼下にみえる「きれいな街だ」と教えてくれたモナコを眺めて通過、海岸沿いを走る。雨が強くなってきた。Genova を過ぎて Livorno を目指すが 15 時を過ぎている。きのう、おとといと違って早目に宿を探す。海岸のロケーションとして景色のいい高台のホテルに決めた。75000 リラ =3250 円とチト高い。リラは半分なので計算しやすくて助かるな。

　よし、きょうは本場のスパゲティを食えるぞ。日本の宿屋見たいなホテルでスパゲティを注文したら「3 分間待つのだぞ」見たいなインスタントまがいの茹で過ぎたうどん、ソーメンみたいなものが出てきた。ウーンまいった。あー、あーがっかりだー。イタリアのユースホステルもほとんどが休みなの

だろうか、心配になってきた。

お巡りさんに誘導してもらう
2001 年 1 月 11 日木曜　　　イタリア

　雨の中フィレンツ Firenze をめざす。ハイウェイにすぐに乗ることができるだろうと走り出す。となりの町で四苦八苦おまわりさんに聞いて走りだすが又同じところのおまわりさんのところに来てしまった。とうとうおまわりさんは「おれのあと」をついて来いとパトカーのうしろについていく。走ること走ること「エーっと思う」山道を 1 時間ぐらい走っただろうか。山道はガスって前が見えない。この道を行けと山の上で別れる。

　一人では走れない道である。ありがとうございました。別れたあとも相変わらず山の道の中。きのう見えていた高速道路が見えているのにどうしてこんなにかかるんだろうか。途中に高速道路の橋げたが見えているが乗ることができないのだ。ま、これでもいいかと言う気持に切り替える、しかし山道が続き不安になってきた。ようやく山間地方を抜けてハイウェイに入れる町に出た。

高速道路に乗るために山の道 1 時間近くも誘導してくれたおまわりさん。（左）別れたあとも田舎を走り途中の民家（右）

　もう 12 時だ。イタリアって山ばかりなのだな。ラ・スペツィア LeSpezie の町まで来てしまった。腹へったレストランで腹ごしらえ。ハイウェイはすぐにわかった。フェレンツの町についたのは 15 時半ごろ。なんとなくほこりっぽいなー。ユースホステルを聞きながら走る最後はガススタンドのお姉さんの言った通り進むとなんと「ユースのマーク」が道路標識に出ているではないか。おー助かった。

　ユースに到着したのは17時前だった。受付をすませ晩飯の買い出しに、そして本場の赤いスパゲティをどうしても喰いたい一心でスパゲティの店を探したが見つからなかった。

2001年1月12日金曜　　　小雨　雨　　　イタリア・フィレンツ

　日本人男性二人、女性一人同じユースに泊まっている。その中の男の人は勉強のため以前ここに住んでいたこともあると話し、そのフェレンツ街のことをおおまかに説明してくれた。一人で街に出てみた。街は整然としてきれいな旧い建築群が建っている。バイクをユースに置いてバスで来たのでのんびりと出来る。昼間は、まず食いたかったあの、赤いスパゲティを注文した、スパゲティはトマトソースだけかと思っていた。

陽気な若者はフィレンツの
地元の人たちだろうか

　出てきたのはシーフードスパゲティだった。エビ、貝など入っている。まーしょうがない「あなたにまかせる」と言った手前文句も言えまい。うまかったがわたしは「あの」赤いスパゲティを喰いたかった。ちょっともの足りなかったのでステーキを追加注文した。ビール、ワイン＝トータルで3500円アー満腹じゃーのう。夜は日本の人たちと12時頃までだべってすごす。

　今12時過ぎこの夜中の時間になっても、続々と泊まり客が入ってきている、週末だからなのだろうか。

2001年1月13日土曜　　　くもり　少しはれ　　　イタリア

　きのう洗ったオートバイをに出して街にでる。きのうアイスクリームを食

べたお店に 12 時まで行く約束している。そのお店の近くまでいくが、なかなか近づけない。バイクを途中に停めて歩いていると同じホテルに泊まっている日本人とばったり会う。ガーデン風のレストランにはいった。入ってはいけない商店街に知らずに入ってしまった。有名なアイスクリーム店のマスターは、「オーマッツオー」と握手、まわりのお客に注目されながらオートバイのバックにサインをしてくれた。

フィレンツからローマへ
2001 年 1 月 14 日日曜　　はれ　はれ　風冷たし　　　イタリア

　やってきましたローマに。フィレンツのホテルを 10 時頃出発。風が冷たく身にしみる。意外と早く 16 時ローマについた。いつもは大都市に入る時、いつもセントラルに向かって走るがきょうは市内の入り口一番手前で高速から降りた。それが正解だったようだ。1960 年オリンピックの選手村、今はユースホステルになっている。そのホテルに向かう。「オリンピック、オリンピック」と聞いて走ると川のそばに静かなところですぐにわかった。

　競技場ではサッカーをやっているようだ。ときおり新幹線の通過する音と間違えるような「ゴーォォー」「ウォーオォー」一瞬歓声が聴こえてくる。ゴールの瞬間なのだろうか、そう言えばきのうもフィレンツでもサッカー場の近くだったので照明塔が明々とついて歓声が聞こえてきた。ユースホステル・フロントで料金はすべて現金と言われる。近くの銀行に出かけ下ろして一日 28000 リラ =1400 円 =7000 円とりあえず 5 日分支払う。

　市内の中心からここはどのくらいの位置にあるのだろうか、もらった地図では分からない、あした、あした調べよう。ここに来る途中昼は子牛をバーベーキューしているレストランがあったので立ち寄って、目の前で焼いてもらった。うまかった。

コロッセオ
2001 年 1 月 15 日月曜　　イタリア

　疲れているのだろうか、夜中にめずらしく目が覚めず朝までぐっすり寝た、

もう9時を過ぎているのではと時計をみたらまだ8時いつもと同じだった。オートバイでブオーとローマ市内を走ってみた。環状の内側が中心になっているようだ。適当なところで左に入る。TVや写真で見るオリンピック競技場みたいな建物が見えてきた。帰国したあと知人から名称「コロッセオ」だと初めて知った。ひとまわりふたまわり走った。

競技場のそばに臨時停車、日本人がいる、いる。タクシーで乗り付けた日本人もいた。オートバイを見てビックリして「どこから来たのか」と聞かれる。実はオートバイで走っていることを自慢したい気持ちがあって聞かれるのを待っている自分なのだ。日本の人は「ロッテルダムから」でもすぐ分かるが外国の人は「アムステルダムから」の方がわかりやすいようだ。とりあえずみんなが知っているトレビノ泉に。

なぜか、わからないがスケッチしたくなった。コロッセオと隣りに建っている遺跡フェロ・ロマーノ遺跡

わたしは「一方通行」を承知しながらトレビノの泉に入って行くとポリスにばったり「NO、NO」「カムバック」で引き返した。まわりに回ってトレビノ泉近くまできた。オートバイを停めて歩くとトレビノ泉にはロープが張ってある、どうした。池の掃除でもするのだろうか、わからない。つぎの場所にまわった、イタリアはヨーロッパで一番の人気とか、入場料を払って遺跡の中に入る。

フィレンツもそうだったが街全体が芸術的建築物ばかりと人は言う。わたしには何がなんだかその「良さ」がわからないのだ、悲しい。カーブの多い高速でも荒っぽく飛ばしていたので相当突っ込んでくるのかと思っていたが市内入ると運転のマナーは以外におとなしい。昼飯はトレビノのそばでレス

トランのビラを配っていたその店でスパゲティを喰ったが、いまいちだったなー、あの赤色の本場のスパゲティを喰いたい。

　宿に戻り近くの町の様子を見物しながらスーパーを探す、15分ぐらいかかりチト遠いな。スーパーで買ってきたもので晩飯。40年前あの大きな世界の選手たちがこの食堂で食べていたのかと想像すると感慨深い。壁にはオリンピックの「プレート」をはめ込んである。もしかしたらはだしのマラソン選手あの「アベベ」選手もここで食べていたかも、いや食べていたはずだ。身体の背中、節々が痛い。早目に寝ることにしよう。

「大宮」の漢字を読んだパイロット

2001年1月16日火曜　　　　くもり　はれ　　　　イタリア

　雨だったらベッドでそのまま横になっていようと思いながら起きてみた。夜中に雨の音がしていたのでてっきり雨だろうと外を見るとすっかり雨はあがっている。バイクのカバーも乾いている。きょうも街の中を走る。どこという当てはない、あっても「その目的場所」にはすんなり行けない。きのうと同じ道に入ろうと思うがそうはいかない。きのうより車が多いみたいだ。

　着いたところは「あの」女優ヘップバーンさんの映画「ローマの休日」？に出てくる「ほら」階段のある建物（名称がわからない）。（＊帰国してから調べたらヴェットリオ・エマヌエーレ2世記念堂であるらしい）コロッセオーの隣に崩れかかった三本の門柱が立っている遺跡にまわってみるとなぜか絵を描いてみたい衝動にかられる。なぜだか自分でもわからない。2時間ぐらいここにいた。ここはバイクで来るところではないな。

　昼は「あの」赤いスパゲティを喰ってみたいとレストランを地元らしい人に聞きながら探すと混んでいるレストランを見つけた。期待して入ってみたがスパゲティもワインもわたしにはうまいとは言えないものだった。うーんなかなか赤いスパゲティに出会えないな。帰ろうと走り出したら自分の位置がわからなくなった。3、4度聞きながらロータリーでオートバイを停めた。すると「おおみや」からですかと外人の人が近寄ってきた。

　わたしのナンバープレート「大宮」の漢字をどうして読めたのだろう。わたしのワイフも「おおみや」ですと話しかけてきた。どうりで「大宮」が読めたのだ。バスからおりてきた息子さんを迎えに来ていた。奥さんは向こう側のビルから手を振っていた。そばにあったバーに入り恰幅のいい男の人は国際線のパイロット・マリアーノさんと自己紹介してくれた。

　あした「暇ありますか」レストランで「ごちそうします」「なにを食べたい」ですか、即座に「ステーキ」を「たべたい」厚かましく応える。あした夕方6時にホテルまで迎えに行きますとマリアーノさん。ありがとうございます。

2001年1月17日水曜　　　雨　雨　雨　　　イタリア

　朝から雨だ。バスでローマ市内に向かう。バスチケットを買おうとするが売っている場所がわからない、仕方ないのでバスを待っている青年から3000リラ=150円で一枚買って乗車。バスの中で帰りの切符を売ってもらうように乗車している女性にたのんだらお金は「ノー」「いらない」と、すみませんありがとうございます。バスを乗り継いでセントラルで降りるつもりが降りそこなった。

　そのまま折り返してレストランのありそうな場所でおりた。レストランできょうもスパゲティとワインを頼んだ。わたしは日本で食っていた赤いスパゲティを食いたいのだ。スパゲティの味はいま、いちだった。きょうはパイロットのマリアーノさんといっしょにステーキをたべることになっている。18時までに帰らなければ……帰りはバスなので観光気分でらくちんらくちん。早目の3時ごろ宿についたのでホテルのそばにあるオリンピック会場を見て回る。

　オリンピック競技種目を表している5mはあろうかと思われる一体一体の白い大理石彫刻は見ごたえがあった。ぴったり18時にマリアーノさんは迎えに来てくれた。息子マサト君はピアノのレッスンで奥さんは来れないがマリアーノさんの友人が何人かくると話す。最初はカウンターバーに入る。退職したパイロットの先輩たちのようだ。そして楽団に入っていた友人、4人

で飲んだあと「食べるところ」に移る。

　さー焼き肉が食えるぞ。最初に出てきたのは鍋フタみたいな、やきもちの
パン、生肉、ソーセージ次々と出てくる。途中から幼友達とおまわりさんも
加わった、二人とも地元出身らしい。顔なじみの人たちなので、冗談ばかり
の話になっている。どこの国でも幼なじみの友達は気を許せるから楽しいも
のになる。そばにいて言葉はわからなくとも雰囲気は充分に伝わって聞いて
いる自分も楽しい。

　パスタが出てきた。あーきょうはステーキはなしだな。あまりわたしは口
にあわないパスタを腹に詰め込む。なんとすぐあとにどかーんと分厚いス
テーキが運ばれてきた。ウヘィー。アーなんで今頃に。見ただけで喰い気が
しなくなった。最初に出てくればよかったのになー。ごちそうになってるの
にすみませんねー。半分も食えない、最初に出てきてくれればなー、かえす
がえすくやむ思いともったいなかった気分になる。

　引き上げていくのを見ると、残念無念！　あー持って帰りたかったー。イ
タリアのレストランの常識を知らないわたしの無知だったのだろう。これか
は失敗しないように「最初に出して」もらうようにしよう。12時ホテルに送っ
てもらう車の中であしたのランチは奥さんもいっしょにレストラに行くから
12時に迎えに来てくれるという。どうもごちそうさまでした。

2001年1月18日　　　　くもり　くもり　　　　イタリア

　朝食を抜き午前中シティバンクに電話を入れる。これが大変なのだ。シティ
バンクに電話するときは2、3千円かかってしまう。「シティバンクでは」
から始まり「キャンペーン」の案内。いいから早くしろ「日本語をご希望の
方は一番」ガイダンスの案内に従ってすすめる。よーやく人間が出たかと思
うと「暗証番号を……」番号を打ち込んでいるうちに、あーちくしょう用件
を話さないうちにカードの金額がなくなって切れてしまう。

　なんだよ、世界のシティバンクと言っていながらこのありさま、結局3回

目で人間につながったが。用件は「ユーロは今いくらだ」と聞くだけだったのに 1500 円もとられてしまった。シティバンクには毎回イライラする、シティバンクよ「金返せ！」ユースホステル一泊分だ！ 12 時前にマリアーノさんと奥さんが迎えに来てくれた。バイクの「大宮」ナンバーを入れて写真を撮った。

電話帳にも載ってなくて知られていない隠れた肉の専門店にこれから行くと、奥さんが話してくれた。農家の庭みたいなところに入って行く。オリーバーのつまみでビールを飲みながら肉の出てくるのを待つ。出てきたのは厚さ 4 〜 5 センチはあろうか骨付きミデア焼き。いやしい気持ちは治らない、おさまらない。きのうの分までとりもどそう、手で持って喰ってもいいですかと謝りながら、ガツガツ両手で喰いつく。

国際パイロット・マリアーノさんの別荘の近くのピザ焼き店「イタリアのへそ」にあたる場所でカンパーイ。

日本のこと、これからのわたしの旅のことなど話しながら 15 時ごろまで飲んで食べさせてもらった。「アーうまかった」ごちそうさまでした。今夜別荘に行くがオートバイでいっしょに行くかと聞かれる。オートバイでは無理ですが車だったら連れてってください。8 時に迎えに行くからと別れる。20 時ユースの玄関に出てみるとすでにマリアーノさんは車で待っていてくれた。パイロットだけに待ち合わせ時間は毎回厳格だ。

そのまま別荘に向かう。すみません、ハイウェイを避けて一般道路を走ってもらうように頼んでみた。「OK」カーブの多い道路をスピードを落とさずに曲がり切ってしまう、すごいもんだ。パイロットだからスピード感覚が

違うのだろうか。イタリア人全般がそうなのだろうかはわからない。別荘は
80km ぐらい北の方フィレンツ方面に戻ったところと話す。ここに来るとい
つも寄るという顔なじみのピザレストランに寄る。

　マリアーノさんはどこに行っても「顔なじみの店」ばかりだ。育ちなのだ
ろう、みんなを受け入れる度量の広さ。やわらかい人柄は魅力ある人。まず
はビールから飲み始める。ピザを焼く窯に薪をくべて作る。コックさんの帽
子を借りてわたしも窯に入れたピザパイをおおきなしゃもじ？　でとりだす
ところを写真に撮ってもらう。ピザを食べて 12 時過ぎた。でも店の主人と
は話が尽きない。

ローマで知り合った漢字の読める
パイロット・マリアーノさんに連
れられて別荘についた。ここはイ
タリアの「へそ」に当たる場所と
教えてくれる。別荘からながめ
た正面にはなんともいえない時
間があればスケッチしたい素晴
らしいイタリアの風景が拡がって
いた。ありがとうございました。
2001・1・18

　店の前の小さい川にミネラルウォーターが出ていると話す。外に出て一段
下にあるところからとうとうと湧き出していた。「ヘェーほんとだ」すこし
すっぱ味、水とは違った味がする。このまま流してしまってはもったいない
ような気がする。高台にある別荘についた、遠くに見えるあの光が「ローマ
だとよ」マリアーノさん。暖房はとなりの人にたのんでいたのだろうか部屋
は暖かい。トホホおやすみ。

イタリアの「へそ」
2001 年 1 月 19 日金曜　　　くもり　くもり　　　　イタリアのへそ
「9 時 30 分だよ」ゆうべ 9 時に起きると話していたのでマリアーノさんは
起こしに来てくれた。紅茶をいただいたあと、昨夜案内してくれた部屋のほ

か、今朝は外に出てワインの貯蔵庫が二つ、まわりの山全体もマリアーノさん宅の敷地になっていると。目の前には曲がりくねった黄色い道はなんともいえない絵にもなる風景がある。次の町に行くのが嫌になってくるほどゆっくりしたいところだ。

　マリアーノさんと村を歩く、マリアーノさんの顔を見るなりあいさつがかえってくるように地元は顔見知りの人が多い。狭い道路はらせん状階段になっている。車でイタリアの「へそ」にあたる場所を案内してもらう。山道を行くとイタリアの真ん中を示す看板が立っていた。高台にある遺跡みたいな展望台も見て回った。次の日、帰り際に地元の食堂では地元でとれた野鳥の焼鳥はうまかった。

　今まで食べた焼鳥とは味が違った、これが自然の鳥の味なのだ。あーやっぱりついて来てよかった。アリアーノさんほんとにありがとうございました。

2001 年 1 月 20 日土曜　　　くもり　はれ　　　イタリア・ローマ

　10 時半ごろだったろうか、まもなく晴れようかというころ泊まっているユースから 200m 程のところにあるオリンピック競技場のマラソンゲートの出口を探しに行く。あのオリンピック・マラソンを「はだし」で走ったエチオピア「アベベ」選手がここローマで初出場、初優勝した競技場だ。「靴」はいた選手をしり目に「はだし」のアベベ選手はダントツで優勝した時はテレビを見ていて飛び上がるほど昂奮して驚いたことを思い出す。（アフリカ・エチオピアに行ったとき「アベベ選手」のお墓に寄って花をささげてきた。2007 年）

　そのオリンピック競技場のマラソンゲートは 15、16 番がゲートになっているようだ。そのあとオートバイでローマ市内に出て走りまわる。走っているうち「朝市場」が開かれて場所に出くわした。ここはトレビノ泉のところだ。先日スケッチをしてみたいと思ったコロッセオのとなりにある遺跡に向かう。コロッセオの入口に停まっていたらわたしのオートバイ「日本ナンバープレート」だと近寄ってきた日本人たち。あーなんと峰さんだ！

「どうしてこんなところに」お互いにびっくり仰天。「ふるさと関東地区・嬉野会」峰会長夫婦たちだった。ツアーでイタリアを旅しているとお聞きした。へーこんなことってあるもんですねー、不思議なことだった。別れてから遺跡の方にまわり、絶好の場所に座りスケッチを始める。コロッセオのあと二枚目は三本柱の遺跡を描いてみた。自分でも、まーまーの出来あがりで自己満足としよう。

イタリア・コロッセオ
ふるさと嬉野会の峰会長と
ばったり

2001 年 1 月 21 日日曜　　　はれ　はれ　　　　イタリア・ナポリ

　朝 10 時 10 分ナポリに向かって出発。ローマの裏手を走って「ローマよ・さようなら」。ナポリはこの道でいいかとローマ市内を出るまで繰り返して「ナポリ」「ナポリ」と聞く。「OK」まっすぐまっすぐ、大丈夫のようだ。途中からハイウェイに乗って一路ナポリの標識をたよりに走る。きょうは200km ぐらいだから楽勝だ。レストランで休憩、ステーキ、肉はあまりうまくなかったなー。山の上から一気に下りる感じでナポリの街に入る。

　ガススタンドやタクシーの運転手さんに聞いてユースホステルに向かうが聞いたところと違うようだ。U ターン駅まで戻り再びユースに向かう。トンネル出てすぐ右に入ったわかりにくい場所だった。16 時についた。シャワーを浴びて街中に、食事でもと歩いてみたが案の定きょうは日曜なのでほとんどお店は休み。カウンターバーでチョコレートをつまみにビール。ユースに戻ってパスタで晩飯。

2001 年 1 月 22 日月曜　　　　イタリア

　ようやく日本に電話が通じた日本はきのう雪だったと聴く。きょうはナポリ市内観光にくり出す。山の方に向かって走るが行き止まり。暖かいのでセータを脱いで走る。街の掲示板温度計 14℃と出ている。ぐるぐるまわっているうちに「朝市」か？　おもしろうそう。野菜、靴、洋服、日用品などなど。わたしはサングラスを買う。いろいろ選んでいるうち一番買いたくなかった「形のサングラス」を買ってしまった。

　普段からキザだと思っていたサングラスの形、おかしなもので自分でもわからない。負けてもらって12000 リラ =600円。オートバイのマフラーが走っているうちに「ずれて」しまうのでがっちり止めるため、玄関に敷く安い「布・ゴムマット」を買ってオートバイ屋に持っていきしっかりと巻きつけて直してもらった。取り付け代 1000 円これで安心だ。ナポリの道路は石畳が多く走りにくい、ガタガタでイタリアでは車も早く痛むだろうな。

赤いスパゲティに出会った

　きょうは「赤い」スパゲティをくった、なにげなく入った駅前の小さいカウンターだけの食堂、いつもと同じようにスパゲティを注文。出てきたのはシンプルなもの、ひとくち食った「これだ」よ、「これ」「これ！」ついにわたしの思いつづけた赤いスパゲティにありついた。あーうまかったー。これぞナポリタン・スパゲティ思い残すことはもうない。ついにありついた赤いスパゲティ。

　お店で出てきた菜の花の茹でたものなどビールのつまみもうまかった。トータル 20000 リラ =1000 円。どこまで走ってもガタガタ石畳、イヤになったので宿に引き上げる。

2001 年 1 月 23 日火曜　　　　はれ　　　　イタリア

　泊まっているユースには日本人が半分以上 10 人ぐらい東京、埼玉、名古屋、大阪、鹿児島などから来ている。ナポリからイタリアのつま先にあたる、シシリ島にむかう。9 時半出発してつま先の港、眼下にはシシリ島が見える

展望台みたいなところについた。地元の人たちがのんびりときれいな夕日を楽しんでいる。一瞬中国の人たちがのんびり公園で過ごしている人たちとダブって見える。あーきてよかったなー。

　高台から一気に海岸まで下りきる。ここはイタリア・足のつま先にあたるところ。あしたは船でシシリ島へ渡ろう。ホテルの値段は85000リラ=4250円と高いそれに駐車場に入れると500円も。治安を考えると当然のことだけど、ちょっと考えて悩んだふりして駐車料金を5000リラに負けてと交渉、すぐにOK250円の儲かりだけど、もっと値切ればよかったなー。ここまで来る間ハイウェイは工事が続きスロースローだった。

　新しいハイウェイをつくっているのか、造り直しているのかはわからなかった。

何年か前爆発したシシリ島エトナ山のふもとでジャガイモの収穫していた農家の人たち。農作業の姿ではない軽装のようで日本とチト違うようだ。

イタリア・シシリー島
2001年1月24日水曜　　　はれ　快晴　　　イタリア・シシリー島

　窓のシャッターを開けると青空の太陽がサンサンとふりそそいでいる。久しぶりにおだやかな、暖かい朝だ。朝食もそこそこに、もっともパン一枚だけだけど。ホテルのそばのフェリー乗り場に着いてフェリーチケットは一人10000リラ=500円オートバイ込みである、これは安いな。乗船して5分もしないうちにすぐに出港した。海にはいくつもの渦巻きが発生している。

　その渦巻きをさけてだいぶ遠回りして進んでいくようだ。30分ぐらいで

シシリ島に到着。船から降りて走り出す。信号待ちの交差点では小さい子供たちがマイカーの窓を拭いてお金をもらうアルバイトしている。結構この島はトンネルばかりが多い多い。KATANIA に着いた。ガソリンスタンドでホテルを聞く。詳しく説明してくれるがわからない。たどりついたロータリーにある花屋さんに聞くと「そこ」だと。「そこ」がわからないのだ。

「そこ」まで花屋さんに連れてもらい玄関のブザーまで押して「お客だよ」と宿主が出てくるまで待っててくれた。宿泊料 5500 リラ =2750 円。早目にと泊まるところを決めたのでゆっくりできる。とりあえず日本へ電話を入れる。あとは宿の紹介でレストランに行く。アサリは砂が残っていてガリ！いっぺんにビールまでもまずくなる。黒いカラス貝とスパゲティ 2000 円だった。きょうは暖かくてコートを脱いでも大丈夫だった。

2001 年 1 月 25 日木曜　　　はれ　はれ　　　　イタリア・シシリー島

　あったかいと気持ちがいいな。山を越えてシシリ半島の先端まで行くことはやめよう。ここからカムバックして戻ろう。ここに来る時見たエトナ山は半分以上が雪になってその姿は美しかった。1983 年に爆発したことは昨日泊まったホテルに写真が貼ってあったのでわかった。ハイウェイを避けて一般道路・海岸沿いをずーっと走る。

　途中からぐいっとエトナ山の中に入ってみると農家の人が畑でジャガイモ掘りをしていた。いっしょに入ってもらって記念写真を撮った。気持ちまで休まるのどかな風景はいいな。幼いころいつも道端でとって食っていたピンクの花が咲く茎を食べるとすっぱい味がする草、ここでは黄色の花が咲いている。やっぱり一般道路はいい、たのしく、面白い。Messina 港についた。14 時 10 分の船に乗って本土イタリアに戻った。

　本土に渡りそのままイタリアは足の「かかと」にあたる岬に向かって走る。今は「足の土ふまず」に当たるところを走っている。このあたりの道路は見晴らしがよくて気持ちがいい。7 時小さい町のレストランの二階のホテルに泊まる。4000 リラ =2000 円

オリーブ畑、延々と

2001 年 1 月 26 日金曜　　　はれ　　　イタリア

　9 時 10 分前にホテルをスタート。朝の温度 20℃ ぐらいではないかと宿の人は言う。定かではなかったので紙に 10℃、15℃、20℃ と書いて見せたら 20℃ に ◯ をつけた。ヨーロッパでは日本と違って数字の「I」棒線ではなくて 1 のように頭に鍵をつけないと読めないみたいである。わたしの「I」はこちらの人は「カギ」をつけるのでわからなかったのかも、本当は 15℃ だったのかも知れない。

オリーブ畑が延々と続くイタリア最南端地方。塩漬けしたオリーバーの実はビールのつまみにナンバーワンになった。

　440km 走った。Taranto「足らんと」？　わたしは頭が少し「タラント」と覚えて走る。15 時を過ぎている、セントラル広場に停まって地図を広げていると制服のおじさんが来てここに「停めてはダメ」ここは警察署の前だった。ホテルを探しているんです、するとおまわりさんは 8km 先のホテルを探して電話までしてくれた。握手して別れる。バンコ（銀行）でお金をおろして紹介してもらったホテルに向かう。

　いつのまにかホテルの近くまで来ていた。ガススタンドで訪ねると 2、3 分でホテルについた。100000 リラ =5000 円と安くはない。

パタパタ三輪車　となりに衝突　危機一髪命拾い

　わたしは「50000 リラ」（2500 円）と書いて安くしてくれと頼む。ホテルは 80000 リラ =4000 円まで「OK」。まーしょうがない泊まることにする。部屋はきのうの数倍はある、設備もそれ相当揃っている。実は途中 12 時頃

だったろうか、バタバタと大きな音をさせて走っている三輪車を追い越した。信号機「赤」……二列で停まっている左側の車のうしろに停まった。

走ってきた三輪車はとなりの右の車にそのままブレーキもかけずにドカーン。三輪車は横転してあっという間に炎が上がって火の車。追突された車にも車体の下から炎がまわった。わたしはとっさに反対車線に抜け出して難をのがれた。三輪車の老人には身体にも燃え移っている。まわりの人が消していた。いつもは右側につけているのに、左折とは知らずに並んだのが偶然とはいえ幸いした。イヤーあぶなかったなー。

今ごろ生きてなかったかも知れない。それにしても危機一髪ついていたな。ブレーキが利かなかったのだろうか、それとも前方不注意？　巻き込まれなくてよかったー。しっかりしてくれよ爺さん。

イタリアの「かかと」　サンタマリア
2001 年 1 月 27 日土曜　はれ　はれ　　　　　イタリア　かかとの岬

7 時に目が覚めるがウトウトして 8 時に起きる。やっぱり夕べは雨だったんだ、ベランダが濡れている。道の向こう側は海軍、海兵隊学校か？　帽子に白い線が入った人たちが行きかう。もっとも「塀の中」を見ているのだ。ホテルの玄関にホースがあったこれ幸いとオートバイを洗う。そしてコーヒを飲んで出発 9 時になった。きょうはイタリアの「かかと」をめざす。

7 号、147 号、247 号と進む。イタリアの「かかと」にあたる場所ついた。泊まる予定ではなかったが港の岬が気にいって急に泊まりたくなる。ここはサンタマリア・デイ・レウカ岬（あとで調べた）。ホテルは 12000＝6000 円と高いが別の一階レストラン二階がホテルになっているところは 2000 円で安く泊まることができたので 2 泊予約する。やっぱりいいなー青い海、地図でしか見ないイタリアの「かかと」に当たる海はきれい。

久しぶりにズボンを洗って散歩。太陽が暖かい上着は軽装で充分。15℃以上はある。そよ風の中を灯台のある高台に上る。地元の人たちも来ていた。

お世話になった人たちへ日本に電話を入れた。留守のところもあったがみなさん元気のようでよかった。ふるさと佐賀、嬉野・吉田中学校の同級会は地元ではなくて今回は大阪で開かれ約 120 人のうち参加者は嬉野、大阪、東京からなど 26 人の出席だと電話で聴いた、よかったなー。

イタリアの最南端岬・足のかかとにあたるサンタマリア

2001 年 1 月 28 日日曜　くもり　はれ　イタリアのかかと　サンタ・マリア

　ヒューヒューと夕べは風が強く夜中吹いていたのを覚えている。朝起きてみると洗濯し干していたカッパがテラスからなくなっていた。急いで外に出て探したら裏通りまで飛ばされて道路の真ん中に落ちていた。ま、あってよかったわい。目の前の海の波はしぶきをあげて押し寄せている。これから日程変更、いや、行き先変更しよう。イタリアふくらはぎを走って北の方に今上がると雪にあう可能性が出てくる。

　それより暖かい方面に移った方がよさそうだ。よし、これからギリシャに向かおう。Otrant オトラントの港までオートバイで行って時刻を確かめに行く。ここの港からは週一回「火曜日」だけギリシャまで運航していた。港の人はこの先北 100km の港 Brindisi は「毎日運航」していると教えてくれた。出港の時刻はわからないがあしたそこの港までいってみよう。

　行きも帰りもオリーバーの畑だけが延々と続く中を「すげーな」と一人ごといいながら、宿に戻る。海岸の道に日本の縁日みたいな露店の準備が始まっていた。まだ風が強いのに夕方にはどこから出てきたのかと思うほど人通りが多くなった。

イタリアからギリシャ　フェリーで渡る

2001 年 1 月 29 日月曜　はれ　　　　イタリア～ギリシャ・アテネ

　きょうはギリシャに向かうためホテルを 8 時 15 分出発。ブリンデシ？
Brindisi 港まで 10 時半頃には着くだろうと走り始めたが渋滞にあって港に
ついたのは 12 時になった。港の「チケット売り場」「ギリシャまでの船は」
と地元のオートバイに乗っている青年に聞くと売り場まで連れていってくれ
た、ありがとう。19:00 発（17 時集合）の船のチケットがある、よしこのま
まギリシャに向かおう。

イタリア・ブリンデンか
らギリシャ・アマリアス
にフェリーで渡る

　出国手続きはいたって簡単、チケットを買うだけで済んだ。船の乗り場を
確かめておこう。グルーっとまわって大分離れたところだったのでやっぱり
確かめておいてよかった。オートバイ・ドラッグスターに乗っていたお兄ちゃ
んどうもありがとう。船代はイタリア・ブリンデシ（Brindisi）→ギリシャ・
アマリアス（Amarias）―150000 リラ＝7500 円。24000 リラ＝1200 円通船代（港
利用税なのかな）本人・オートバイ代入れて＝8700 円。

「へーこんなに」と思うぐらい意外に安かった。港の近くのレストランを
30 分以上探してようやくこの町で一番大きい店に入る。時間はたっぷりあ
るのでまずはビール、オリーバー、スパゲティ、最後にステーキのミデアム
を注文ひさしぶりでうまかった。暗くなると迷いやすい道だ、船乗り場を確か
めておいてよかった。4 時半ごろ船に乗り込んだ。船室は 4 人部屋に一人。
シャワー室もある。予定ではあしたの朝 9 時に到着。

　強い風と雷がとどろいて夜中に大きく揺れたりした。窓の外は雷の光がクモの巣状に四方八方に広がっているこんな稲妻の光を初めて見る。トラックの運転手がほとんどが乗船客のようだ。遅れて11時頃ギリシャに着いた。雨が降り続いている。ギリシャ入国はパスポートにスタンプを押してもらって終わり。雨の中走りだすアテネに向かっているつもりだったが途中で聴くと逆方向に走っていた。

イタリアからギリシャ・アマリアスに着きアテネに向かうと途中運河を見つけた。スエズ運河もこんな風になっているのかな。

ギリシャ・アテネ到着

　港を出て右はオリンピア……左はアテネに向かう道であることが（あとでわかった）船から降りて正面の山には雪が積もっているのを見てドキーっとした、まさか雪の道じゃあるまい……。一時間ぐらい走っていると雨もやんだ。中央分離帯がないので100キロのスピードに抑えて走る。橋を渡るとき眼下に運河のようなものが見えた。Uターンして眼下に見える運河をしばらく眺める。船を誘導している小さなボートも見える。スエズ運河もこんな風なのだろうか。

　アテネのセントラルにつきロータリーでユースホステルを聞く。一回目、二回目でもわからず三回目でようやくたどり着くことができた。駐車場はなくてオートバイはホテルの前歩道、柱と柱の間に置く。

2001 年 1 月 30 日火曜　　　ギリシャ・アテネ

　ギリシャ初日朝、青空だ。たまった下着など 9 時に近くのクリーニングに出した。帰りに市内地図、ギリシャ地図を買う。午後バイクを洗い遺跡見物に出かける。写真で見たアクロポリス、ハドリアヌ凱旋門、やっぱりすごい。どのようにして資材を岩山に運んだのだろうか。バルテノン神殿をスケッチしてみたがどうもとらえきれなくてなんとも貧弱な絵になった。

　ハドリアヌはわたし一人だけだった。カメラ屋に行きフイルムを現像に出す、先日テストに一本出してみたら、まーまーだったので残り 8 本全部出した。現像代 11000 ドラ =3300 円。日本だと 12000 円なのでだいぶ安い。

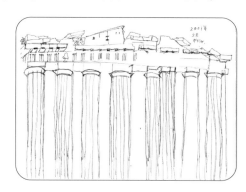

目の前にあるバルテノン宮殿のスケッチをはじめたが、どうもとらえることが出来なかった。

2001 年 1 月 31 日水曜　　　ギリシャ・アテネ

　写真をコピーして現像した写真、使わなくなった防寒ウェアーを日本に送った。12800DC=400 円ぐらいかな。ハガキにするためコピー店に行ってためしてみたが色がいまいちだった。近代設備のある街でコピーすることにしよう。

2001 年 2 月 1 日木曜　朝くもり　はれ　はれ　くもり　ギリシャ・アテネ

　早いものでいつのまにか 2 月に入った。2 月中にネパールまで行き 3 月末にはトルコ、イスタンブールまで戻って来たいのだが、どうなることやら。近くにある魚、肉市場に行ってみる。ここでは市場で買った肉や、魚を焼いてくれる食堂がある、これはいいぞー自分好みの食堂だ。わたしが買うより食堂の主人に買ってもらった方が安く買えるだろうと思い肉をたのんだ。日本語も少しできる陽気な愛きょうのあるおやじさん。

　ワインを頼んだら目の前でペットボトルを洗い「なにか白いもの」と「ワイン」を混ぜて持ってきた。「うまいだろう」と、言う顔をして見せた。最初違和感があったが飲んでいるうちに「うまい」までには行かないが結構いける味に慣れてきた。店を出てオイル交換する時に必要な「じょうご」を探しに店を回る。いまの若い人「じょうご」って知らない言葉だろうな。ジョウゴはすぐに見つかった 800 ドラグマ＝250 円ぐらい。

2001 年 2 月 2 日金曜　　雨上がりくもり　午後快晴　　ギリシャ・アテネ

　イタリアでスパゲティを喰っていたとき、歯にうめ込んだものがとれてしまい、ぽっかり穴があいてしまった感じになった。いつかどこかでと考えていた。ユースホステルのスタッフに歯をむき出して「歯医者さん」近くにないか訪ねると、彼女のかかりつけが近くにあると教えてくれた。すぐに電話をいれてくれて「OK」になった。ユースホステルから三軒隣りのオフィスまで連れて行ってくれた。

　アテネで歯医者さんに行く他の客はいなくてちょっとどういう治療をされるか不安だった。片言の英語で「おまえの歯はぐらぐらしている」「タバコを吸っている」のか「黒い歯だな」と言う。①ぐらぐらしている歯を抜いたらどうだ②黒い（歯石のことだと思うが）ものを取るか。わたしは①ブラックを取ってほしい②埋め込むものは日本では銀しかないと思っていたので「シルバー」と言ってしまったが考え直して「ホワイト」にしてもらった。

　歯石取りは器具を使い道路工事みたいにガリガリととなりのぐらぐらしている歯が抜けるのではと心配しするほどだった。穴埋めは注射器みたいなものからホワイトを埋め込み青いバーナーの光が出ているものであたためているようである。10 分ぐらいで終わる。うがいをしたら黒い血が混じっている大丈夫かいな。一時間ぐらいかかってすべて終わった。もちろん保険証は使えない 17000 ドラグマ＝5500 円だった。

　白くなった歯を鏡で見せてくれた。ありがとう。午後近くの山、リカベトスまでオートバイを出した。頂上までバイクで行き市内を見渡せる展望のい

いところだった。しばらく一人で座っていると日本人の中年の人が来た。現地の女性と結婚してアテネに住んでいるという。オペラ劇場では無料でパソコンを使えると教わったので興味もありバイクのうしろに乗せていっしょに劇場に向かう。

アテネ市内中心にある肉、魚市場。場内にある居酒屋で自分の好きな肉や魚を調理してくれるのでうまいし楽しくて何回か通った。

　山から降り切ったところでトラックがバックしてきた「おー」「あぶねー」もう少しでぶつけられるところだった。どこを見て「バックしてんだ」。劇場の前に来た交差点で停まった「トン」オートバイに軽い衝撃。運転手は女性だ「どこを見て運転してんだ」まったく素人ばかりだなぁ。劇場で少し待って自分のパソコンがどうなっているか「見てみたかった」。

　旅に出て4カ月たつが九州実家のおいっこ智ちゃんが作ってくれているわたしのホームページ。はじめて開いてみた。「おーこのようになっているのか」ホームページは「松尾屋こんにゃく・ところてん」「松尾食品」の案内と「地球の旅・松尾清晴今どこへ」のタイトルになっていた。なにか恥ずかしいタイトルになっているがうれしくなった。実家の智ちゃんありがとう。

古代オリンピック発祥地「オリンピア」

2001年2月3日土曜　　　はれ　はれ　快晴　　　ギリシャ・オリンピア

　オリンピックの発祥の地きょうはアテネから西の方にあるオリンピアに行こう。10時半に出発。イタリアから船でついた港の方へ走って行く。天候はいいが走っていて肌寒い。海を越えてみえる遠い北の方にはまっ白く積もった山が見えてきた。それにしてもだいぶ高い山だな。これからは南の方

に走るので心配はないだろう。正面にきれいなコバルトブルーの海が出てきた。

　イタリアからついたときこの辺はどしゃ降りの雨だったがきょうはカラッと気持ちのいい風景。「海も湖」も太陽が出ないと自分では輝くことができないので悲しいものだと独り言。子供の頃むかし、むかし、すっきりした胸のすくような青色、みどり色のガラスのビー玉を思い出す。その青色の海の色が出てきた。14 時 30 分オリンピアについた。入場しようとするときょうはもう「終わり」という。

オリンピック聖火の採火台　　　　古代オリンピック発祥の競技場

「ええー」「ちょちょっと待ってよ」せっかく来たんだからと合唱ポーズで「おがみ」たおしてどうにか中に入れてもらった。しかし 10 分間だけ「許す」と。それでも OKOK。わたしはオリンピックの「聖火」を採る「採火台」を見るだけでもいいんだから……。古代オリンピックに最初使われた小学校の運動場みたいな競技場と聖火の採火台神殿など急ぎ足で写真に収めたがゆっくり見たかったな。

　ユースに戻ったのは 19 時だった。ハイウェイ料金 350km-500 ドラグマ=150 円ぐらい往復 =300 円ぐらい。

デルフィ到着
2001 年 2 月 4 日日曜　　　　はれ　　　　ギリシャ・デルフィ
　きょうからアテネを離れてギリシャの北にあるデルフィに移動、出たのは

10時10分だった、日曜日で快晴気持ちも晴ればれ。でも肌寒い。ハイウェイで行きすぎて途中で聞いて舞い戻る。わかりにくいデルフィ方面への分かれ道。くねくねした山道が続く。山の頂に雪も見える。まさかあそこまでは登るまい。ガススタンドで雪は大丈夫かと聞くと「大丈夫」。ほとんど田舎の山道だ。

　ゆったりと、見知らぬ土地の空気を吸いこみながら登ったり下ったり小さい村、小さい町をそして小さい村、小さい町。この繰り返しが続く。まったくわからないギリシャ語の標識にはまいるなー。なんとかデルフィについた。アテネから160km。山の中腹にある街のようだ。時間も時間だしおみやげ屋でホテルを教えてもらう。そこのホテルは6000ドラグマを5000=1500円にまけてもらい泊まることにした。

ふるさと吉田中学校の同級会は大阪で開催

　部屋からはすぐに谷底になっていて遠くには湖、眺めはいい。場合によってはあと一泊してもいいな。あしたの気分次第だ。それでは食事にでかけるか、あーそうだ。きょうはふるさと佐賀・嬉野吉田中学校の同級会を大阪に集まってやっている。ここに来る途中レストランから電話を入れた。次から次と少しずつ話して交代してもらった。だいぶにぎやかでたのしそうだった。ホテルから再び電話を入れる。

　中学校卒業して以来、初めて45年ぶりに出席しているM君も来ていると幹事が話してくれた。わたしも会いたかったなー。そういえば夕べ同級生が集まっているところに俺もいて「なぜ出席しないんだ」「日本に帰ってきているではないか」と言われている夢を見たっけ。

2001年2月5日月曜 はれ おだやかなはれ きもちいい　ギリシャ・デルフィ

　山の中腹にある街、にぎやかな街でなく静かな街デルフィ。山の上はスキー場なのだろうかすこし登った近くの街にはスキーの店スノーボードの店が並んでいる小さな小さな町だ。いいなー山間の谷間にある風景。朝日の光で起きる。まだ7時半、9時過ぎにとなりのレストランに行って朝食1000ドラ

グマ =330 円。ここも二階がホテルのようだ。「一泊いくら」5000 ドラグマ「4000（1200 円）でどうか」「OK」になる。

　今の泊まっているホテルよりより 200 円安く泊まれる。よし、荷物をまとめて移る。しばらくしてからデルフィの遺跡めぐりに向かう。なんとも天気がいい。長袖一枚だけで充分暖かい。アポロン神殿を座ってゆっくり一時間ぐらいかかってスケッチした。このあと円形の石土台に三本柱が立っている遺跡をスケッチした。「戦者の使者」の銅像も描いた。

デルフィ遺跡と戦者の使者・ギリシャ・デルフィ

　宿に戻って「戦者の使者」のパンフレットの写真は「左手で手綱」を持っている。しかし実物は「右手で手綱」を持っているのだ。へーやっぱり実物でなければごまかされるところだった。店の人に「パンフレットは違っている」と話しておこう。スケッチは真剣に真剣に印象を残すためなるべく細かく描いた。出来上がりはまずまず自己満足としよう。スケッチを終えてオートバイで湖に降りていった。

　湖の水を手ですくってみた、しょっぱい。湖と思っていたが海のようだ。山に向かってどんどん登ってきたのでてっきり湖だと思っていた。きょうホテルのレストランは「休み」だと、エー。しょうがないスーパーで買い物する。日本人のツアーの人たちが何人か歩いている。陽気はいいし、こんなところだったら長くいたくなる。

メテオラ

2001 年 2 月 6 日火曜　はれ　快晴　はれ　　　ギリシャ・メテオラ(meteora)

　6 時にトイレに起きてからウトウトしながらあまり寝てないような気がしたが窓を開けると 9 時になっている。晴れだ、きょうもいい天気だなー。一階のレストランで朝飯食って一泊 4000 ドラグマ =1200 円を払う。一路きょうは石の殿堂メテオラに向かう。タクシーの運転手さんは 5 時間ぐらいでメテオラにつくときのう教えてくれた。天気はいいが山道は肌寒い、正面の山は頂上にまっ白に雪が積もっている。

足がすくむ岩の上に建つ「メテオラ」

今でも切り立った岩の上に 4 所帯ぐらい住んでいると説明を受けた

　道はスムーズ、車も少ない。あーいいなー、こんな陽気な天気、ゆっくり走れて最高。ここは高原なのだなー。2、3 日前オリンピアに行く時北の方に雪をかぶった山がみえたのはここらへんの山だったかもしれない。途中何ケ所か小さい町をとおりメテオラについた。ここは高い岩の上に家を建てたところ、すごいもんだなー。足がすくむような高さ、その上に家が建っている。

「なんのため？」キリスト教徒が迫害から逃れるためとか。すごいぞ。安いホテルを探す、一軒目、二軒目 8000 ドラグマ =2400 円、三軒目の 4000 ドラグマ =1200 円に泊まる。

2001 年 2 月 7 日水曜　はれ　はれ　はれ　風冷たい　ギリシャ・メテオラ
ホテルを 9 時に出てメテオラのきのうと同じところに行く。きのうは夕方だったのできょうは景色が違って見える。東の方にはまっ白の山が岩の間から絵になる景色。みやげやさんのおばさんがあした 10 時頃日本人が来ると話していた。きのう話したように日本人ツアー客が 30 人ぐらいバスでやっ

てきた。デルフィであった 2、3 人の女性もその中にいた。

　オートバイで来ていることにおどろいて「すごいですね」との言葉を期待したが残念ながら聞かれなかった。「気をつけて」とお互い言葉をかけてバスの日本人ツアーとバイバイ。早く春になればいいな。ポカポカ陽気で楽しくなる。裏山の高原にまわってみるとまた違った景色になった。岩の上に建っている上に登ってみた。昔は縄ばしごで登ったと説明を受ける。今は階段で登れるようになっていた。

　キリスト信者が迫害から逃れるために岩の上に建てられたと聴く。今も岩上に建つ家に住んでいる人たちが 4 軒ほどいると聴く。昔荷物などは滑車で引き上げていた、その滑車も残っていた。これからトルコに向かおう。大きな丘というか高原みたいな、山にしてはなだらかな高原を走る。高原から街、街から高原を何回か繰り返した。途中の峠の日陰のカーブには霜が解けたように濡れている、おっと、あぶねーぞ。

　スロースローこわいなー。三つの町を通った名前をいったん一生懸命覚えたがすぐに忘れた。そうだ、最後の町のなまえ Θo ΣΣ だったかな。そのあと大きな町が見える。なんだかボヤーとした煙がくすぶっている感じである、昔の川崎市公害のスモッグのようだ。泊まろうと考えたが立ち寄る気にもならなかった。はやく通過、通過。しばらく走ると道端にホテルの看板を見つけた。静かな村のようなところ。

「ワンナイト・ハウマッチ一泊いくらですか」「4000 ドラグマ」（1200 円）に泊まることにする。久しぶりの湯船だ。浴槽のなかにお湯をたっぷり張ってからだを沈める。夜はとなりでヒツジではないヤギの丸焼きをやっていたのでその店に入る。あしたはトルコにつくだろう。きょうがギリシャの最後の村の夜になる。

ギリシャからトルコに入る
2001 年 2 月 8 日木曜　濃霧　はれ　　　　ギリシャ・国境・トルコ

　夕べはとなりの「ヤギ丸焼き」のお店で飲んで 10 時ごろに宿に戻る。目

が覚めたのは7時半、ウトウトしていて9時に起きてそのまま走る。雲か
と思っていたら霧でそれも深い霧で走りづらい。一時間ぐらいで霧はとれた。
きょう高原はない、平地は右に左に畑ばかり、なにを作っているのだろうか、
なにも植えてない。いったい何をつくっているのだろう。ギリシャの国境か？
あれー？　通り過ぎてしまった。

　振り返ってみるが誰もいないようだからそのまま走る。カルネは入国・出
国のスタンプが必要になっているのが心配だ。川に長い橋がかかっている。
トラックのうしろにつけた。トラックの陰でちょうどいい、わからないよう
に国境の写真を撮る。国境事務所でパスポート、カルネを出すように言われ
る。本格的な国境の手続きはモロッコについで二回目だ。手続きは30分ぐ
らいで終わった。

　はじめての見知らぬ国に入る時はなんとなくビビる。トルコに入って走り
出す。今までの民家の屋根が明るい黄色い屋根瓦に変わった。これがトルコ
なのか違う国に来たと実感。国境から1時間ぐらいの小さい町でホテルを探
し泊まる。バンクで500万とりあえずおろした。ホテル代400万。ギリシャ
のドラグマから通貨の「呼び方」と「いくら」になるのかわからない。なに
せ通貨単位がケタ違いの大きさなのである。

ギリシャからトルコに入
る国境は川の橋だった。
トラックのうしろに隠れ
てわからないように撮っ
た。後方がギリシャ

紙幣のゼロ7つの単位⇒10000000トルコ、リラ

2001年2月9日金曜　はれ　はれ　一日中はれ　　　　　トルコ Turkey

　夕べ酔っ払いのじいさんがオートバイにまたがろうとしたので怒鳴りつけ

た。まわりの地元の人がまーまーと酔っ払っているからとたしなめた。この町はなんという町だったのだろうか。9時半に出発。天気は快晴でも肌寒い。トルコのインスタンブルまで190kmの標識が出てきた。ここも右側通行か？これまで左側はイングランドだけだった。丘の畑が右・左に続き右に海も見える。

　道路は登りになると二車線になる合理的なのだ。ここ一週間ほど一般道路を走ってきた。きょうは最後の50kmだけハイウェイに乗った。料金所でカードはダメ、現金のみと係員。あーこまったなー。昨夜全部使ってしまい「ノーマネー」なのだ。するとうしろのトラックの運転手が降りてきて「ノンプレグラム」（わたしにはノンプログラムに聞こえる）「GO ー」と合図してくれる。代わって料金を払ってくれるらしい。どうもすみません、両手を合わせ合掌「どうもありがとう」。

インスタンブル到着

　渋滞が続いていたがインスタンブル市内に入った。さっきから私のうしろにオートバイでついてきた兄ちゃんにホテルのメモを見せると「おれについてこい」とゼスチャーで示してくれた。20 〜 30分ぐらい走ったろうかユースホステルのある広場まで引っ張ってくれた。アー助かった。「ありがとう」握手して別れた。相手のバイクはヤマハ125だった。やさしいおじさんがホテルはこっちだと案内する。

「ユースホステル」か「そうだ」ついて行き料金をホテルに聞くとビックリするほど高い「違うようだ」例の呼び込み人だったのだ。人の知らないことをいいことにだまそうとする態度に腹が立った、日本語で「違うじゃないか」「ふざけるな」と怒鳴ると男はすごすご引き上げた。ユースホステルはすぐにわかった。公園の一角にあった。ホテル前はでかい神社みたいな建物（アヤソフェヤ）が建っている。

　ユースの受付をすませ荷物を部屋に入れた。すぐに歩いてレストランに。その前にバンクでお金をおろす。50000000＝5千万を下ろす。ビール、ワイン、

スパゲティ食べてビックリする 1200000=120 万 =600 円。トコヤにいくと 3500000=350 万 =750 円。なんとゼロが 7 つ・トルコリラ 10000000 のお札、なれないと心臓がドキドキだ。

2001 年 2 月 10 日土曜 　　　快晴 　　　　トルコ・インスタンブル Istanbul

　市内観光に出る。ここのユースホステルは細い道を隔てた目の前がアヤソフィヤ神殿とかいう教会がある。夜は照明がついて窓から見るには近すぎる。きょうは市内の海岸沿いを走り魚市場まで行ってきた。「アジ」などタライで泳がせて売ってその場で調理してくれる、しかし刺身はないようだ。アジ、イカ、カサゴを焼いてもらいビールをのむ。日差しが強くて背中が痛いぐらい。

　精算してびっくり、35000000=7500 円ぼられたのだろうか。そんなに高くはないはずだ。ホテルに帰るとアヤソフェヤの前の広場はフェスティバルがにぎやかに行われている。夜は日本人の青年が「キムチ食べてきた」と話したので場所を聞いて行ってみた。久しぶりのキムチはうまかったが肉は半分残した、ここらへんは牛肉があまりうまくないのだろうか。

　10 時にベッドに入っていたら同じ部屋の人が地下にあるパブに行こうと誘われた。女性ダンサーの人などといっしょに一時間ぐらいすごす。スペインの男性はまねのできない見事な踊りを見せてくれた。ビール二杯だけだったのにトイレに 3 回も起きた。夕方 6 時に日本時間を考えず家に FAX を入れたら夜中の一時で起こしてしまう「何時と思ってるの」家内に怒られた。

2001 年 2 月 11 日日曜 　　　くもり　くもり　　　トルコ・インスタンブル

　どんより曇って肌寒い。きのうと一転して寒い感じだ。神殿広場にあるインフォメーションに行き、イラン、パキスタン、インド、ネパールの大使館の住所を聞いて地図の中に書き込んでもらう。イラン大使館は 10 分ぐらいのところにあった。その帰りに ATM でお金を下ろしたが現金は出てきたのにカードが飲み込まれてしまった。日曜なのであした銀行に行くしかない。

　地図に印をつけオートバイで 5、6km 離れた地区に行って他の大使館をポ

リスや地元の人、ホテル、レストランに聞いて回った。きょうは日曜なので下調べのつもりだったがまったく手がかりさえつかめなかった。アドレスを聞き直してあした又探してみよう。きょうは日曜のためか道路は静かで走りやすかった。あっちこっちの宮殿、教会には地元の人出が多くて大変なにぎわい、なにかの祭りなのだろうか。

　あしたは①のみ込まれたカードの銀行に行く。②各大使館にビザ申請といそがしい一日になりそうだ。夕方レストランに食事に行く、となりに座っていた人は日本人と思っていた。日本語もペラペラ顔も日本人に似ていたが地元の人だった。食事中男性は日本女性結婚したが別れたとかあれこれ話した。食事が終わったらわたしの店に来ないかと誘われた。じゅうたん屋と宝石店をやっているらしい。

　銀行カードを飲みこまれた銀行の近くだったのでその銀行とかけあってくれるかもしれないと思ってついた行った。その店についてお茶などごちそうになった。実は銀行カードをのみ込まれたと話した。「あらーもしかしたらシティバンクカード」「わたしの知っている人が拾って預かっている」と話す。えええーシティバンクですよ。そうシティバンクです。あした拾ってくれた人に10時に店に来るように伝えます。ウヘーほんとのことなんだ。

ユースホステルの目の前はアヤソフィヤ神殿と言われる遺跡だった。

2001年2月12日月曜　くもり　小雨　トルコ・インスタンブル～アンカラ

　キツネに包まれたような話……きのうのじゅうたんの店に10時前にいく。男性が差し出したカードはわたしのシティバンクカードだった。拾ってくれ

た女性の人にお礼の「お金」を渡してもらうように預けて別れる。「いいことをすれば自分に戻ってくる」「悪いことをすれば自分に戻ってくる」トルコのことわざがあることを教えてもらった。あー、でも戻ってきてよかった、よかった。しかしどう考えてもおかしな出来事だった……。

日本のシティバンクにカードは見つかったからと「ロック」の「解除」の電話を入れる。「小雨の中アンカラに向かって走る。銀行カードは戻ってきたがこの町インスタンブルは一日だけでも早く抜け出したい！　なぜか……わたしと同じでまじめさがない。仕事も大ざっぱ「すべての面」で「スキあれ」ば「ごまかそう」とするその気持が許せない。もう遅いと思うけどインスタンブルの観光客減ることはあっても増えることはないだろう。

このことを友好のトルコ人に伝えたいと思う。カードは戻って来たけどATM器械会社とさっきの男たちは「ぐる」ではないかと思わざるを得ない信用できないところだ。今までで一番つまらない街、インスタンブルでした。ハイ、バイバイ。雨はすぐやんで雨のない地域に入った。アンカラまで400kmハイウェイは途中で切れていたが再び高速に乗った。

山道をどんどんと高度をあげていく。霧で山が包まれて急に冷えてこんでくるのがわかる。オートバイの温度計は5℃を切っている。身体も冷え切ったようやく峠を越えるとガソリンをリザーブに切り替える。これじゃダメだな、あと50kmぐらいしか走れない、ハイウェイを降りてガススタンドに行くしかない。しかしこの山奥の中にスタンドがあるのかどうか心配だ。スピードを経済速度90キロに落とす。

標識が出たガススタンドまで5kmの標示にほっとする。ここらへんは高原で車も極端に少ない。満タンにしてからアンカラまで100kmのところまで来た。高原を過ぎて寒さもなくなり背中から太陽がありがたい。アンカラの町に入った。道路とサイドの植木には泥だらけでほこりっぽい街だこと。信号で停まった時若いオートバイの人にガソリンタンクの真ん中「給油口」を指して「アンカラ・センター」「セントラル」と声をかける。

「OK」おれのあとについて来いと青年。セントラルまで引っ張ってもらいほんとに助かった。あーオートバイ仲間には言葉は通じなくてもどこの国でもお世話になるなー。ありがたい。アンカラの街は人も多くて活気がある。繁華街にあった普通のホテルに泊まる。ここはユースホステルと同じぐらいホテルの値段が安いので探す必要がない、その分気楽だ。15,000,000 リラ＝3000 円に泊まる。

インスタンブルでもどうも計算の仕方が日本人でもまちまちのようだった。わたしは「×2」で計算しているが、どうなっているかわからない。となりのホテルは 5,000,000 リラ ＝7$＝800 円と言っていたから今泊まっているホテルは 2400 円になる計算だ。個人商店のマーケットで買い物、夕食になるものを買い込んで部屋で食べて寝る。インスタンブルよりがめつさはないように感じる。

部屋から見える角には夜遅くまで屋台で飲食物を売っている。難関はこれからだ。イラン、パキスタンのビザが必要なんだ。両大使館の場所をあしたから探す苦労が待っている。

「イランビザ」申請……日本大使館のレター必要

2001 年 2 月 13 日火曜　はれ　はれ暑い　はれ　トルコ・アンカラ Ankara

ホテルでイラン大使館の場所を聞いてオートバイで出かける。何回か聞いてイラン大使館についた。中に入ると「ジャパニーズ。レターレター」とそっけない。そう言えば紹介状みたいな「もの」が必要だったんだ。「エー」インスタンブルまで戻るのかよ一瞬頭をよぎる。もしかしたらアンカラにも日本大使館はあるかもしれない。タクシーの運転手に聞くとすぐ近くだという。アー助かった。

二回目に車を停めて聞いたら「おれのあとについて来い」という。黒い車のあとをついて行くと道を曲がったすぐに建物に入って行く、なんと着いたところは日本大使館だ。黒い車は日本大使館ので運転手だったのだ、ついてるなー。入り口には地下から鋼鉄のストップ爪は自動で上がる。その横から

厳重な扉を通り中に入り、事情を話してレターの手続きを終わる。

　女性係官はイラン、パキスタン二通の紹介状が午後2時半にはできるので取りに来るように話す。大使館の中の掲示板には行方不明の若い女性の写真が張りだされていた。金額を書いてあるので賞金付の捜索願いのようだ。親としていてもたってもいられない気持ちがわかる。早く見つかってほしい。それまでレストランで豚のステーキを注文したいのでレストランのとなりにある肉屋さんにウェーターを連れていく。

　肉屋の豚を「これ」と注文したにもかかわらず出てきたのはマトンのひき肉を焼いたものが出てきた。がっかりだ。2時半前に大使館に再び行き「紹介状」二通受け取った。そのまま、まずイラン大使館へ。10分ぐらい待たされただろうか。小さい部屋に呼ばれて申請書を書く。書くといっても何を書いてあるのか、説文がわからない。なにを書いていいのかわからない。自分の名前とパスポートナンバーしかわからない。

　係官は空白のところを「書け」と言う。しょうがないパスポートの書いてあるもので埋めていく、あとは「スミマセン」「ワカリマセン」「ヨロシクオネガイシマス」とローマ字で繰り返し書き終えた。そのまま出したらOKになった。3か月のビザがほしかったが30日のビザをもらうことになった。一週間後の20日9時にビザが出来上がるらしい。さー今度はパキスタンの大使館へ。

　すぐにわかったが4時前というのにクローズだと「ツモロー」「あした、あした」あーあー。

　パキスタン大使館前で地元の人に近くにホテルがないかと聞く。市内地図に書き込んでくれたが迷ってしまい市内観光になってしまった。しかたがない、きのうの同じホテルに戻る、きのうより30万トルコリラ安くしてもらい泊まることにした。そう言えばきょうもオートバイの人がイラン大使館まで引っ張ってくれたなぁ。ありがとうございました。

「パキスタンビザ」を受け取る

2001 年 2 月 14 日水曜　　　はれ　はれ寒い　　　トルコ・アンカラ

　きょうはパキスタン大使館へ。9 時半に到着。申請書二通書いて提出といってもこの内容でいいのかな。イランと同じで空白をうめなければならない。自分の名前とパスポート番号を書いて、あとはわからないので名前を三回、生年月日 2 回、JAPAN2 回、ビザ期間 30day2 回を適当にとびとびに書き入れてその間には「ワカリマセン」「スミマセン」「ヨロシクオネガイシマス」など、きのうと同じローマ字で書き終えて提出した。

　びくびくしたがすんなりと受け取ってもらいホッとした。イラン大使館さん、パキスタン大使館さんごめんなさい。パキスタン、ビザはきょう午後 4 時に取りに来るようにとのこと、エーここは早いもんだねー。近くのレストランで昼めし喰って午後 4 時に取りに行く。ビザ代は無料だったけど同じ受け取りに来た女性は 10 ミリオンリラ =1800 円払っていた。その国々で手数料ビザ代が違うようだ。

　意外と急な坂道が多い、また、すべて黄色のタクシーの数が他の町に比べて多いような気がする。きのうのホテルに戻ってシャワーがぬるかったこともあるが寒けがして布団に入る。ぞくぞくして節々が痛い感じもする。それにゲリ気味でもある。食欲もない。8 時ごろだいぶ温まってきたので起きて、ビールと乾パンときのうの残りをたべて終わりにする。

　ゲリはときどき、急にグーッときてトイレに間に合わなくてパンツまで少し汚してしまった。夜中もしょっちゅうトイレに通う。まったくの水とおなじ。ゲリの原因はなんだろうか。ホテルの近くで魚のフライを揚げていた店、その油が悪かったのではないだろうかと思う。

パムカレ　石灰の「うつわ」段々畑

2001 年 2 月 15 日木曜　　　小雪　くもり　　　トルコ・アンカラ～パムカレ

　アンカラのホテルの窓を開けるとチラチラと小雪が舞っている。ウヘーどうするかきょうの行動は。ゲリはおさまったようだがまだだめだ。南の方は

天気いいはずと勝手に決めて8時半に出発、パムカレへ。きのう確認したハイウェイ入り口をあっという間に通り過ぎてしまう。ぐるぐる一時間ぐらいまわってようやくハイウェイに乗った？　肌をさす冷たさ途中でカッパを着こんで走る。温度計は3℃～5℃をさしている。

　畑はない高原みたいなところばかりで雲の陰から太陽はのぞくが寒さは続く。丘というか、山というか、低くもない、高くもない、木の林もない。遠い山には雪が積もっているのが見えるが走っている道には雪はない。この道が続き550km走って4時パムカレについた。ここは白い石灰が固まり段々畑のような大きな「うつわ」が棚田になっている。その中にお湯がたまっているめずらしい名所だ。

石灰石で出来たうつわになったパムカレー。
お湯がたまって足湯を楽しむ観光客

　写真で見たのは白い石灰に空色のお湯が入ってとても映えていてきれいだった。せっかく楽しみに来たのにきょうは「うつわ？」の中にお湯はたまっていなかった。くやしい（ためておけー）その周りに流れ出しているお湯に足をつけている観光客はけっこうたくさん来ている。日本人も何人かみた。きょうはパムカレのそばのホテルに泊まる5ミリオンリラ＝900円。

2001年2月16日金曜　はれ　くもり　　トルコ・パムカレ Pamukkale

　おなかもバイクもトラブルつづき。少しゲリはおさまったようだ。夜中に起こされることはなくなった。7時に目が覚めてトイレに行きふとんに戻る。しばらくして起きると外の天気はいいようだ。バイクを洗い朝食をとる。さー出発しようとキーを入れてエンジンをかけたがうんともすんとも云わない。ライトはついているのにおかしい、坂を利用してギアーを入れるがダメ。宿

の人に押してもらってエンジンをかけようとしたがかからない。

　宿の人にオートバイ屋に電話してもらう。午後2時になるとのこと「エー」。ま、しょうがない、バッテリーの交換時期なのかな。前にも一度こんなことが起きたっけな。きのうと同じパムカレの棚田に行き帰ってくるとオートバイ屋さんが来た。あっちこっちはずして取り付けたりする。どうもバッテリーではなさそうだ。頭をひねっている。ここではダメなので店まで運んでみるとのこと。

　軽トラックを持ってきたがオートバイがはみ出してしまう感じだ。オートバイを乗せるのに「ピーピー」「おーおー」とか声をかけ地元の人に呼びかけて7、8人集めオートバイを積み込む。わたしはそのオートバイにまたがり倒れないように踏ん張って町のオートバイ屋まで行く。オートバイ屋でハンドルカバーを外してエンジンをかけると、なんと「ブオー」とエンジンはうなった。

　右のハンドルカバーのところにある電気系統が少し「づれて」いただけだったんだ。「エーたったこれだけなの」顔を見合わせて大笑いして握手。さっきまで一週間ぐらいは「かかるかも」と話していたばかりである。あーよかった。バイクの運送屋に12000000リラ＝2000円。オートバイ屋に出張代20000000リラ＝3400円支払った。きょうの移動はやめる。宿に戻ると朝わたしのバイクを見ていた日本の青年が待っていた。

　いつかは世界を走ってみたいから話を聞かせてほしいと頼まれた。ホテルでコーヒーを飲みながらお互いに情報交換した。彼は愛知出身、今年大学を卒業する。エジプトからヨルダン、シリアをまわりトルコに来ていた。エジプトからトルコまで道は大丈夫問題ないと話す。いろいろ考えて、もしかしてこれから行くトルコ・イズミルからエジプトまで船が出ていたら、そこからエジプトへ渡ってみようとも考える。

　まぁーあしたイズミルに行ってからだ。そう言えばインスタンブルで会っ

た韓国の学生ともここで再び会った。

山はたっぷりと雪が残ってひや
ひやしながらカッパドキアに向
かって走る。道路脇にも雪の山
が続く

トルコ〜エジプトのフェリーはなかった
フェリーはイスラエルとレバノンのみ

2001 年 2 月 17 日土曜　　　　くもり 5℃　はれ 15℃　はれ

パムカレ Pamuukkale 〜イズミル Izmir 〜ムグラ Mugura

　8 時半二晩泊まったパムカレからイズミルに向かう。エジプト行きの船は
おそらく「出ているはず」の情報を得たので行ってみることにした。イズミ
ルに 12 時半についた。港街らしい明るい陽気な街はにぎわいを見せていた。
お昼時でどこもレストランは混んでいる。レストランでたまご焼きをつくっ
てもらう。「エジプト行き」の船が出ているのか聞いた。「エジプト」とは言
わないで「ムシラ」と言うらしい。

　「大丈夫出ている」という。昼めしを早めに切り上げて船のターミナルに
行ってみた。「ここではない」「ここではない」と二か所で断られた。船が
泊まっているところで聞くとトルコからは出ていない。ここから出ている船
は「イスラエル」「レバノン」だと教えてくれた。ま、しょうがない、きょ
うから最初の計画どおり、アンタルヤ Antalya →コンヤ Konya →ネブセヤ
Nevsehir に向かおう。

　港から海岸通りを走ってアンタルヤに向かう。オイルで磨いたような光っ
てる道路は滑りそうな道にみえる。信号で停まるとき慎重にとまった。街を
外れてしばらくすると車も少なくなって静かな道を走る。5 時になったので

ムグラという町に泊まった。

路肩からアッアッア……土手下にドスーン転落！
2001 年 2 月 18 日日曜　　　くもり 5℃　はれ 15℃　快晴 5℃　　　　トルコ

　きょうは走るぞ。路面はわだちを削っただけの荒れたぶつぶつの荒れたのが出てきてタイヤがすり減りそうで心配なぐらいだ。前の山、うしろの山は雪をたっぷりかぶっている。肌寒いな、平地から山道、山道から平地又山道へとカーブの道をくり返す。あとアンタリアまで 100km ぐらいだ。天気はいい、雪の山の景色もいい。アスファルト道の路肩にころころした石が残っている。

　フッとよそ見した瞬間、あっという間にころころした石の上に乗り上げたオットット、アッツ一度はアスファルト道に戻れると思ったが行きたくない路肩の方にハンドルを取られなめらかな路肩から土手下の畑の中にドッスン、ウウッ。どうなるんだろう！　バイクは動くかどうか。小型トラックが停まってくれた。手伝ってもらい起した、マイカーも停まってくれた。起してもらった、エンジンはうんともすんとも云わない。

　でも電気はつくなー。小型トラックのドライバーは運んでくれるというがオートバイがはみ出してしまうので無理だ。ちょっと落ち着いて、ギアーがニュートラになっていない、ニュートラにするとエンジンがかかった。あーよかった。手伝ってもらいそのままなだらかな路肩をななめに押し上げ道に戻すことができた。ドスンとぶつかったとたん、あわてて起きあがって折れたミラーをとっさに拾った。

　みじめで恥ずかしかったのだ、自分のあわてる情景を思い出し笑ってしまう。いつもことだが事が起こるとあわてるんだなー。左のサイドのミラーが折れてエンジンガードが曲がっている。ヘルメットは傷だらけ。フロントガラスもがっちり傷がついている。でも運転には支障はなさそう。一時はどうなるか頭が真っ白になった。事故さえなければ最高の高原の景色、空の色は「真っ青」ですっきり澄んでいる。

　純粋な「空の色」をはじめてみたのに残念だなー。このあとは「よそ見」しないで用心して走ろう。コンヤ Konya についたのは夕方 6 時、ライトのスモールが消えている。オートバイ屋があってそこで直そうとしたが、ちょっと先に専門店があるからと地元の人が自転車で案内してくれた。すぐに取り替えてくれた。電燈代 + 修理代？ =3740 円高かったな。ホテル代 500 万リラ =450 円に泊まる。

小さいお店が寄り集まって
でっかい工場群になっていた
修理工場・トルコ

カッパドキア……おもしろい名前だこと
テレビ取材を受ける

2001 年 2 月 19 日月曜　はれ 5℃　はれ 5℃　くもり 15℃　夕方雪 5℃ トルコ

　コンヤ konya ～カッパドキア 8 時半スタート、このごろ朝の出発が早いなー。晴れているが肌寒い。コンヤから 200km 離れたギョロメ？　Goreme についたのは 2 時頃、突然穴が無数に空いた山が出てきた。一つの山だけだったらたいしたことはないと近づいて高台に上がった。見渡す限り四方八方それこそ無数に土のとんがっている土塔が拡がっている。これがカッパドキアなのか。大きなアリ塚みたいな土の家に穴をあけて住いにしていたのだろうか。

　ただのカメラマンと思っていたら二人連れが近付いてきた。断片的に聞くと「ジャーナリスト」らしいことがわかった。学生らしい人の通訳で 30 分ぐらい取材させてほしいとのこと。「どこから来たか」「トルコはどうか」「カッパドキアは初めてか」などと取材をうけた。このトルコ取材は TV とかIHA？　日本の TV でも見ることができると話す、まいいや。坂道を下り

て行くとカッパドキヤの中心と思われるところにはおみやげ屋とホテルもある。

土の塔になっている物を住いとして使われていた。冬は暖かく夏は涼しいのかな。日本人のわたしには「カッパドキア」名前が笑わせる

　しかし観光客はほとんど見当たらず閑散としている。今はシーズンオフなのだろうか。

修理職種の大工場群

　取材を終わり、宿に戻って修理工場に向かった。きのう事故った時ひん曲がってしまったエンジンガード。折れたバックミラー、ついでにオイルフィルターを交換してもらおう。小さい職種の寄せ集め工場みたいな、ありとあらゆる独立している職種が一か所に集まっている「一大工場群」についた。

　最初は溶接屋でエンジンガードを直し、おそらくダメだろうと思っていた欠けたバックミラーの鋳物「ねじ」部分。転んだ時かけらをポケットに入れていた。かけらを差し出すとそれを溶接してバッチリ元通りに直してくれた。へーすごいもんだ。日本ではそっくり新しいものと交換されてしまうがトルコの技術・仕事ぶりはたいしたものだと感心する。溶接代、800円。エンジンガード直し3400円。ありがとう。

　オイル交換も済んだのでとりあえずタイヤ交換まであと1万kmはしばらくは何もしなくて走ることができる。イランのビザがあした出来上がるのでこれからアンカラに戻らなければならない。一路アンカラへ。ところがきのう夜直したはずのヘッドライトが「消えている」ではないか？　次のガススタンドで直してもらおうと頼んだら、となりに例の小さい職種が集まる工場

があった。工場にはいろいろな職種が並んでいる。

　またまた大勢の人だかりになった。球切れを直してもらい 3000000 リラ ＝510 円。夕べはぼられていたんだ。きょうの道はわだちになったアスファルトをガリガリと削った時に出来る熊手の傷跡みたいなデコボコ線が残っている。そのデコボコ傷跡にタイヤをとられて走りずらい。アンカラに向かっていると途中からチラチラと雪が舞ってきた。寒さが身にしみてきた、がまんしてまだか、まだか、もうすっかり暗くなってしまった。

　アンカラまでまだ 100km ある。寒くて、寒くて冷たくてこれ以上はむりだ。ガススタンドに立ち寄る。隣に併設されたサービスエリアみたいな場所にホテル？　店員さんにあれ「オテルか」ここでは「オテル」と言う「そうだ」「よし」高そうだったが飛び込んだ。立派なホテルで 1200 円と思った以上に安く助かった。きのうのキッチン宿とは大違い設備もしっかりしている。レストランで食事を終えて部屋に戻る。ペットの水が少なくなっている。

　フロントに行って水を買ってきてもらうように頼む、信用して 30 万リラという。こまかいのがなかったので 5 千万リラ渡すと戻ってきたおつりは 35 万リラ、エエエっっフロントに行き「これはなんだ」「ふざけるな」日本語で怒鳴る。すると 50 万リラだったという。それでも 4 千 9 百万リラのおつりのはず。「だましやがって、このやろう」部屋に戻るとレジが「間違っていた」と言いながらこれでいいかと 4 千万リラ持ってきた。

　最初から「出せ」大男があやまりのつもりだろう、ひげ面をほほに寄せてくる。気持ち悪いはやく出てゆけ。ドアーを開けっぱなしでどなり散らしていたので他の部屋の人たちが、何事かと廊下に出てきている。数え直したらまだ 50 万リラ足りないではないか。フロントに行き「これはなんだ」札束をたたきつけた。どこでつけ加えたのか 50 万リラ、フロントの別の男からプラスされたものを渡される。

「最初から素直に出しておけ」フロントぐるみで「ぼろう」としていたんだ

ろう。フロントは「店のレジが間違って、うんぬん」そんなこと理由にならん。お前らはごまかしのプロかと怒鳴って引き上げた。これまでインスタンブルからずーっとスキあらばとごまかされ続けていたので、そのうっぷんもあって大声で渡り合った。このときは本気でケンカするつもりでいた。

　12時過ぎた。外は粉雪が降り続いてホテルの前でも10cmぐらい積もっている。道路には除雪車が早くも動き出している。さて、あしたはイランビザの発給の日だけど、どうなることやら。イランはアメリカと交戦しているとTVは伝えているがどうなってるのだろう。
　今・ここはトルコ、アンカラまで100km手前のモーテル。

あー大雪になったー
2001年2月20日火曜　　　　雪　アンカラも雪　寒い　　　　トルコ
　朝6時にトイレに起きると外は粉雪でまっ白、とてもオートバイでは走れない。きょうはイランビザ発給の日だ。アンカラまでのきょうの行動はあきらめる。ゆっくりハガキでも書くか……まわりは山で静かだし、雪も降って環境もいい。ウトウトして9時近くになった。雪はやんでいる。朝食に行った帰りに道路の状態を調べに歩いてみた。道路の本線は走れるようになっているが両サイドは雪に埋もれている。

　ホテルのフロントに「バス停」はこの辺にあるかと聞くと、となりのガススタンドで「手」をあげれば「いい」と教えてくれた。しばらくしてトイレ休憩か食事なのかゆっくりとバスが到着した。ツアーバスのようだ。このバスは「アンカラに行くのか」運転手に聴いてみた「そうだ」「乗れるか」「OK」「いくらだ」「300」「それじゃちょっと待っててくれ」、荷物を持ってくるから。「いいよ20分停まっている」「発車は10時だ」荷物を取りに部屋に戻る。

　オートバイはホテルの玄関前の軒下に停めてある。戻ってくる時迷子にならないようにホテルの名刺とホテルが載っている地図をもらってリュックに下着といっしょに入れてバスに乗った。バスに乗ったのは初めてである。2時間でアンカラ市内のバスターミナルに12時についた。そのまま帰りのチ

ケット売り場にいっしょに乗って来た人に案内してもらう。夕方の18時30分発の帰りのチケットを買った。

　タクシーでイラン大使館に向かう。おそらく昼食休憩中だろうと思いきやイラン大使館はあいていた。「バンク、バンク」「50$」「3時に来い」何のことかわからない。銀行に行き50$両替してもらった。大使館でもらった紙切れを見せて「ビザ、ビザ」と言っても銀行の人はキョトンとしてみんな何のことなのかわからない。ワイワイガヤガヤと銀行の人たち。

　この銀行ではなくて別の指定銀行に「振り込む」ことが銀行員の人たちにようやくわかったようだ。自分勝手にまぎれこんで迷惑このうえないここの銀行の人たち。すみませんでした。その銀行で教えてもらった「指定銀行」に行って振り込みをすませる。振り込み「領収書」を持って3時にイラン大使館にもどる。パスポートを出したら「5時に来い」という、「ナヌー」そろそろ切れそうだ「もういらん」とのどまで出かかっている。

　ま、ガマン、ガマン発行しなかったらどなり飛ばすぞ。5時15分前に三たび大使館へ。例の大使館員が「ちょっと待て部屋に入って」「まて」と手招きしてていねいだ。まさか発行しないのではチラッと頭をよぎる。わたしが「ノー」かと言うと「ノンプレグラム」「エエー」両手でマーマー「いま来るから」とたしなめるしぐさ。すぐにパスポートを持って別の係官が降りてきた。「30日ビザ」あーよかったー。ところでパスポートのコピーはどうした。

「イランビザ」ゲット……よし、よし

　パキスタン・ビザ申請は本物パスポートを出した。おなじ日だったので事情を話してここイラン大使館には「コピーのパスポート」を提出していた。一度奥に引っ込み「コピーコピー」と言いながら「コピーパスポート」を持ってきてよこした。よしサンキュウ。バス出発は18時半だが1時間前……17時半につかなければならない。今5時を過ぎたばかりだ。タクシーで飛ばし10分ぐらいでついた。

　バス代 1700000=170 万リラ =300 円。ここのバスは合理的である。ほうぼうの地方からライトバンに乗せて時刻に合わせてここ「中央のバスターミナル」に集まるようになっているシステムだ。行きも帰りも同じシステムで利用しやすい。ターミナルから各地方までのミニバス代は行きも帰りも無料だった。雪の中のホテルに着いたのは 19:38 分だった。これでイランビザ、パキスタンビザを用意できた。

　あしたからイランに向かおう（* バス代 = ホテル→行き 100km アンカラ 510 円。帰り = アンカラ→ 100km ホテル 340 円）

トルコ・アンカラ・バスターミナルチケット売り場。１００Ｋｍ乗って３４０円だった

雪の影響か……道路下にひっくりかえっている

2001年2月21日水曜　くもり-7℃　はれ-2℃　はれ-2℃　トルコ・アダナ5℃

　イランに向かって出発。道のわきにはどっさり雪の残る中走る。両サイドにはエーここにも、あすこにもバス、トラック５、６台、マイカーなど畑に腹を見せてひっくり返っている。動かなくなったバスもあった。きっときのうの雪の影響を受けたのだろう。それにしてもこんなにひっくり返るとはよっぽど雪に慣れていない運転の未熟なこともあるかもしれない。

　ある街では雪の湯気が道路からもくもくと立ちのぼり見通しがわるくスローで走ってきた。ガススタンドではストーブが焚かれていて冷たくなった手をあたためた。オートバイの温度計マイナス 7℃。いったいここはどこだろう、イランに向かっていて Gaziantep まであと 50km と言うところでガソリンをリザーブに切り替える。道が良くなったハイウェイで 140 ～ 150 キ

ロのスピードで走ってきた。

　普段は200kmで給油するのだが今は160kでリザーブになってしまった。ハイウェイから降りてガススタンドに向かう。料金所でガススタンドの場所を聞き、スタートしようとしたら、エンジンはうんともすんとも云わない。例のセルモーターの接触が悪いのかハンドルカバーを外して触ってみたがダメだった。料金所の人が「修理屋」を呼ぶからと料金所のそばのじゃまにならないところに置いて待つように言われる。

オートバイ「ウンともスンとも」いわない……エンスト
　部屋の中はあったかく気持ちいい。来た人は修理屋ではなく、料金所の見回りで電気ケージは持っていたが直すことはできなかった。リュックのサイドポケットのペットボトルに入れてあるウィスキーを冷えた身体に流し込む。8時ごろジープで兵隊5、6人がやって来てオートバイを料金所ビルの陰まで移動させてカバーをかけた。わたしは兵隊のジープに乗せられた。だいぶ走ったところにあった兵舎に着いた。

なぜか「警察署」に連れていかれた
　ストーブでは30〜40cmぐらいに切り落としたタイヤを燃やしていた。火がつくまで真っ黒い煙がもうもうと立ち込めている。「何か質問」されるがちんぷんかんぷんお互いにわからない。ここにいても仕方ないタクシーを呼んでくれ。タクシーは「ない」という。通りがかったトラックを停めてわたしを乗せホテルまで行くらしい。だいぶ走ったところで下され警察署に運転手が連れていく。なんだホテルじゃないのか。

　警察署の中では5人がトランプに興じている。銃を肩からかけた若いおまわりさんがあっちこっちに電話しているようだがなんだか要領を得ない。しびれを切らして「ホテルはどこ」「ない」「ナイ」最初からなければないと言えばいいじゃないか。ウィスキーも利いてきた。大の男が5人もトランプに高じていたので「人が困ってるのに平然と遊んでいるとは」「なにごとだ」と5人にヘルメットを投げつけるまねをした。

　自分のバッグをソファにたたきつけ「タクシー」を呼べ「タクシーを」トランプ5人はビックリしていっせいに立ち上る。若いおまわりは電話してくれたのだろう。すぐにタクシーは来た。どこでもいいからホテルに行ってくれ「○○○は70km」「○○○○は50km」と聞こえた。じゃ「50km」に行ってくれ。走った、走った。ホテルに着いた。(あとで調べたらここはKahramanmaras だった)

　ホテル一泊2200万リラ=1000円のところを1600万リラ=700円にするという。わたしは4つ星ホテルでずっと450円で泊まってきたと押しとおす。それで「OK」でという。待たせていたタクシー代2000万リラ=900円の内230円はポリスからもらえと1500万リラ=700円だけですませる。ホテルの部屋に入った。11時になっている。

　それにしてもきょうは朝から寒かった。スタートするとき温度計はマイナス7℃を指していていた。凍ったホテルの駐車場をガリガリと氷の上をそろそろ進み本線の道路に出した。どうにも寒くてガソリンスタンドでスタンドのストーブで手を温めては走る。アダナ Adana まで400km走り3時。そこから Gazian、Tepio と200km東に向かって走って来たのだ。

　そう言えば出発前朝食を終えたホテル前でニコニコして若い女性が話しかけてきた。なにかなーと思っていたらテレビで「あなたを見た」オートバイを指さし「アーこれも見た」と「最後はアメリカでしょう」2、3日前カッパドキアでテレビインタビューを受けたのでその時の模様をテレビで見たのだろうと思う。最後は「サンフランシスコ」と話したから。

2001 年 2 月 22 日木曜　　　　はれ　はれ　　　　トルコ

　目が覚めると窓の外の山は雪が積もっているのが見える。泊まっているホテルの場所がどこのあたりなのかまったく見当がつかない。今6時半、きょうのこれからのことが心配だ①オートバイを置きっぱなしのハイウェイの場所②修理屋の意味がわかるように「スパナ」「ドライバー」の絵を何個か描く③泊まっているここはどこかメモ用紙に書いているとリリーンと電話。タ

クシーという。フロントに降りたら夕べのタクシーだった。

　運転手はわたしがハイウェイから降りてきた場所はわかっているようだ。急いで朝食をすませる。運転手さんに自分で描いた「工具の絵」を見せてオートバイ屋の人もいっしょにハイウェイに行くように頼んだ。途中オートバイ屋に寄ったあと修理屋さんらしい二人が乗り込んできた。50km はないなー。40分ぐらいでオートバイを留めているハイウェイ料金所に着いた。

　オートバイ屋は原因がわかったらしい……オートバイのエンジンがかかった。オートバイ屋に戻ってしっかり修理し直すと話しているようだ。「OK」。わたしはオートバイでタクシーのうしろについて行く。ガソリンを給油してオートバイ屋についた。ガソリンタンクを外してエアークリーナーを洗う。今までのとは違い修理が大胆だ。ガソリンタンクの下は初めてて見た、勉強になるなー。

オートバイの修理終了

　わたしのオートバイがめずらしいのか入れ替わり立ち替わり見に来て店前は人だかりができている。タクシーの運転手さんに今日の往復分と昨夜の足りない分合わせて 4000万リラ =1800円を 230円負けてもらい支払った。どうもありがとうございました。バイク屋ではオートバイを裸にした。これも初めてだ、よっぽど自信があるのだな。店はバイク雑誌の表紙にはここのライダーが「載っている」のを得意げに見せて語る。

　修理が終わって店のリーダーは新運転テストを前の道路で繰り返す。すべて終了 12:00. 食事に誘われたがわたしは 3時ごろには宿に入りたい、そのため昼食は我慢するとことわった。修理代 200$ と来た、そりゃあー高いぜ。結局タクシーで出張してくれた二人分を考えて「150$ 米ドル」で「OK」か「OK」になる。ちょっと高いが気持ち良く別れたいのでこれでよしとしよう。

　自分のいるところもわからず、オートバイのことなど一時どうなることやらと思っていたのが半日で解決したので気持ちもすっきりした。バイバイ。

しかし夕べの兵隊さん、おまわりさんはいったい何だったのだろう。俺に言わせると余計なことをしてもらったことにしかならない。おまわりさんの立派な仕事ぶりを見せてもらっただけだった。しかし警察署も無礼者がはいってきて飛んだ迷惑だっただろう。すみませんでした。

どこの誰だかわからない不届きものが突然やってきて、おまけに「怒鳴られた」おまわりさんこそがいい迷惑なことだったに違いない。「何者だったんだ」「夕べのあいつは」とおまわりさんは笑っているかもしれないなー。「すみませんでした」。ハイウェイに戻った。ウヒエー寒いぞー温度計3℃。ハイウェイは30kmで終わる。普通の道になってよかったなー吹雪の模様、チラチラと雪が舞ってきた。

これじゃ先に進むのは無理じゃねーのか。心配だ。給油に寄ると紅茶を出してくれる (どこでもそうだった) ガススタンドではどこでもオートバイを見るために集まってくる。どこから集まってくるのか5、6人から多い時は20人ぐらいすぐにオートバイのまわりに集まってくる。サンリュウハ？Sanliurfaの街についた。ホテル10ミリオン=450円に泊まる。オートバイは裏手にある駐車場に止める。

ホテルの親父さんはバイクで来たのを見てもおどろいた様子はない、どんどんと夜になって雪は降りつづく。

峠の雪で転倒……こりゃーだめだ
2001 年 2 月 23 日金曜　　くもり 0℃　くもり 5℃　　トルコ・バットマン

朝に雪はやんでいる。屋根からドサーっと雪がおちてくる。ホテルのオーナーはこのぐらいの雪ではなんともないと思っているのだろう「やめとけ」とは言わない。不安で心配だがイランに向かって走り出す。街中は雪解けで水浸し。道路は車が通ったあとは溶けて走れるが真ん中は雪が残りいったん反対車線入ると走行車線に戻るのには危なっかしい。まわりの風景は雪景色でくすぶっている場所もある。

雪が残るトルコ。マイナス7℃の中を走る。前方にはアララト山が見える

　バットマン Batman まで来た。緊張しながらもどうにか道は走れる。登りの山道に来た。突然雪が道一面に積もっている峠だ。あっ2、30mの雪の固まりが突然出てきた。走りぬけることができると思った瞬間雪にタイヤをとられ、あっと言うまにガガーと横滑り横転。見えていた対向車のトラックは右に切って停まってくれた。あぶなかった。トラックの運転手が降りてきて起こしてくれた。

大きな穴に入り飛び上がって……着地

「だいじょうぶか」みたいな言葉、ありがとう。これ以上走るのはもうダメだな。恐ろしくなってきた。Uターンしてすぐに引き返す。エンジンはかかった慎重にゆっくりと走る。雪のない道路に出てきてホッとする。あーよかったー。あーこわかったー。小さい穴ぼこはあるがいい道が続きスピードを上げて走り続ける。突然1mぐらいの「でっかい穴」を避けられず。どーんと飛び上がって着地したとたん「ぐらぐらっと」ハンドルがぶれた。

トランクがはずれて、オートバイを追い越した

　転倒しなくてよかったなー。恐くなりスピードを落として走っていると「黒いもの」が滑りながらオートバイを追い越していく物がある。なんだろう、なんと自分のトランクだった。右側に停めて左を滑って来たトランクを拾う。オートバイの左のトランクが飛び上がり着地した瞬間にトランクを留めた枠が折れて壊れてしまったのだ。トランクに入れていたキャンプ道具の寝袋だけ抜き出してテントなどトランクごと捨てる羽目になった。

大きな穴ボコに入り
込んでどーんと飛び
上がり着地してぐら
ぐらっとした。その
まま走っていたら黒
い物が滑りながら追
い越した。よく見る
と外れた自分のトラ
ンクだった。

バットマンのトコヤさん

2001 年 2 月 24 日土曜　　　トルコ・バットマン

　バットマンのホテルに泊まる。これから先寒いイラン、パキスタン、インド、
ネパール方面へ進むのはやめよう。途中からホテルを案内してくれた若い青
年に壊れてしまったトランクのことを話すと例のいくつもの職種が集まって
る工場に連れて行ってくれた。いとも簡単にトランクの支柱を直してくれた。
あートランクをすてないで持ってくればよかったと後悔するもあとの祭り。

イランに向かっていたが雪の
峠で転倒、恐くなって引き返
してきた。ホテルの隣の床屋
さんには11歳と15歳の子
どもが働いていた。昔の自分
と重なってくるトルコ・バッ
トマン

　ホテルでイランの方面の雪を聞くと、雪、雪でいつに開通するかわからな
いと話してくれた。もう雪の道は恐くてダメだ。ここバットマンで引き返そう。
まだ走らなければならないヨーロッパが残っている。オートバイが動くうち
に戻ろう。きょうはじーっとホテルにいるだけ外は小雨。ホテルの人や、ホ
テルに集まってくる人たちと話したり、となりのトコヤに行って一日を過ごす。

　トコヤには 11 歳と 15 歳の男の子二人が働いている、学校には行ってな

いようだ。やさしい床屋の若い主人。地方から出てきた二人なのだろうか、けなげに一生懸命に働いている。二人を見ていると応援したくなる。昔ふるさと佐賀、鹿島でわたしも中学校を卒業して本屋さんで働き夜間高校に通っていたころを思い出す。

2001 年 2 月 25 日日曜　　　トルコ

　道を走っているとヒツジ飼いの人をあっちこっちで多く見かける。寒いと思って走っていて裸のヒツジや馬など見たり、ヒツジ飼いの寒そうな姿を見ると寒いなんて言ってられない気持になる。街の中でも馬、ラバ、ヒツジ、にわとり、アヒル、など飼っている？　放し飼いしているのをよく見かけてきた。きょうはバットマンをはなれる。一度は捨てたトランクがそのまま残っているかどうか注意しながら走ってみる。

　やっぱり見当たらなかった。シリアに一番近いと思われるアカサクレ Akcakale についた。ここにシリアのコンソ consou（国境）があるかどうかガススタンドで聞いてみたら「OK」あるという。ガソリンスタンドの若い店員は「日本人」は「ノービザ」でたぶん「OK」「大丈夫」と話す。直接シリアの国境まで 50km 走る。なにかさびしい田舎の村にみえる。イミグレ（入国審査）はきょうは閉まっているのであした 10 時に行ってみよう。

　ホテルは 2$240 円。今までで一番安いホテル。土間にベッドは三つ並んでいる。これまでどこでもそうだが道路には動物、犬、ねこ、キツネ、たぬき・などの死骸の古いものから新しいものまで転がっている。

2001 年 2 月 26 日月曜 くもり 5℃ くもり 15℃ くもり 15℃ トルコ・シリア国境

　寝る時は一人だったが朝起きるととなりのベッドに老人が寝ていた。11 時にイミグレはオープンというから国境に一軒ある食堂兼喫茶店で過ごす。貨物の列車の前、線路を横切り 11 時トルコの国境はすぐに通過できた、となりの建物がシリア国境だ。「ビザどうした」「ない」「ビザがないとダメだ」しばらく押し問答ねばって見たがやっぱりだめだ。

　アー残念。でもいいか、めずらしい国境らしいところを見ただけでもといいと思いなおす。仕方ないアダナまで戻ろう。暖かい南の方シリア、ヨルダン、エジプトに気持ちは向かっている。途中雪の降るような雲が出てきた。また雪にあうのかと心配で心配でたまらない。17時過ぎてアダナ市内に入った。ここは天気が晴れている。ホテルを探して一番安く感じのいい 2000 万リラ =950 円に泊まる。

　トルコのレスランにはアルコールを置いてない。どうしてだろうか、日本の焼鳥屋にビール、酒がないのと同じである。でもここのアダナには居酒屋があった。アダナとは日本では大笑いされる名前だな。コンヤとか、カッパドキヤ、バットマンとかおもしろい地名がつづく。居酒屋と言ってもとなりの酒屋で買ってきて呑ませてくれるだけのこと。でもうれしいよ。トマト、キュウリ、トウガラシを刻み込んだサラダはいけたなーうまかった。

　それに焼きたての鳥肉は最高だ。日本の居酒屋の焼き方と同じ。かなりアルコールの入ったお客4、5人はトルコの「はやり」歌？　を歌った。次は「マッツオオ」「ヤレー」ときた。気分がいい、「四季の歌」を歌った。「三池炭鉱のお月さん」も歌えばよかったかなー。

　〇わたしが影響を受けた富永実先生のこと

①小学６年の時「マツオー」「ラジオ体操」「きょうはお前がやれっー」朝礼の直前、突然富永先生に言われた。全校生６００人の前のラジオ体操。「えー」はずかしいと思ったが朝礼台に上がった。顔など見れるはずはない、ドキドキしながらどうにかラジオ体操をすませた。思い起こせばこの予期せぬ体験をさせてもらったことが、これまでの生き方に大きな自信につながったと思う。

②野球も指導もされていた。小学、5、6年生の時野球クラブに入った。グローブなど自分ではとても持てるはずがない時代。グラブを保管する

ようにと先生は個人・個人に任せ「固形オイル」も渡されてグローブに塗ることができた。夜も眠れないほど「とても」とてもうれしくてしかたなかった。

③富永先生は野球もうまかった、二塁から本塁突入の時ミットで構えるキャッチャーの頭をバック転みたいな恰好で飛び越えていた。他にもいい先生何人か教わったが。しかしその中でも度量の大きい富永先生だったなぁとあらためて今思う。又体育時間でラジオ体操の基本は汗が出るほど「きついものだ」と教えてもらった。当時はラジオ体操は面白くなかったが手足を伸ばす「要所・要所」は今６０歳になって役だっている。

④世界を走って帰国した時、ふるさと佐賀、嬉野に帰った。富永先生宅にごあいさつに伺った。「もう亡くなったんですよ」と奥さん。小学校のころ先生には勇気を「出す」ことを「教えてもらったんですよ」と伝えた。奥さんに「そうでしたか」と喜んでもらえた。しかし会えなかったのが残念である。「おかげさまで世界を走ることが出来ましたと」直接先生に会ってお礼を言いたかった。富永実先生ありがとうございました。

○すごい人たち

女性宇宙飛行士第一号・テレシコワさん

今回のオートバイの旅ではないが３０年ぐらい前、労働大学学習交流団でロシアに訪問した。ボリショイバレー劇場に「白鳥の湖」を夫婦で見に来られていて、紹介されて観客の人に会釈されていたのを見た。日本的女性でとても控えめできれいな方だった。

○すごい人たち

手話サークルに通っていたときがあった。その「手話」は世界をオートバイで走る時に大いに役立った。若い男性、女性などたくさん習いに来ていた。国立大学を卒業した女性はろうあ者と結婚した。まわりのことなど気にせずに障害の人と一生過ごしていくことを「こともなく」決断

「する」「できる」。今の若い人たちに感心する。わたしなどいつもまわりの人に「よく見られたい、よく思われたい」と中身がないのに「うわべばかり」の「装い」で生きてきたことがはずかしい。

2001 年 2 月 27 日火曜　くもり　　　トルコ・アンカラ

　寒い雪の国はもう恐くてたくさんだ。きょうはこれから暖かい南のシリア、ヨルダンのビザ取りにオートバイを置いたままアンカラにバスで向かう。タクシーでバスターミナルに向かいアダナ発バス 8 時 30 分があったアンカラまで 810 円（約 500 キロ）。アンカラに 15 時 30 分に到着。タクシーでシリア大使館に行くが 9 〜 14 時まで、きょうはもう閉まってダメ。

トルコとシリアの田舎の国境。停まっている貨物の線路を越えるとシリアになっている。ビザがなかったので入れなかった。地元の子供と。

シリア・ヨルダンビザ申請

2001 年 2 月 28 日水曜　　　トルコ・アンカラ

　ホテルを 8 時半タクシーでシリアの大使館へ。すでに 2、30 人の人が並んで待っていた。申請書に英語の分かる人に習って書くが受付で日本大使館の「レター」が必要と突き返された。タクシーで日本大使館に向かう。出来上がりは午後 2 時半とのこと。何日か前に来たことがあるレストランに入る。ここはアルコールのあるレストラン。ビールで昼飯。オートバイじゃないから気楽でいいなー。アーアこれで今日のシリアビザ受け取りはダメになった。

　その足で住所を調べてわかっていたヨルダンの大使館へタクシーで行って

みる。念のためヨルダンの分のレターも持ってきている。レターがないとダメだろうと思っていたら、レターは出さなくて済んだ。そして以外にも30分でビザが出来上がった。レターは無駄になった。ま、ビザがとれたのだから「よし」としよう。宿に戻り夕方近くの本屋に行くと

　50年前に大阪にいたこともあると話す店の70歳近い本屋のおやじさんに会った。

　しばらく話を聞いた、よほど日本に未練があるような感じを受けた。日本人を見るとなつかしいのだろう。そのお店でうすい世界地図を買った。ホテルに戻ってとなりにある軽食店で持ち帰りの焼き鶏、サラダ、ビールを買って部屋で晩飯。

シリア大使館（トルコ・アンカラ）

2001年3月1日木曜　くもり暗い　くもり　小雨　　　　トルコ・アンカラ

　今日も8時半にタクシーでシリア大使館へ直行。すでに10人ぐらい並んで待っている。わたしはきのう書いたものがあったのでそのまま並んだ。9時から受付が始まった。パスポートの交換の受け取り用紙(簡単な)を受け取ってビザは午後14時30分に渡すとのこと。よしよしうまくいったぞ。シティバンクに行ってトルコ・リラがいくらなのか確認に行く。1000万リラ＝1300円だった。

　レストランでビールとたまご焼きを注文。シリア大使館は14時に閉まるのではないかと心配になり早目に13時半に行った。しかし14時30分きっかりに「パスポートビザ」の戻しが始まった。わたしは受けとるとアダナに戻るべくタクシーでターミナルに直行。これからアダナまで500km戻る。わたしの持っているチケットアダナ行きは17時。今15時だ。ティを飲みながらバスの発車のところに行くと3:30.4:00とあるではないか。

　3:30分のバスに座っていたらこのバスは満員でわたしの座っていたところに他の人が乗り込んできた。4:00のバスはわたしの持っているチケットのバス会社とは違うとのこと。持っているチケットが無駄になるがこのバス

で戻ることにした。ところがあと100kmというところで修理工場に入ってしまった。結局一時間遅れのバスに追い抜かれてしまった。アダナのホテルについたのは夜の12時30分。ホテルにはわたしの荷物に名前を書いて玄関に置きっぱなしになっていた。

アダナと言う町にオートバイを置いて５００ｋｍバスでシリア、ヨルダンビザをアンカラまで取りに来た。朝、シリア大使館でビザ申請のため並んで待っているところ。受け取りは午後１４時３０分からと。トルコ・アンカラ市内

2001年3月2日金曜　はれ　はれ20℃　はれ　　　トルコ・アダナ

　久しぶりに青空だ。こうじゃなくちゃーなー。バイクの汚れ落としにとなりの洗車場へ。ていねいに圧縮洗浄で隅ずみまで洗ってもらう390円。終わったあとサイドのトランクを支えるキャリアの補修を頼む260円。マフラーが動くのでこれもきちっと止め直してもらった。午後ホテル前で昼飯、ビール。ホテルで汚れてしまったオートバイ、ジャンバーをていねいに洗う。

　天気は晴れてすぐに乾きそう。さーあしたからシリア、そしてヨルダンへ。あしたもはれてくれーい。

シリア（スリエ）に入国
2001年3月3日土曜　はれ20℃　はれ25℃　暑いはれ　トルコ〜シリア・アレッポ

　中近東と聴いただけでなにか恐ろしいイメージを持っている。「日本の常識の粕漬」にどっぷり浸かって……つかんだ常識だ。「中東」と最近言うようになったが、これまでは中近東と呼んでいた。きょうはそのシリアに向かう。天気は上々、セーター一枚減らして8時半に出発。バイクの温度計20℃を指している。エエーッそんなに暖かいのかなー。おさえて押さえて

安全運転を、決して無理はしまい。

　だだっ広い平原見たいなところを走って行く、ガススタンドで給油、珍しいのだろうオートバイのまわりに人垣ができる。頭の上に乗せた竹で編んだ大きなザルには丸いパンが並んで載っている。そのパン売りのお兄さんもオートバイのそばから離れないのでいっしょに写真を撮らせてもらった。12時15分トルコ国境につく、1時間ぐらいで出国手続きが終わり、トルコとはお別れだホッとする。次はシリアの国境へ向かう。

　道端には草が両側に生えた小さい小川が流れていて小学生みたいな子供が長い竿の先に網をつけて魚を追っているのが見える。あーなつかしい、自分の小さいころとそっくりの情景だ。川底の石も黒い。5kmぐらい走っただろうか田舎道を走っていると突然道路の真ん中に建物がデーンとさえぎっている。車も何台か停まっている国境に着いた13時15分。入国手続きに入る。ドキドキ。

シリア国境で係官が写真「OK」といっしょに収まってくれた。シリアの人たちは人なつっこかった。「百聞は一見にしかず」

　言葉はわからない、オランダ人二人もいた。三人は「観光案内所」と日本の漢字で書かれた看板のある部屋で待たされること2時間。なんかワイロほしさみたいな言葉を言っているように聞こえる。しかし聞こえないふりで押し通す。しばらくして税関で現金がないらしいオランダ人は「ノーマネー」「カード」のみらしい。ホテルについてから返してもらうことにして入国に必要な金額二人で101$わたしが立て替える。

シリア・アレッポ到着

　ワイロはとられないで 3 人そろって手続きは終わった。国境では写真を撮ってはいけないところが多い。しかしシリアの係官はオートバイといっしょに撮ってもいいと係官も写真に収まってくれた。サンキュウ。シリアの首都アレッポ？　Aleppo に一時間ぐらい走ってついた。市内に入るとわたしのオートバイのそばについて一緒に走ってくるバイクも 2、3 台いる、そして走りながら「アメ」を食べろとすすめる。サンキュウ。

　市内の中心についた。イミグレで教えてもらったホテルはオランダ人が探してくれることになった。一人 2$=240 円のアラビアホテルに 16 時半ごろ入った。待っている間集まって来た地元の人たちはどこから来たのかと次々に聞いてくる。「ジャポン」「ジャポン」「そうだ」「ジャパン」「バイクは ccか」「ホンダ 1500cc」「いくらする」「150 万円」「…………？」地元の人は「スリエ」「スリエ」と言っている「シリア」じゃないんだな。

　中近東と聞いただけで日本にいるとき恐いイメージを持っていたが、みんなは人なつっこくてイメージとは違った。やはりこの国の人たちも普通の人たちだ（あたり前か）。自分の目で確かめることも大事だなーと思う。オランダの二人はこれからアフリカへ向かうらしい。二人が乗ってきたトヨタトラックは金網をがっちりした枠を取り付け、予備のタイヤも 4 本、荷台の上に載せて準備万端の車にみえた。

　自分はアフリカなど、とても恐くて走るなんて考えられなかった。話は違うが自然の地形がそんなに変わるはずがないのに国境を越えるとき「なにか地形」まで変わるような錯覚した気持ちになる、おかしなことである。その国に入る前国境では「どんな国だろうかと不安と期待もって入国」変わらないことをいつも気づかされることである。ホテルの近くは日本の駅前みたいな活気のあるにぎわいを見せている。

　ホテルの近くのレストランに入った。「ビール」「あるの」ここはイスラムの国だからどうなのか聞いてみた。「OK」と。店の壁を隔てた隠れた奥まっ

た席に案内される。地元の人だろうか一人でビールを飲んでいるお客さんがいた。おーこれはよかったな、にわとりを注文晩飯とする。街中をぐるっと散歩してホテルに戻る。せっかくだからきょうからオートバイの走行距離記録をメモにとり始める。オートバイ走行距離現在まで 72424km

2001 年 3 月 4 日日曜　　はれ　シリア・アレッポ Aleppo アラビアホテル

　今日も朝から晴れ、上着 2 枚だけで充分暖かい。トルコで穴ぼこに入って飛びあがったときはずれてしまったトランクを捨ててきた。きのうオートバイのトランクの代わりに 1$ で買った鉄カゴを取り付けるため金づちでたたいて容器などの製品をつくっているお店に向かった。なんとかボックスの型に出来上がった。意外に高く 30$=3600 円もとられた。出来上がるまで一軒間口の装飾店の人と片言の言葉で話しをした。

　いくら働いてもお金にならないようなグチをこぼしていた。働けど働けど楽にならざらんじっと手を見る。どこの国も同じだなー。ボックスカゴが出来上がったのでこれで片肺走行でなくバランスがとれた走りになる。街では生肉を下げて売っている商店街は、にぎやかな人だかり、グロテクスな動物の頭だけなどもある。ホテルでウィスキーを入れたペットボトルを飲んでいたら地元の人の前では「飲んではいけない」とオランダ人に注意された。そうなんだーこれから気をつけよう。

2001 年 3 月 5 日月曜　　　　はれ 9 時　20℃　　　　シリア・ダマスカス

　9 時に駐車場に行くとアフリカを走るオランダ人二人は出発の準備をしていた。二人は兄弟だった。お互いに写真をとりあって別れる。気をつけて。二人は一気にダイレクトでヨルダンまで走ると話していた。バイバイ。わたしもすぐあとからスタート。街中でオートバイを停めてダマスカス方面をマイカーの人に聞くとその幹線の入口まで引っ張ってもらった。わかりにくい道だったので助かった。

　シリアの道はトルコより走りやすい。途中から上下線が離れていて反対車線から飛び出してくることはないので安心して走れる。平均 80 〜 90 キロ

のスピードで走るのがわたしは一番気持ちいい。最後までこのスピードで走る。ダマスカスに3時ごろ到着。ホテル3軒あたって一番安い20$=2400円に決めたが高いなー。他のホテルは40$ともっと高かった。きのうの2$のホテルとは大違いだ。

ロバに乗った少年。雪の積もったうしろの山はイスラエルかレバノンのゴラン高原と思われる

近くのマーケットにきゅうり、トマト、トウガラシの親分みたいなでっかいやつ。焼鳥を買う。意外にもここにはウィスキー、ビールを売っているお店があった。ビラ（ビール）ショップはどこにあると聞いたら「オードントノー」と言いながら「そこを曲がれ」と手のひらで指図して酒屋を教えてくれた。ここもアルコールはダメなんだ。しかし観光客相手にはアルコールのお店があった。ビラ（ビール）500mm15$=180円ぐらい。

トラックを運転していたお父さんに撮ってもらった。なんとなく日本人を連想させ親しみを感じさせる地元の女の子

ここまで走ってくる途中右手にはうっすらと雪をかぶった山並みを見た。そこにはロバに乗った少年がいたのでいっしょに写真をとらせてもらった。また娘さんと歩いていた地元の人に写真を撮ってもらおうとカメラを渡したがどうもうまくシャッターが押せないようだ、でも親切でうれしかった。こ

こダマスカスはなんだか歩いている人が少ないな。

2001 年 3 月 6 日火曜　はれ 20℃　はれ 30℃　はれ 14 時　35℃　ダマスカス
　朝方寒かった、毛布一枚だもの。でも外はどうなんだろうかこのホテルはビルの陰だから寒いのかなー。部屋には砂がドアーから入ってきている。9時半外に出ると暖かい。歩いていると汗が出るぐらいだ。それにしても人通りがないなー。午後から出てくるのだろうか、きのう店は開いていたのにきょうは閉まっている。ホテルのスタッフに聞くと今週は土曜まで郵便局も開かないと話す。きょうは火曜だから 5 日間休みなのか。

　車はあまり走っていない市内を歩いて見物、青空市場をのぞいてみた。路上には日用品をむしろの上に広げて売っている。アルミ製の大きな平ぺったい皿を買う。これはまな板代わりにもなりそうでいいぞ。スプーンとフォークもビックリする安さだったので買った。地元の人たちはわたしの顔がめずらしいのだろう、じろじろと見つめる。おまわりが来てここで商売をしてはダメと注意されて、すぐに商品を布にたたんでいた。

ヨルダン入国
2001 年 3 月 7 日水曜 はれ 15℃ はれ 20℃ はれ 12 時 30℃ シリア〜ヨルダン
　朝起きるとシーツの上、毛布にも砂がいっぱいついていたどうしてだろうか。窓から風で入って来たのだろうかなんだか気持悪かった。8 時 15 分ホテルスタート、ヨルダンに向かって走る。ようやく幹線に乗りひと安心。おさえて押さえて走る。50km ぐらい走ってヨルダン、アンマンの行き先標識が出てこなくなった。どうした！　うん？　どうもおかしいな。レバノン、ベイルート BEYROUTH の標識しか出てこない。

　小型トラックが停まっている。停まっているトラックの人に聞くとこっちはレバノン「ベイルート」に行く道・ヨルダンはカムバックして途中から「右へ」と説明を受ける。明るい少年たちが荷台に 10 人ぐらい乗っていた。小学高学年か中学生にみえるが幾つぐらいだろうか。いっしょに写真をとりあって別れる。20km ぐらい戻っただろうか、ヨルダン・アンマンの標識に

出会えて、あーよかった。今度こそ見失なわないようにして走ろう。

レバノンに向かって走っていた
シリア・ダマスカスからヨルダン・アンマンに向かっているつもりがいつのまにかレバノン・ベイルートに向かって走っていた。途中でUターンした。途中で引き返してヨルダン方向に向かう

　幹線に戻ってほっとする。2時間ぐらいで手続きを終えて国境を越えることができたとしても今日みたいに何が起きるかわからないので国境を越えるときは朝早めに出発しておかなければならないと自分に言い聞かせる。シリアとヨルダンの国境についた。10時15分。まずシリア側①ポリスのスタンプ②パスポート・オートバイのカルネの提出③出口でポリスの検問だいたいこんなものかなー。

　ヨルダン側も同じ手続きで今回は意外とスムーズで1時間ぐらいでヨルダンに入ることが出来た。シリア通貨をヨルダン通貨に両替。トルコ・アンカラでトラベルチェック（T/c）をドルに両替していてよかった。ここんとこシリア、ヨルダンとも日本の正月みたいに一週間ぐらい休みに入っている。アーこれがヨルダンかー。いよいよヨルダンに入った、80キロ平均で走る。

　右側西の方のベイルート方面の山には雪が積もっているのが見える、おそらく高い山なのだろう。まわりは硬い砂の固まりで作物はできそうにない土地がずーっと続いている所を走る。途中ほこりっぽい砂漠と違った落ち着いた街、ヨルダンの首都アンマンについた。15時15分。車も人も多いにぎやかな街だ。ホテルはタクシーの運転手に聞いて案内してもらって最終的に一

泊 19$=2200 円に決めた。

シリアからヨルダン・ア
ンマンに向かう。

　本通りからちょっと中に入った一階レストランと二階以上はホテルになっ
ている。タイアップしていてなにか楽しそうな雰囲気のあるホテルだ。ホテ
ルの受付スタッフも気安く人なつっこくて気持ちが落ち着くオートバイはホ
テルの軒下に置く。お金が足りなくなったので近くの ATM でお金をおろす。
すんなり ATM でカードも使えて安心した。シャワーを浴びて一階のレスト
ランから部屋まで運んでもらってナスいため？　と炒めたライス？　をハン
グリーの腹におさめる。

ヨルダン・アンマンのホテル　ろうあ者と手話であいさつ
2001 年 3 月 8 日木曜　はれ　　　　ヨルダン・アンマン

　エジプトのビザは土曜の 10 日まで待たなければならない。エジプトへの
船は火曜、金曜の週二回運航しているらしい。ホテルの主人から文庫本日本
語「ふさわしき復讐」と旅行本「地球の歩き方」をいただいた。日本人が旅
の途中置いていったのだろう。久しぶりに日本語を読めるのでうれしい。は
がきでも書いてゆっくりするか。郵便局に行って切手 50 枚（19$）を買った。

　部屋には冷蔵庫もある。こりゃーいいぞビールを買って冷やしておこう。
ホテル前の道路では手話で話しているのをきのうも部屋の窓から見た。きょ
う、ろうあ者が 5、6 人集まって話している、きのう見た人もいる。玄関か
ら出て行って日本の手話でちょこっとだけ話しかけると最初ビックリしてい
たが日本人とわかったようだ。ヨルダン語はしゃべれないが手話だったらほ

んの少しだけわかるような気がする。

　ヨルダンの仲間になったような気持ちになる。午前中、午後もハガキ書き19時までに50枚今日中に書き終わりたい。出したハガキ日本でもらった人無駄にしないでくれーい。エジプトは日本人「ビザはいらない」とホテルのフロントの話もあるがはたしてどうなっているのか。とりあえずあと2泊している間に考えよう。シリア、ヨルダンは日曜営業しているけどどうなっているのかな。

2001年3月9日金曜　　　ヨルダン・アンマン

　なんだか静かだなー。モスク？　クリスマス？　やっぱり日本の正月みたいなものだったのだな、ラマダンだったようだ。実はシリア・地元の人たちは「スリエ」と発音している、そのスリエの人の話では月曜から今日まで商店街は休みになると言われていたのを忘れてどうなっているのだろうと思っていた。又ここに来る途中ブレーキが利かないのでおかしいと、オートバイ屋でブレーキを見てもらった。

　見てもらうとブレーキオイルが空っぽになっていた。オイルを入れてもらった時オートバイ屋の人はこの休みを「フェスティーバル」とか言ってたことを聞いていた。しかし官庁や商店街も日曜でもオープンとは日本の常識も変えなければと思う。ここら辺は金曜休みなのかな。銀行もATMも休み？ホテルの人に外資系イギリスのバンクに連れて行ってもらいようやくカードで現金を下した。

　午後からジャラシー（Jarash）遺跡にタクシーで行く。ローマの遺跡にも負けない規模も大きい遺跡群。そのまわりには色とりどりのめずらしい野草の花が咲ききれいだった。ゆっくり遺跡を見て回り時間がかかったのでタクシーの運転手は逃げられたんじゃないか？　と心配して途中まで迎えに来た。ホテルに戻ってから地元の人が着ているイスラムの盛装？　を買うため商店街に一人で行く。

「ハカマ」に似たものと頭にかぶる「風呂敷」みたいなものと頭に乗っける「輪っか」三点セットを 9Dd=1000 円で買った。帰ってから着るのが楽しみな「おみやげ」になった。

スケールの大きいジャラシ遺跡群はアンマンからタクシーで３０分ぐらいだっただろうか。イラク・バクダッドまで１０００ｋｍ走って１万円だからそれに比べるとわずかの料金だと思う。
ヨルダン・アンマン

「エジプトビザ」アカバ↔ヌエーバ間のフェリーの中でＯＫ

2001 年 3 月 10 日土曜　　　ヨルダン・ペトラ泊まり

　８時30分ホテルのスタッフがエジプト「アンバシ」（と聞こえる）？　（エンバシー大使館のことらしい、このときはまだ何のことかわからなかった）に電話してもらう。そして「きょうはホリディ（休み)」だとわたしに話す。えーっ。旅の本「地球の歩き方」にヨルダン・アカバから船で行く場合エジプト、ヌエーバ側で「ビザ」「OK」になっているようだとスタッフに見せる。それでもダメだとスタッフは言う。

　なんだかんだとスタッフなどお客も数人加わってやりとりする。エジプトのアンバシ（地元の人の発音）にもう一度電話してもらう。すると９時30分にアンバシがオープンすると言う。タクシーで５分ぐらいのエジプト、アンバシ（大使館）に向かい少し待って９時ジャストに中に入れてもらう。20分ぐらい待たされて全部で８人の受付が始まった。きょうは「ホリディ」で発給しないという。ナヌ、なんで中に入れたのだ。

　船の乗り場「ヌエーバー」で「ビザ」「OK」かとわたしは「問う」。係官は電話で確かめてくれて「ヌエーバ」で「ビザ」「OK」「GO」と返ってきた。ホテルに戻りさっそくエジプトに向かって 10 時スタート。市内からエジプ

ト方面の幹線入口までタクシーに誘導してもらう、10DG＝約1000円払ってタクシーにバイバイ、ありがと。これから300km走ってアカバ湾を船で渡る。ヨルダン港アカバからエジプト港ヌエーバまで船に乗る予定だ。

　走り始めるとすぐに砂漠地帯になった。なんだか砂を見ただけで恐い。この先砂が道に張り出していないか、砂嵐でも吹いてはこないかと不安になって来る。90〜100キロのスピードで走る。快晴20℃あるがなんだか涼しい感じ。もっともズボン下、上着も二枚減らしているからかもしれない。あとアカバ港まで100kmぐらいのところで「ペトラ」の標識が出てきた。

もこもこした岩の中にペトラ遺跡が施されている（左）暗い岩の中を歩いていると突然岩の間から明るい彫刻が出てきた。ヨルダン・ペトラ遺跡であることを日本に帰って世界遺産と知る（右）

　ホテルにいるときこの先「有名なところ」があるとの話を聞いたことを思い出した。もしかしたらこのことの話だったかもしれない。せっかくここまで来たんだから寄ってみよう。右方向の横道に入って50kmぐらいの所の「ペトラ」はあった。なにが有名なのかわからないまま入場した。ちょっと見てすぐ戻ろうと思っていたが、なんの、なんの歩いてみると岩山に隠れ刻まれた彫刻神殿？　など暗い岩陰からビックリするものばかり出てくる。

　とても数時間で見て終わる遺跡ではなかった。片道だけでも二時間はゆう

にかかるという。ロバや馬車などに乗った観光客も行きかう。岩影の洞窟の中にはおみやげを売っているのは地元の人や欧米人もいた。きょうのアカバ行きをやめにしてこの遺跡近くのホテルに泊まることにする。食事も注文するからとホテル 15GD を 6DG= 約 600 円まで安くしてもらった。

　まわりは砂漠なのでここの夜空はきっときれいだろうと期待して部屋に入る。あーきょうはペトラに来てよかったと思う。はやくエジプトに行きたい気持ちを抑えておさえて。（ずーっとあとになってここのペトラは世界遺産だと知る）

ヨルダンの砂漠でエンスト

2001 年 3 月 11 日日曜　　朝 15℃　はれ　はれ　はれ　　ヨルダン・アカバ

　朝 6 時に目が覚めた。きのうと違って夜は月の静けさ。ときおり、犬の遠吠えだけが聞こえた。きのうまでは街の中だったので一日中車の音だったので気持ちもゆったりできた。夜空の星を見てみたい、天の川もと思って夜中に窓を開けると月は満月だった。海外で見るまんまる満月はこれで 3 回目。出発しようとオートバイのスイッチを入れるとどうもしっくりこない、いつものエンジンの音ではない。

　しばらくしてエンジンはどうにかかかった。それーっとばかりにスタートした。7 時前だ。アレレ、アクセルをしぼってもだめ、力が出ない。ブッブッブスブスちょっとした上りの手前で止まってしまった。ガソリンの質の違いからくるトラブルなのだろうか。しばらくするとエンジンはかかる 10km ぐらい走るとブスブスと止まってしまう。そのあとも 10km 走っては止まる、その繰り返しでどうにか本線に戻る。

　幹線にあったベンジン（ガソリン）スタンドでタンクのベンジン（ガソリン）を全部抜いて新しいガソリンに入れ替える。これで安心だ。ここは砂漠の真ん中だ。こんなところで止まってしまったら大変なことになるだろうなと思って走っていると、またさっきと同じようにブスブス、スースーとほんとに止まってしまった。ヤベーぞ。しばらくするとエンジンはかかるがやっぱりしばらく走るとスースーと力なく止まってしまう。

　もう、これじゃダメだ、こんなもたもたしていたら砂漠で夜になってしまう。次の町アカバまで約100km ある。バイクはここに置いてアカバまで行ってトラックをチャーターして戻ってこよう。オートバイを道脇に寄せてオートバイにカバーをかけた。ヘルメットと鞄だけ持った。よし、ヒッチハイクだ。道路で車が来るのを待つ。トラックが来たらオートバイも乗せてもらおう。トラックが来た、道の真ん中に出て大きく両手を広げ停まってくれーい。

　「オーイ」「止まってくれー」トラックはスピードを落とさない。運転手は親指をうしろに向けてはげしく動かして「うしろの車」に「頼め」のしぐさのようだ。二台目もダメ、しばらくして三台目が来た。だめだスピードを落とさないで同じしぐさで走り去った。わたしのすぐそばにヤギ飼いが立って見ている。「どうした」みたいな顔で見ている。日本語で「オートバイが動かないんだ」キョトンとしている。

　話しているうちにヒツジ（もしかしたらヤギだったかな？）の群れは遠のいていく。ヒツジ飼いの男は「○○○ー」人の名前を呼ぶように叫んでヒツジを追いかけた。ヒツジとカバーをかけたオートバイを写真に撮った。そうこうしているうちに小型トラックが反対車線から中央分離帯を渡ってわたしの前に止まった。地元の人らしい「どうした」「バイクが動かない」「トラックで運ぼう」トラックに乗せて修理工場まで運んでくれるという。

エンストしたオートバイ

砂漠の真ん中でエンスト。ヒッチハイクを試みたがトラックは停まってくれなかった。地元の人がトラックで運んでくれた。ヤギ飼いの人も見ていたが餌のない砂漠でどうしてヤギを飼っているのかとあとで不思議に感じた。黒いのはヤギの群れ

「アーありがたい、助かったー」二人では乗せられない。指を出して「5、6人ぐらいでないと無理だ」「仲間を連れてくる」。しばらくすると二人を乗せて戻って来た。4人で大丈夫かな。上りと下りの中央分離帯がくぼみになって一段と低くなっている分離帯にトラックを入り込ませて、難なくオートバイをトラックに載せることができた。なーるほどな地元の人にまかせるとうまくいくものだ。

砂漠でエンストした。トラックを停めてヒッチハイクを試みたがダメだった。地元に人が通りかかって修理工場まで運んでくれた。修理工場のまわりは砂漠でパチパチとヘルメットをたたく。右は小学校。放し飼いなのかラクダもうろついていた

　わたしはトラックに積み込まれたオートバイにまたがって倒れないように支える。そろそろと走ってくれる。15km ぐらい走ったところに修理場についた。朝8時にスタートしてよかった。ここ砂漠の中で果たして修理が出来るかどうか。修理場はブロックを積み上げて間口は2間ぐらいの小さい修理場。出かけていた修理屋のおやじさんが戻って来た．トラックで運んでくれた3人に多めの20DG＝約200円をお礼として支払う。

　助かりましたありがとうございました。修理屋のおやじさんに「10km 走って止まる」の「繰り返し」と紙に絵を描いて説明した。タンクを外してガソリンの通り道を洗ったみたいだ。2時間ほどで修理が終わった。これで大丈夫、おやじさんをうしろに乗せて往復30km テスト走行。砂がヘルメットにぱちぱちあたってくる。大丈夫のようだ。修理代40DG=400円を支払い13時半アカバに向かって走る。

お金はかかったけれど……これでよかった、よかった。修理場のまわりには 10 軒ぐらいの家があった。学校らしいところから子どもたちが帰ってくる。小さい店でアイスクリームを買って食べながら歩く子供もいる。ラクダは放し飼いなのか 2、3 頭歩いている。砂漠の中でも過ごしていけるんだな、わたしには考えられないことだが砂漠の中の大変なところで暮らしていけるものなんだなぁと思う。

再びエンスト

砂漠の両サイドには一本の木もない大きな岩山、北アルプスの剣みたいな山だ。バイクは今までと同じように走ってくれて、安心だ。しかし、しばらく走っていると「うん？」エンジンの音が又おかしくなってきた。「イヤーまずいなー」はたまたこんなところで止まってしまったら、でもアクセルを絞るとグンとこたえてくれてスピードは上がる。しかしあと 10 数キロのところで再び午前中と同じすーすーっとエンジンが力なく止まってしまった。

えーまたかよ。目の前に見えるのはもしかして海？　紅海　が？　見える。しばらくしてエンジンをかけると復活してかかってきた。ちょこっと走った所にベンジン（ガソリン）スタンドがあった。あーよかった、よかった。スタンドの隅にオートバイを置かせてもらって給油に来ていたマイカーの人に「お金を」払うからと修理工場まで「わたしを乗せて」と頼んだ。20DG＝約 200 円払う。

着いた自動車修理屋から二人ガススタンドまでマイカーで来てもらう。おやじさんと若い人、修理工場の車の中で「10km 走ったら止まる」「繰り返し」と話した。ガススタンドに着くなり若い工員はタンクからつながって出ているホースの先の「栓」をはずしたようだ。ホースからドロドロした油みたいなものがちょこっとだけ床に出てきた。指さして「これだよ」と若い工員は言う。エンジンをかけるとかかった。

原因は水抜きホースに水・油がたまっていた

「こころよいエンジンの音」元のエンジンの音だ。なーんだ、どうしてホー

スの中にこんなものが「たまって」しまったのだろうか。暑いのでタンクから蒸発した水が水抜きのホースにたまりすぎて逆流したのだろうか。それにしてもタンクから水抜きホースがあること自体わたしは知らなかった。原因はタンクの水抜きをしていなかっただけかいな。今までオートバイ屋で水抜きのホースから「水抜き」しているところなど見たことはなかった。

　修理屋の二人にテストが終わるまでオートバイのうしろについて来てもらうように頼む。市内を一回りまわってみた。これで大丈夫のようだ。あー気持ちまですっきりした。安い静かなホテルに入る。実はホテルにつくと修理のおやじさんが「テスト走行の分」追加の「お金を寄こせときた」「テストして直ったことを確かめる」までが「仕事ではないのか」と受け付けなかった。

　あまりしつこっかったので「ふざけるな」と日本語で怒鳴ったら引き上げていった。でもあとで考えると別料金は払うべきだったのかなと反省する。あー雪と砂漠はもういい、とりあえずエジプト・カイロまで行って……船で……どこかに行こう。この先どうなるのだろう、なんだか不安だらけで怖くなって楽しさはどこかえ消えていった。

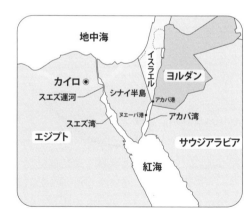

シナイ半島周辺の地図

アカバ港→ヌエーバ港

2001 年 3 月 12 日月曜　はれ朝 20℃ はれ昼 25℃ はれ　ヨルダン〜エジプト

　ヨルダン・アカバ〜エジプト・ヌエーバ。静かな夜のホテルなのに砂漠の恐ろしさで夜もウトロウトロ。5 時半に目が覚めるウトウトしながら 7 時過

ぎに出発。アカバ港まで10kmぐらいとホテルで聞いた。市内のATMでお金を200GD＝約2000円下ろす。エジプト通貨はいくらだろう、本「歩き方」で見ると×1.3ぐらいか。いや、ちょっとまていくらだろう、わからない。アカバの港はすぐにわかった。8時15分だ。

　港のターミナル駐車場にはトラック、マイカー、マイクロバス、大型バスなど4列の順番をつくって並んで待っている。崩れ落ちそうにいっぱい、いっぱい積み込んでいるトラック。船のチケットを買いに窓口に並ぶ。受付の窓口の列に並んで「マネー」「いくら」船のチケットをようやく買った。次はオートバイのチケットだ「カルネ」は「別の場所だ」二階に行ったり一階に下りたり「あっちだ」「こっちだ」と言われるままに並ぶ。

　列に割り込んできた男はまわりの男に「割り込んで」は「ダメだ！」とケンカになったりして誰でも「われ」先にと窓口は騒々しい。客も少なくなったころようやくオートバイの「カルネ」を出してスタンプをもらったのは9時30分。船に積み込みが始まった。オートバイは一台だけ、船の入口まで乗りつけるが船に積み込んだのは最後の最後になった。
　船内の甲板は頭に白い布巻、アラブの正装の人たちでいっぱい。

ヨルダン・アカバ港（写真）からエジプト・ヌエバ港まで5時間ぐらい。出航した船の上からまわりの山。山には木など一本もなくシーンとした不気味な感じを受けた

甲板の日影にはすでにシートを敷いて場所取りで満杯、座る余地はない。すでに横になっている人もいた。何時の出港だろうか。船が動き出したのは11時30分。ヨルダン、リビア、シリアの人にわたしは日本語で話しかける、話はなんとなく通じるようだ。シリアの家族づれとも仲良くなった。親から言われたのかパン、ジュースなど子供が「どうぞ」みたいにさし出してくれ

たのでごちそうになる。

　小学5、6年にみえる男の子と女の子は「顔の違うわたし」に興味があるようだ。いろいろと話しかけてきた。わたしも笑顔で話した。これまでの旅の写真を何枚かコピーした写真を大人の男に見せた。これをくれと言いだした。いいよと男にあげると、となりで見ていた男たちがおれにも、おれにも写真をくれと集まって来た。すべてあげて両手を広げて「もうないよ」。

写真はヨルダンヌエバ港（左）とシリアの家族7人連れと親しくなる。

　黒のサングラスをかけた人相の悪い男の人が「ちょっと来い」と甲板にいた「わたしを」見つけて呼びつける。オートバイの置き場所が「悪かった」のかと思いながらついて行く。部屋まで連れていかれてさっきからずーっと「ジャパン、マツオ」とマイクで呼んでいたんだ。どうして「気づかなかった」みたいなことを言いながら「パスポート」を差し出した。乗船するとき預けていた「パスポートビザ」だった、あーそうだったのか。

　エジプトのビザを船内ですませてくれたのだろう。船内放送は聞こえていたが何を言っているのかわたしにはわからなかったのだ。「キューズミー」「キューズミー」「サンキュウ」。エジプトのヌエーバ港に着いた16時前である。ヌエーバーはもっとにぎやかな街と想像していたが砂漠で何もない、港の近くにリゾート風の海の家が申し訳ない程度に建っているのが船から見えた。まったく静かなさびしい港。

　船から降りてあっちこっち、イミグレの中を行ったり来たり。ビザ代含め「130$」（1万5千円）と言われた。「エー」どこでどうなったのか最後に「6FE」

とかだけ払って手続きが終わった。130$ も払うのかとびくびくしていたが払わなくて済んだのでほっとした。この港の広場だけはトラックやら出店やらあっちこっちにかたまってにぎやかだ。エジプトの黄色いナンバー 2 枚を受け取って 17 時 30 分最後のゲートをくぐった。

　もうすぐ暗くなりそうだ。まわりの地理がわからず不安でたまらない。ホテルのある町までは相当の距離がありそう。近くにホテルがないのか。ゲートで聞くとそこを曲がったところにあると教えてくれた。立派なホテルだ。砂漠の中に一軒だけあった。Hilltonhotel ハイルトンホテル？　もしかしてヒルトンホテルか。フロントで「いくら」一泊「66$」ウェーわたしは「200FE」=50$ しかない、「OK」か……。

　すると、なんとなく「OK」になる。今晩他のホテルまで走る勇気はないので泊まることに決める。部屋の設備はさすがに今までのホテルとは部屋の広さも違う。なんだか気持まで大きくなって金持ちになったような錯覚した気持ち。もちろんレストランにはビールもワインもあった。自慢したい気持ちになった「オーイ、ヒルトンホテルに泊まったぞー」。

手続きを終わり黄色いエジプトのナンバーを受け取る。
「٥١」は５１を表す

「とうとうエジプトに来てしまった」ウソみたいだ……
不思議な感じ……

2001 年 3 月 13 日火曜　くもり 20℃ くもり 20℃ はれ 20℃　エジプト・カイロ

　砂漠の中を走る恐さをあじわったから夕べも眠れないほど緊張していた。夜中トイレに起きた時ここヌエーバ・ヒルトンホテルから次の町までのキロ

程を調べて無理しなくて 200km ぐらいの少しずつ進もうと考えたりした。風が強い……6時半起きてホテルのホースを借りてオートバイを洗車している時も風が吹きまくっている。だんだん強が強くなってきた。あたり一面砂で見えなくなってきた。イヤな天気だなー。

　レストランの人たちは平気な顔をしている。朝食はレストランへ、二重ドアーのレストランの入り口。砂が中にも入ってきている。食事中ガリっと砂、もう喰うきがしなくなった。ホテルの人は強い風のことを「ストーン」と呼んでいる。これは「ショット短い」「2〜3時間で」風はおさまると「両手」を「下に、下に」ゼスチャーしながら話す。ほんとうに9時半ごろ風もおさまったようなので出発した。

エジプト・ヌエーバから首都カイロに向かう、草木の生えない岩山が続く不気味な静けさ。トラック1台とすれ違っただけ。砂漠と言っても砂ばかりではない硬い砂畑や岩山がある。
「320の標識」

　ホテルでカイロに行く道路のことを聞いた。海岸を走るよりもシナイ半島を横切って直接スエズ経由カイロに向かった方が早いし道路も大丈夫と話す。そう言えばきのう船の中で大型バスの運転者さんが同じことを話してくれたことを思い出す。近くのガススタンドで再度道のことを確かめて「近道」を走ることにする。まだ風が吹いている、スタンドで給油中タンクの中に砂が入りはしないかと気が気でない。

　また風で砂が道路に張りだしてこなければいいがなーと不安で仕方ない。最初のポリス・チェックポイントが走り出してすぐのところにあった。パスポートを見せるだけ。2、3人乗ったジープもあとからきた。静かな岩山の

中に入って行く。北アルプスの剣山のような荒々しい岩山がつづく。今まで
とは全然違ったシーンとした静まりかえった、これまでに経験しなかった「場
所」だ、ひとりで走るのには不気味で恐ろしさを感じる。

　テレビでよく見る砂漠に生えてキリンなど食べている少しの葉っぱがつい
ているその木がポツンと立っている。バナナの木？　　も岩山の陰に育ってい
る。こわごわとオートバイを停めて砂漠の岩山写真をとっていると黒い覆面
をした女性二人が来た。初めて見る覆面の女性、最初子どもかなと思った。
どうしてこんな「だれーも」いないところにいるのだろうと不思議になった。
写真を撮らせてもらうように頼んだ。

　二人の眼だけはぎらぎら光り年令はわからない「いでたち」近くで見ると
恐くなった。「お金を出せ」とのしぐさで手を出した、お金を払うことなど
考えていなかったがコインを渡した。もう一人も「わたしにも」と言っている
ようだ。同じようにコインを渡した。まわりを見渡しても砂漠の中に家など
はどこにもない。女性はどこで生活しているのだろうか。一頭だけラクダも
いたそしてヒツジもいた、こんなところで飼っているのだろうか。

まわりは砂漠、突然出てきた初
めてみる年令のわからない覆面
のいでたち目がギラギラの女性
を見てびびった。

スロースローで進む。40〜50キロのスピード。カーブ、カーブがつづく。
ここまで走って一台のトラックとだけと行き違った。100km 走った所にあ
るガススタンドで給油、そのスタンドの手前にあるスタンドのような所に停
まったがガススタンドではないようだった。走り始めたら「こっちだこっち
だ」と手招きする人がいたがそのまま走りすぎる。そこは食堂のような感じ
の所だった。ようやく 300km 走って来た。あとカイロまで 140km。

　晴れていい天気、カッパ上下を着て走っているが肌寒い感じがする。ガススタンドで電線のひもをもらい荷台のボックスを補強した。岩山を縫うように走って来た道路もだんだん良くなってくる感じだ。ポリスの検問所2、3か所でパスポートを見せる。はじめて大型観光バスに追い越される。さっきのトラックと合わせて2台見たことになる。広々とした砂漠地帯になった。

　はじめて見る広大な砂漠地帯……その砂漠の中にバスが横転したままになっている。どうしてそのままになっているのだろうか恐くなってくる。わたしもこうならないように注意した走りをしていこう。トンネルに入った。うん、これがスエズ運河のトンネルなのだろうか。50mぐらいだった、こんなに短い運河なのだろうか。エジプトの首都「カイロについたぜ。17時ちょうど。あー何事もなく着いてホッとした、ここまでくればひと安心。

不気味な岩山を過ぎたら一面砂漠地帯になる。どうして横転したのだろうか。なんだかこわくなる。こんな風にならなければいいが……。

　ホテルはタクシーに2軒を案内してもらって安かった18$=2100円の部屋に泊まる。となりには中華の店もあり楽しみだ。シャワーを浴びてさっそく晩飯には中華料理で食べた。久しぶりの中華はうまかった。砂漠の恐さに震えながらオートバイでピラミッドのあるエジプトまで、あーとうと来てしまったぞー。

2001年3月14日水曜　　　エジプト・カイロ

　カイロ市内のタフリール広場には日本人のたまりになっていると聞いていたホテルを探す「ジャパンホテル」と聞きながら広場2、3か所で聞いてみたら地元の人がそこの「ビル」と教えてくれるここは安くていい。地元の人

たちも日本人が出入りしているのでわかっているようだ。オートバイは狭い通路に停めることにした。日本人は4、5人泊まっているようだ。

一泊450円の宿

2001年3月15日木曜　　　エジプト・カイロ

　あーゆっくり眠れるな、しかし朝方は寒い。のどが「いがらっぽい」8時半朝食はパン2切れ、バター、チーズ、紅茶、だって一泊450円だものな。まだ着いたばっかりでオートバで市内を走る勇気は出てこない。9時半ピラミッド見物にバスで日本人といっしょに出かける。バス停がわからなくてあっちこっち振り回されて、結局最初のバス停から乗ることができた。40分ぐらいでピラミッドについた。

はじめて見るピラミッド群これがピラミッドなんだー！

オートバイで来てしまった……砂漠のこわさに震えながらついに到着したエジプト・ピラミッド

　身近でみるピラミッド、その石垣に触ってしばらく座って過ごす。スフィンクスの地下室、博物館の船など見物。観光客用のラクダに乗ったら途中でおろすと言う、最後まで行くことが「約束じゃないのか」「ふざけるな」観光客相手の商売人はどぎついことをぬかす、ケンカ腰になった。怒鳴っても相手は平気な顔している。トルコのがめつさと似ているような感じがするな。

2001年3月16日金曜　　　はれ　はれ　　　エジプト・カイロ

　ホテル前のタフリール広場から歩いて2、3分のところにある考古学博物館に入る。めずらしい初めて見るエジプトの遺跡、ツタンカーメンになぜか魅せられた。しばらく眺めていた。ツタンカーメンをメモ用紙に描いてみた

りした。とにかくピラミッド遺跡、遺品はすごいものばかりである。とても一日では無理だ、あしたも来ることにしよう。エジプトのバスケット選手も同じホテルに泊まっている。

　さすがでかい身体をしている。みんな親切で笑顔を見せていた。日本人同士お互い意識はしているがわたしは打ち解けない雰囲気なので日本人宿泊者とはソファーに座ってゆっくりと話はしない。しかしピラミッドの頂上に朝一番警備員の目をかいくぐって登ったとき捕まってしまい「取り調べの時」「イカリヤチョウスケ」と言って解放してもらったと「おもしろいおかしく」隣で話すのを聞いたりはしていた。

　ピラミッドの頂上に登るには警備がおろそかになる早朝などに挑戦する人がいると聞いていた。それにしてもここエジプトの運転は猛烈なダッシュをかける荒いというか急ブレーキをかけたりひやひやする。これも国民性なのだろうか。

2001 年 3 月 17 日土曜　　　はれ　はれ　　　エジプト・カイロ
　ルクソールまでのバスチケットをバスターミナルまで歩いて買いに行く。場所はすぐわかったが 30 分ぐらいかかった。バスチケット 21:00 発を買った帰りも歩いて帰る。入場券は 2 日間有効なので、きのうと同じ「考古学博物館」に再び入る。柩とかなかなか見ごたえものばかり、いくら見ても飽きない博物館だった。夜早目にバスターミナルにいってルクソールまでのバスを待つ。21 時にバスは発車した。

エジプト・ルクソール
2001 年 3 月 18 日日曜　　　はれ　はれ　　　エジプト・ルクソール
　朝 7 時にバスはルクソールについた。約 10 時間 30 分。着いてすぐホテルをあちこち探す。一泊 15FE（ポンド）=450 円のホテルは「エベレスト」の名前。なぜこの名前なのかな。覚えやすいこのホテルに決めた。このホテルからツアーに何人か出て行ったのでいっしょについて行きツアーに参加する。85FE=2500 円。ツタンカーメンの墓、砂漠の中の洞窟のような墓など

見て回る。

　壁画には昔のままの色づかいのきれいな象形文字などには魅せられる。15時半ごろホテルに戻る。朝から日差しが強かったなー、さすがアフリカだと実感する。朝めし、昼めし抜きだったのでシャワーを浴びてビアーレストランに入る。ところがなかなかビールが出てこない、20分も待ってようやく白い紙でおおって持ってきた。冷たいビールはやっぱり何ごとにもかえられない、うーんうまい。ここのチャーハンもうまかった。

　ここんとこエジプト・カイロについたとたん風気味で鼻水ばかりでる。天井についている扇風機を寝るときつけっぱなしにしていたので朝方冷えて風をひいたようだ。それにしても4月と云うのに -2℃から12、3℃と寒い日がヨーロッパでは続いているようだ。エジプトから船でヨーロッパに抜けたいのだが聞くとろによるとスエズ運河の近くアレキサンドリア港からギリシア・アテネ間の船があるとか、なくなったとか、いや夏だけだとか、いろいろな話が聞こえてくる。

　実際はどうなっているのか日本大使館に行ったが金曜土曜は休みで聞くことが出来なかった。少しだけど暑い砂漠の気候にも慣れてきた感じで砂漠に対して恐さも少しやわらいできたかな。しかし油断大敵気をつけよう。

2001年3月19日月曜　はれ朝6℃　はれ　夕方6℃　エジプト・ルクソール

　風邪でどうもすっきりしない朝。外はおそらく20℃をこえているだろう。しかしなんだか朝は寒いようで、暑いような……扇風機をクーラーも停めて寝ているんだが鼻づまりになる。ペーパーをきのう2個買った。10時ごろ近くにある遺跡ルクソール神殿カナルック・アモン大神殿に行った。ルクソール神殿は大きいなーと思っていたがカナルック大神殿についたらルクソールの2、3倍もある大きさだった、イヤーでっけーなー。

　ローマ遺跡はかすんでしまいそう。10時から15時ぐらいまで遺跡を見て回った。あした行くアスワンへのバス乗り場とチケット売り場を確かめてホ

テルに戻る。イスラムの祈りもさまざまのようだ。街中に取り付けられた拡声器を使い祈り始めるその国によって長ーいところから短いところまである。ここエジプトは長ーい祈りがつづき、朝早くから起こされて目が覚める。

2001 年 3 月 20 日火曜　はれ　はれ暑い　はれ　日陰はさわやか　エジプト

　ルクソール 7 時 30 分発の乗り合いバスでアスワンに向かうことになっている。7 時起床「やばい」バスに間に合うかどうか交差点でタクシーを拾おうとするがタクシーはこない。マイカーの人にたのんでバスターミナルまで送ってもらい 2£E=60 円支払う。着いたあと 5 分ぐらいでバスも到着した。あーよかった。ほぼ満席のバスは右に左にナイル川を見ながら進む。

　ナイル川の岸には農作物が緑豊かな色を付けて育っている。4 時間かかってアスワンに到着。アスワンはいままでのカイロやルクソールみたいに客引きはしつっこくはないぶんだけ静かな感じの町。ホテル「ハトテル」1 泊 25£E=700 円に 2 泊予約した。部屋からはナイル川が目の前に流れていて眺めがいい。いかにもオアシスといった感じ。あすアブシンベル行きの予約も済ませる。往復 50£E=1500 円。

　パカパカと馬の「ひづめ」の音は朝早くから夜遅くまで寝ていても聞こえてくる。それもあってここんとこ朝方せき込んで寝不足気味。

アブシンベル神殿

2001 年 3 月 21 日水曜　朝涼しい　はれ　はれ暑い　　エジプト・アスワン

　朝、3 時 30 分フロントからの電話で起こされる。きょうは 300km 先のアブシンベルまでマイクロバスで行く。何年か前ルクソールで虐殺事件が起こったそれを防ぐゲリラ対策で各ホテルから一斉に集まり、まとまって走るようだ。先頭車にはポリスが乗っているとかの話。いっせいに出発いっせいに帰ってくるスケジュール。一か月前まではバスでの移動は中止されていて飛行機で移動していたらしい。

　各ホテルから集まったマイクロバス、大型バスなど 3、40 台ぐらい並ん

でいる。出発は朝4時出発アブシンベルに8時過ぎに到着した。2時間の見学時間をとってある。

ゲリラ対策のためアスワンの各ホテルから朝4時に集まりいっせいにスタート、３００ｋｍ先のアブシンベル神殿に向かう。帰りもいっしょに帰る

　ナイル川にダムをつくるため湖底に沈む「アブシンベル神殿」を高さ60mほどの丘に移動させたらしい。山全体に彫られた神殿を何千個に切り刻んで「山ごとそっくり」丘に移していた。ソビエトと東ドイツが協力して移動したと説明していた（が数ヶ国の協力だったと最近知った）。

湖底に沈むことになった神殿を何千個と切り分けられたあと丘の上に神殿をそっくり移動した。「アブシンベル神殿」

　古代の技術と現代の技術合わせて成功させたとも聞く。確かに切りきざんだ傷は神殿6体の身体にも残っている。たいしたもんだと感心しながら神殿を見学。往き帰りバスから見える砂漠にはカゲロウの「湖」が現れている、確かに水のたまった湖に見える。また風砂に長い間さらされ、きっちりときれいな小さい山の姿の同じような岩が残っている。

　アブシンベルからいっせいにバスで戻りホテルに17時ごろ戻る。シャワー

を浴び、そのあとホテル前にあるにレストランに食事に出かける。ビール、スパゲティ、炭焼きみたいな焼肉もうまかった。トータル 140£E（ポンド）=4200 円。ウヘー高けー。ま、冷えたビール 3 本、ワイン付きだからしょうがないか。あしたからゆっくり過ごそう、ハガキでも日本に出そう。アブシンベル神殿の郵便局で大量の記念切手を買ったことだし。

2001 年 3 月 22 日木曜　　　はれ　はれ　　　エジプト・アスワン

　朝 8 時アスワンの駅まで行ってカイロまでの寝台列車のチケットがあるかどうか確かめに行く。あった。さっそく 362£E= 約 1 万円だった。意外と列車は高いものだなー。チケットはきょう夕方 18:16 発の列車。ホテルに戻る途中アスワンの郵便局によって目ずらしい記念切手を選んで買う。「ノートを開く」しぐさで「いろいろな切手」「見せて」と局員は最初何のことなのかわからず「きょとん」としていた。

　ようやく「言っている意味が」わかったようで「切手を挟んである」「リーフ」を取り出して見せてくれたのでその中から選んで買った。涼しいそうな麻みたいなズボンも 300 円で買った。暑い日中を部屋で過ごして夕方列車の中で食べるものを仕入れに歩いた。トマト、ネギ、細い大根、焼鳥のつまみとビールを買い込んで列車に乗り込んだ。下段で寝ていたらルクソールで満員になると車掌さんに起こされて上段に移る。

2001 年 3 月 23 日金曜　　　はれ　はれ　　　エジプト・カイロ

　カイロ到着 7:30 分。駅からオートバイを預けてあるホテルまで歩いた。タフリール広場に行く間にホテルを探して、いままで泊まっていたホテルから移動することにした。オートバイの駐車料を「マネーマネー」とたびたび請求されるのが嫌になっていたのだ。ホテルにバックを取りに行った。途中でお菓子を買っていたので皆さんで食べてくださいと置いてきた。移るホテルまで久しぶりにバイクを動かす。

　ニューホテルに荷物を部屋に運んだ。エジプトの暑さにもだいぶ慣れてきた。ピラミッドまでオートバイで出かける。三大ピラミッドを見渡せるとこ

ろにオートバイを停めて観光客を乗せているラクダ、馬など入れて記念写真。
地元のおみやげ屋が安くするからと盛んにさそう。ピラミッドを背景に自分
を撮ってもらう。40〜50kmナイル川沿いに沿って南に走ってみた。サッカー
ラとか言うピラミッドまできた。

エジプト・サッカーラ。ラク
ダがなぜか一頭座っていた。
風が強くてひやひやしながら
ソロソロとここまで入り込ん
だ。

　観光客のラクダに乗った姿とピラミッドはナイスショットだと写真に撮ろ
うと構えていると観光客を乗せたジープが停まって邪魔になる。うーん……
こん○○しょー！　せっかくのチャンスが台無し。入場料金を払ってサッカー
ラピラミッドまで走る。かなり強い風が吹きわたっている。おそるおそる砂
道を走る。誰もいない段々になっているサッカーラピラミッド、回りには誰
もいないのにラクダ一頭だけが座っていた、なぜ一頭？

　ナイル川沿いには野菜など青々した緑がいっぱい作られているのを見ると
豊かな土壌を感じることが出来る。ホテルに戻ってゆっくりするぞ。夕食は
近くのレストランでビール、焼き肉ステーキトータル60ポンド（£E）＝1800円。

スエズ運河　地中海に向かう

2001年3月24日土曜　　　　はれ　　はれ　　　　エジプト・スエズ

　夕べ蚊が2、3匹いたみたいだ。耳の近くでブーンと昔は気にならなかっ
たのに、最近は一匹でもうるさく感じる。静か〜に顔をパチッとたたく瞬間
ブーンと逃げられる。運動神経よろしく逃げるこいつらにも「脳みそ」があ
るのだろうかとつくづく憎らしく思う。朝起きたらあちこちかゆいところが
ある。ゆっくりするつもりだったが、本「歩き方」を読んでいるうちにスエ
ズ運河のそば、アレキサンドリアかポートサイドに行くことを朝方決める。

　11時にホテルを出て走りだすがスエズ方面の道にどうしても乗りきれない。何回か聞いてみたがどうもわからない、タクシーの運転手にたのんで途中まで引っ張ってもらった。300円も払った。ようやく一本道になってホッとする。晴れているのに走っていると肌寒くなってカッパを着こんで走る。目の前に大きな船が「なんだろ?」驚いた。陸の上を走っている大型船。もしかしたらこれはスエズ運河なのかもしれない。

　やはりそうだった、スエズ運河を走っている大型タンカーだった。何回も写真に撮った。運河の川を見てみたいと川のそばに行ってみたが運河の水面を見ることはできなかった。ギリシャで見たようなスエズ運河は「陸を掘り下げ」「見下ろす形で」船は走っているものと思っていた。想像していたのとは違った。陸よりちょっとだけ削り採った運河を船が通っていた。しかしスエズ運河を見られて満足した。

スエズ運河は掘り下げた所を上から見下ろすものだとばかり思っていたので陸を走っているタンカー船にびっくりした。大型タンカーはスエズ運河を航行中。
上り・下りは午前と午後に別れているらしい。

　地中海とスエズ運河の出入口の町「ポートサイド」についた。オートバイを停めると地元の人が「わーっ」と集まってくる。ついたぞスエズ運河に。2、3軒あたってみていちばん安いホテルに入る。部屋から運河を往復する渡船が見えるホテルだ。

○人種差別はないの?
表向きにはないように思えるが、実際はあるなー。フランスではカウンターとテーブルが少しある小さい「立ち飲み屋」のお店。わたしに対してお店から出て行けというような高圧的な態度で少し酔っ払った感じの

地元の人らしい高年がせまってきた。

わたしのそばにいた黒人にもそういうことを言っていたように感じられた。やっぱり白人中心の国なのだろう。残念ながらまだまだ根底にある白人中心の社会これからも差別感は続くと思う。

○牛糞、家畜の匂い
イギリスフランスの郊外を走っているとき、牛、馬のフンのにおいがプーンと匂ってくる。
わたしの田舎（佐賀嬉野吉田）では牛小屋にワラを敷きそれを肥料にするそれを「ダンコエ」と言っていた。国は違っても匂いは同じだなー。

○頭にきたこと
無人スタンドでお札を入れたが釣り銭が出てこなかった。それも大金だったのだ。
まったくどうすることも出来なくて一日中気分が悪かった。ち○しょう。
イタリアからスイスに向かっていた時のこと。

スエズ運河　無料の渡し船
2001 年 3 月 25 日日曜 はれ 18℃ はれ日陰は肌寒い エジプト・ポートサイド
　朝方寒さを感じる、カイロとはちょっと違うな。少し北に来たからだろうか。ホテル前にスエズ運河の渡し船に乗る。東京の国電みたいに 4 〜 5 隻で交互に車(トラックはなし)や人を乗せている。だれでも無料である。ひっきりなしに運ぶ船に通勤の時間帯になると飛び乗ってくる人もある。片道 5 分ぐらいだろうか。その船着き場周辺にはサトウキビの茎を売っていたり、絞り込んでジュースにしたりしたものを売っている。

　海そのものは汚くもないがきれいな海でもない。午後から地中海とスエズが交わっている岬まで走ってみた。地中海から船がスエズに入って来た。スエズ運河は一方通行、どっちが登りか下りかわからないが午前と午後に分

けて交互に船の運航をするらしいことも教えてもらった。きょう50ポンド
£E=1500円から25£=750円のホテルに移る。この部屋もスエズの海が見え
る明るい部屋。

　しかし、砂が入りほこりっぽい部屋だったので自分でモップを借りて3、
4回気のすむまでモップをかけた。あー気持ちがいい。そしてビールのある
中華レストランに行き昼食。30ポンド=900円。祈りの時間で中華レストラ
ンでもビール、アルコールはだめだと断られたので晩飯はホテルの部屋で食
べよう。地中海の海を見に行った時地元の娘さんたち5人が岩場で貝をいっ
ぱい採っていた。日本の赤貝にそっくり。

地中海の赤貝　形はそっくりだが味は落ちる

　20個ぐらいもらったその赤貝を中華レストランで料理してもらうように
頼んだ。日本の赤貝と形もそっくりだったが味はだいぶ落ちるようだ。レス
トランの中国系オーナーはスープにした方がいいとアドバイスしてくれる。
スープと中華丼みたいなものとキムチで腹いっぱいになった。とりあえず砂
漠を走り、冬の雪と寒さもあとわずか、あとはイスラエルを残すだけなので
春の暖かさを待って、再びヨーロッパへ進もう。

　これまで道に迷い、雨にうたれ、雪に恐ろしさを教えられ、人に助けられ、
親切に心をうたれ、こみ上げてくるのを抑えきれずに人の情けに涙をながし
ながらも自分勝手に走ってきた。スピードはおさえて押さえて事故ったらお
しまいだからと自分に言い聞かせる。

「人生ってはかないものですネー、さびしいものですね」
美空ひばりの歌じゃないけどそう思う。
たった80年90年の人生だもの
オートバイで走りながら時々口ずさむ歌はこれ
あと20年で77歳、ぞっとするね。
動けるのはあと何年ぐらいだろう、10年だろうーかなー。

あとは寝たきりを待つのみの身か。

あーはかないねー、人生は……哀しいね。

思い残すことはない、と言いたいけど

あまりにも多すぎる（て）。

あせってもしょうがないけどねー。

人生って何だろうーねー。

はかないものですね。

哀しいものですねー。

2001 年 3 月 25 スエズ運河と地中海と交差する宿。

エジプト・ポートサイドにて。

2001 年 3 月 26 日月曜　　はれ　はれ　はれ　　　エジプト・ポートサイド

　となりの自転車屋さんみたいなところでオートバイのボックスの代りにつけた左の鉄枠を直す。シリアで手作りしてもらったのを補強してもらおう。午後 3 時頃までかかってようやく出来上がる。出来上がりはまずまずで、おそらく大丈夫だろう。そうこうしているうちに、突然そこのおやじさんが警察？　に連れられて行った。詳しいことはわからないが、なにか賭博の疑いみたいだな。

　警察に連れられて行ったのを見た小学生の子供が泣き叫んでいた。近くのじゅうたん、洋服、日用品などのにぎやかな商店街など見て市内を一回りした。

イスラエルに向かう

2001 年 3 月 27 日火曜　はれ　はれ　エジプトとイスラエル国境アリスホテル

　きょうはイスラエルに向かう。ホテルからすぐスエズ運河を船で渡って近道しようと考えて走り始めた。道は舗装ではなくて、でこぼこの道になってしまう、引き返そう。再びスエズ運河を渡ってカイロから来た道を戻る。ポートサイドに来た道に出る。スエズ運河の見えそうな高台のある丘があった。その高台から青い海のスエズ運河を見ることが出来た。運河に沿って列車も

走ってきた。

　イスラエルへの道は途中から左に入る道があるはず、それが見つからない。次の街まで走ってガススタンドで「イスラエル」はと聞くと戻って「右」へと教えてもらう。戻って見るが右に入る道がない。オートバイのお兄ちゃんが来た「イスラエル」はどっち……オートバイで引っ張ってくれた。そこは道ではなくて船着き場だった。なーんだ道路ではないんだ、これじゃわからないわけだ。ありがとう。握手してお兄ちゃんとわかれる。

　渡し船でむこう岸に渡してもらうのにお金はいらないようだ。真っ青なスエズ運河の水。ここらあたりの海は澄んできれいだ。スエズ運河って意外と幅が狭いなー、50mちょっとに見える、ほんとはもっと100m以上はあるのだろうか。深さはどのくらいだろうか。すぐ近くにスエズの橋が建設中で橋げたが青空に浮かんでいるように見える。スエズ運河を越えるこの橋ははじめての建設だと聞いた。

スエズ運河の渡し船の船着き場。近くに、はじめてスエズ運河を越える橋を建設中だった。スエズ運河に沿って列車も走っていた。
（２００１・３）

　あとで調べたらスエズ運河は全長163km運河の幅は160〜200m深さ15mぐらいとわかった。スエズの水はきれいだなー。深い砂が道のそばまできている。砂は道まではせりだしてはいないがひやひやびくびくしながら走る。両サイド小高い砂の山が出てきた、オオッと道に出てきた砂のせり出しにオートバイを停める。50mぐらいの長さの砂だ。自動車の通ったあとは低くなっている。

その低くなっている砂にどうなるか不安ながらそろそろ突き進んでみる。タイヤはとられるがローギアーで両足ついて少しずつ進む、よし行けそうだ。砂にはまり込むことなく突破することが出来ホッとする。こわいなースピードを落として、おとして走る。麦畑で刈り取る女性たち。痩せた畑でも麦は出来るものなんだ。イスラエル国境についた。3時前だ。

荷物の中を調べているエジプト側は3時30分を過ぎるとクローズだと話す。オーイ、イスラエルは「大丈夫か」「大丈夫」と返って来た。手続きを終えて10分前にイスラエル国境に行く。

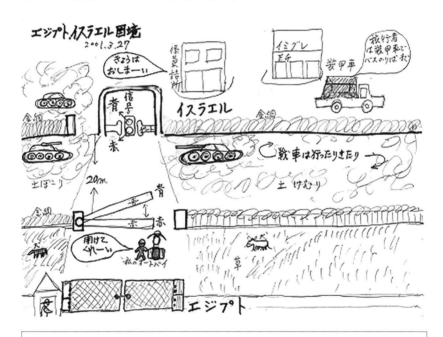

エジプト側の手続きを終えてイスラエルに向かったが係官がいないとかで入国できず、戻って近くの町のホテルに泊まって次の日やり直した。国境の写真は撮れないので国境の見取り図

ゲートが開かない。エジプトの係官が「クローズ」と言う。「なにイイー」係官は自分で「交渉してみろ」と話す。ゲートの国境の幅は50mぐらいだろうか。日本語で「おーい」「あけてくれー」目の前のイスラエル側には戦

車が土ぼこりを上げて行ったり来たり激しい動きを繰り返している。「ツデイ、エルサルム、セブンティーン、オクロックきょう7時にエルサルムで友達と待ち合わせ」「ハリアップはやくあけてくれーい」

イスラエルの係官は何か「上司がいない」見たいな感じの返事をする。おれは「ここに寝るぞ」それは「ダメ」だ。しょうがないなー。エジプト国境に戻って「おまえーたちが」「もたもたしてたからダメ」になったんだと捨てせりふを吐いて脇の出口から出る。近くのホテルのある町まで50キロぐらい戻った。二軒目のホテルに泊まる。そう言えばイスラエルの国境手前でエジプト側にはトラックが何台か停まっていた。

もしかすると、あした国境があくのをトラックは待っていたのだろうか。その時すでにイスラエル側はクローズになっていたんだなー。ホテルに戻ってから気づいた。

イスラエル入国

2001年3月28日水曜　　はれ　はれ　はれ　　　エジプト〜イスラエル

国境から戻って泊まったところはアリス（Arish）という町。そのアリスのホテル朝8時30分出る、イミグレ（国境）に9時40分に到着。再び国境での手続き、また、手続きのやり直しにお金がいるのかと覚悟しながらも「ノーマネー」「ノーマネー」「ホテル代」「出せ」とくり返した。きのうと同じ顔ぶれだったので、すべてのやり直しは「ノーマネー」で「通過」できた。よしよし。

手続きは20分ぐらいで終わった。イスラエル側きょうはスムーズに入れた。土ぼこりを上げて走り待っていた戦車は朝はまだ動いてない。10時にイスラエルイミグレ（国境）に到着。ここの係官たちの手続きは「スロー」「スロー」オートバイに積み込んでいる荷物、トランク、バックの中のもの手押し車2台に積み込んだ。すべて、まったくすべての荷物を「出されて」検査場に持って行かれた。こんな徹底した荷物検査ははじめてだ。

仕事ぶりもテキパキではない。うーん、もー「もう少し早くしろよー」と声に出すと韓国の若い旅行者女性二人に、「ここはイスラエル」いきり立っている気持ちを「まー」「まー」とわたしに両手で「ま・ま・」と「押さえて」「押さえて」とでさとされる。若いのにたいしたものだと思う。12時を過ぎた別の係官は職員食堂にわたしを連れていき、いっしょに注文して食事する。チケットを買う窓口はなかった直接食堂の人に払った、値段は忘れた。

入国スタンプ「パスポート」か「白紙」にするか?

食堂で食べているのは若い人たちばかりが目につく。パスポートにスタンプを押す前に「OK」かと言う……何のことなのかわからない。白い紙を出して「これにスタンプ」と聞いてきた。イスラエルに入国したことがわかると「シリア」に「入国」出来ないと聞いている。「パスポートにスタンプ」を押さないで便宜上白い紙に入国スタンプを押す意味らしい「このことなのだな」「パスポート」「スタンプOK」と応える。

その国に来てスタンプをもらわないことは失礼になると思った。フェリーでギリシャに向かうので「シリア」にはもう戻らないから大丈夫なのだ。ここのイミグレの国境係官は他の国に比べて女性の方が多いような感じもする、ほとんど若い女性。年とった人は見かけないなーいないなー。暑い陽ざしの中検査の終わるまで木陰で待つ。荷物が出てきた検査が終わったようだ。

これからひとつずつボックスやバックの中に戻さなければならない。これは面倒このうえない。あーいやになるなー。13時30分積み込みはすべて終わった。さっきの韓国女性二人も手続きは終わったようだ、がっちりした窓一つない装甲車に乗り込んでいる、バス乗り場まで運んでもらうと……話す。へー装甲車でねー、いい思い出になっていいなー。自分もエルサルムへの道を聞き出発する。

麦畑を走り「エルサレム」に到着

戦車が国境沿いを行ったり来たり動いている国境沿いにしばらく走ったあと左に走って一般道路に出た。おー青々の野菜畑が出てきた。今まで砂漠地

帯から緑に変わった。やっぱり緑は気持ちをほっとさせる。もう砂漠はないのだろうか、出てこないでほしい。久しぶりに落ち着いて走れるのは心底うれしい。国境を越えてこんなに地形がガラッと変わったところはめずらしい。

　今までエジプト側は砂漠だったのにイスラエルは砂漠を克服したのだろうかと不思議に思う。「エルサルム」「エルサレム」と聞きながら走る。エルサルムについたのは 18 時前だった。エルサレム門の入口を聞き出して中にはいる。中に入ってよかったのかと思うほど狭い道。入ってすぐのところにの道端にオートバイを停めてホテルを探す。安いホテルは見つかったがオートバイが入らない。

　別のホテルをあたってみた。屋上からエルサレムの街を見渡せる景色だったのでこの「ペトラ」ホテルに決める。50=12$=1400 円。わたしの部屋は屋上の部屋になった。オートバイは路上駐車だ。その部屋のまわりの広々としたベランダには裸のベッドだけで寝泊まりしている旅行者4、5人いるようだ。部屋より涼しそうで気持ちよさそうだけど雨が降ったらどうするのか。もしかしたら雨は降らないのかな？

　しかし慣れるまでちょっと時間と勇気がいる。おもしろい雰囲気のホテルだ。さーて、どのくらいイスラエルにいられるか、ヨーロッパが暖かくなるまでここにいることにしよう。

洗った毛布　となりの小学校校庭に落ちる
2001 年 3 月 29 日　　　はれ　はれ　　　イスラエル・エルサルム

　7 時半に起きた。相変わらず朝からカンカン照り。連泊を決めたのでほこりっぽいホテルの毛布を水洗いした。洗い終わって屋上の手すりに干す。いつのまにかとなりの小学校校庭に毛布は落ちていることに気づく。すぐ隣りだけどぐるーっとまわらなければ校庭には行けない。玄関で先生にあいさつして事情を話して毛布をとって来た。子どもたちは何事かとワイワイにぎやかにさわいでいた。

　子供はどこの国でも同じ無邪気でいいなー。こっちまでうれしくなる。こ
こエルサレムの壁の中の商店街、東京のアメ横みたいなびっしりと雨に濡れ
ないアーケード商店街になっている。「ヘエー」こんな風になっているんだ。
通路別に、野菜、肉屋さん、惣菜屋、とか食料品、日用品別に分かれている
ようだ。野菜と肉を買って屋上部屋で焼いて食べるがキッチンがチト狭い。
ビールは近くの酒屋さんが2軒もある。

　カンカン照りだが日陰は涼しいし風が吹くとさわやかに感じるので暑さを
あまり感じない。午後からイスラエルからの船はどこから出ているのか調べ
に行くがお店は閉鎖中。銀行ATMでお金を下ろしコダック店にフイルムの
現像をたのみ、出来上がるまでレストランで晩飯をすませた。ホテルに連泊
すると話したので安くしてもらった。一泊1400円が30シュケル=900円に
なった、よしいいぞ。

キリスト、ユダヤ、イスラム、
アルメニアの4大宗教が集まっ
ているエルサルム。部屋は屋上
にあったのでビール飲みながら
毎日眺めていた。

おぼれない死海　マイナス410mで泳ぐ
2001年3月30日金曜　　　はれ　はれ　　　　走っていると気持ちがいい
　暑さを感じないイスラエル・エルサレムの塀の中から8時半にだれもおぼ
れないと云う「死海」に向かう。一番世界で低い湖「死海だ」。ホテルの前
を馬にまたがり巡回するおまわりさんは10頭立てだ。ガソリンスタンドで
給油して死海への道をたずねる。なんとあと15分ぐらいで着くと話す。意
外に近いんだ、市内で聞いたときは2時間ぐらいかかると聞いていたんだ
な。聞き間違いだったようだ。

山というか丘というかカーブのつづくところを過ぎて山から下りた所に湖が見えた。これが「死海」なのだろうか。湖のそばには塩の精製所のような白い建物が見える。そのまわりの土は白いものばかり塩なのだろう。そのまま進み「−410m」と書きこんでいる黄色の看板が建っていた。このときは何の看板なのだろうかとまったく気にしていなかった。あとになって世界で一番低い「マイナス410m」の湖と知る。

入場料20シュケル=600円高っけーなー。水着に着替えて海に入る。死海の底は粘土のようにぬるぬるする。ほんとに浮かんだ……浮かぶのはほんとだぁー。深みで泳いでみる、足が海面から出てしまうので平泳ぎはむずかしい。腹を上にした背泳ぎの方が泳ぎやすい。両足を天に向けてもへっちゃら。記念にいっしょにいた男に撮ってもらった。女性も泳ぎにきているがイスラムの人たちは裸を見せないと云われている。

標高マイナス４１０ｍ。塩分が強くて誰もおぼれない湖・「死海」は両足を上げても浮かぶ。次の日手足が干し大根みたいにしわしわになってしまった。笑った。

泳いでいるのは、よくはわからないがおそらくイスラエル以外の外国の女性たちだろうと思う。グリーン芝生のパラソルの椅子でくつろぐ人も多い。わたしはイスに座るのはなぜか落ち着かない。育ちか性格か、おそらく両方。いつものようにレストランでビール、スパゲティのひるめし。リゾートみたいな雰囲気にやっぱりゆっくりする気分にはなれなかった。ホテルに戻った3時ごろから昼寝する。

屋上キッチンに冷やしているビール、玉ねぎ、トマト、キュウリ、と青トウガラシの漬物で飲み始める。しばらくしてきのう会った若い日本人Mさんが屋上に上がって来た。情報交換といってもわたしの方が聞く一方だった。

彼が買ってきた珍しいビワとメロンを食べながら 10 時ごろまで、顔は二人とも真っ赤になりながら話した。やっぱり塩分が強い死海で泳いだからだろう、塩漬けにされた大根みたいな、手足が「しわ」だらけになってしまった。

イスラエル・
エルサルム市内

フィルム 16 本分現像

**2001 年 3 月 31 日土曜　はれ うす曇り めずらしく はれ はれ　イスラエル・
エルサレム**

　7 時に起床。ズボン、シャツ、砂漠で汚れていたので厚手の衣類の洗濯をすませる。きょうは現像した写真に説明文を書き入れよう。結構時間がかりそうだ、なにしろフイルム 16 本分だから。近くのスーク（商店街）に肉、チップ（ヤギ）とラム（ヒツジ）両方ともメヘヘーンと鳴くから鳴き声だけでは買えない。

　ヒツジは頭にくるくるの角、ヤギは二本の角形を紙に描いて肉を買う。
　豚は置いてない、ビーフ（牛）はあるがうまくない。ATM へ現金を下ろしにいき、あーまたダメなのかと ATM から歩きだしたら並んでいたお客さんに「呼び止められた」なんと現金が「出ていた」のだった。あー助かった。ありがとう。出てきたのをスキを狙って盗みとる国もあるが、やさしいこういう国もある。ほんとに助かった。

写真コピー 600 枚　日本に郵送

**2001 年 4 月 1 日日曜　うす曇り　はれ　はれ　はれ　エルサレム・ペトラ
ホテル**

　そうだ、4 月になったんだ。5 泊しているのに、きょう 4 泊目だと勘ちが

いしていた。ホテルのスタッフに「どうした」「ちゃんと料金払っているよ」「ノー」「エスタディ（きのう）で終わって」いると催促されてはじめて気づいた。クレイジーになったのか「ゴメン」二日分追加で支払う。写真の説明分も「走り書き」でだいたい終わった。

　失くさないうちにこれまで撮った写真のコピーを 600 枚「はがき大」を頼んでしまった 1 万 5 千円。夕方ヨルダンで買ったアラブの衣装といっしょにホテルの前にある郵便局から小包で日本に送る。郵送料 181 シュケル =5400 円ぐらい。三日間ぐらいで日本につくと郵便局の話だったが、どうなるか。無事についてくれ。

（帰国して確かめたら海外から送った郵便物すべて自宅についていた）

2001 年 4 月 2 日月曜　くもり　はれ　はれ　はれ　イスラエル・エルサレム・ペトラホテル

　これまでの写真をコピーしたはがきを知り合いに出す、長い時間書き続けていると肩コリが出てきた。午後から「雨に濡れないよう」な破損しているオートバイの左ボックスの「カバー」をつくってもらいに行く。トルコの道悪で飛び上がったあと片方のトランクがとれてしまったので途中シリアで金具を曲げてカゴ枠を造りそのまま走って来たのだ。

　そのカバーを造ってもらおう。何回か走っていてテント屋を見つけていたので寄ってみた。頑丈なテント生地を勧められ OK にした。出来上がるまでの間近くの溶接やに行ってぐらぐらしているボックスの「鉄枠」をハンダゴテでがっちりと溶接してもらった。お金は「いらない」と言うおやじさんはアルメリア人だった。ありがとうございました。

　テント屋に戻ってみると決して破れることのない四角ボックス型の「頑丈なカバー」が出来上がっていた。70 シュケルを 50 シュケル =1500 円にまけてもらった。夕方から再びハガキ書き 11 時過ぎまでかかって書き終えた。これでオートバイの荷台の直しもほぼ万全になったしハガキも書き終わったので一段落した。あとは港に行ってどこの国に渡るか決めるだけになった。

気持ちが軽くなった。

2001 年 4 月 3 日火曜　くもり　10 時ごろパラパラと　雨　くもり　イスラエル・ユースホステル

　今日は何もしない日、ビールはつづけて休まないで飲む日。エルサルムのドーム型の景色を見渡すことができる、ここのホテルは眺めがいいのでお金を払って屋上に上がってくる観光客をときどき見かけることもある。見晴らしのいい部屋の隣の屋上にはテーブルを置いてあるので食事の時はここでビールを飲みながら景色を眺めていた。きょう海岸のユースホステルに移動した。

旅先でのわたしの「いごごちのいい」条件
①気候が暖かいこと
②宿代が安いこと
③いつでもアルコールを飲めること
④宿のスタッフの対応の感じがいいこと
⑤自由であること
宿のスタッフの「感じのよさ」はいいか悪いかの大きな判断になってくるのではないかとわたしは思う。そうだ、そうだスタッフの対応でほとんど決まりそうだ。やっぱり気持ちだろうね。心は見えないけど気持ちにはあらわれるからね。

2001 年 4 月 4 日水曜　　　イスラエル・ユースホステル

　夕べ夜中トイレに起きると、雨の音。なんと音を立てて降っていた。なんとなくホッとした気分と落ちついた気持ちになった。不思議だなー。トイレに起きてから寝付かれず朝方まで起きていた。目が覚めたのは 6 時。エルサレムはいごごちがよかったなぁ。

2001 年 4 月 5 日木曜　はれ　はれ　イスラエル・ウファー（**Haifa** ハイファ）

　朝 6 時半に起きてランニングシューズに履き替えて歩いて海岸まで散歩。きれいな海だなー、日本では見たことのない地中海のかなりの長さのリゾー

トはしゃれた休憩所やお店など並んでいる。海外からもこの海岸で休養に来ているのかもしれない。草むらの砂浜を歩いていたら足裏にとげのある枯れた草の実？　につかまった、草の実で服に付いたらはなれない草の実と同じやつ、足の裏に刺さって痛かった。

　安いと思ったユースホステルは 20$=2400 円もする、なぜだろう。街のホテルは 11$=1300 円、ユースホステルより半額で泊まれるのでハイファ街のホテルに移った。Haifa はヘィファー？　ハイファー？　何て読むんだろうか。船がどの港からどこの国へ運航しているのか、ホテルで聞いたら近くにツーリスト会社を教えてくれた。そのツーリスト会社でギリシャ・アテネまでの船があった。この町はハイファーと読むらしい。

イスラエル→ギリシャのフェリー代　込み込み２万１千円

　他のツーリストにもあたってみようと考えたが。本人とオートバイ込みこみで「3 泊 4 日」「2 万 1 千円」と「エーっ」というぐらいフェリー代は安かったのでここで買うことを決めた。出航は 8 日 20:00 発夕方 17 時までに港に着くように説明を受ける。イスラエルから出る「フェリー船」を見つけるのに戸惑うだろうと思っていたが意外とすんなり見つかってうれしかった。当日あわてなくていいようにそのままオートバイで港の確認をすませる。

イスラエル一周

2001 年 4 月 6 日金曜　　はれ　はれ　　　　イスラエル・マサダ Massada

　朝 7 時にホテルを出る。まずきれいな地中海・海岸通りを走る。うん？行き止まりのようだ。道の真ん中に駐車場をつくってある。その駐車場にオートバイを停める。ここはレバノンとの国境のようだ。道端には兵士たち、地元の人たちが腰かけて青い地中海を眺めながら語り合っている。歩いて国境がどうなっているか見に行く。

　イスラエルの旗がなびき閉じられたアコーデオン式鉄条門から国際ユニオンの兵士たちだろうかレバノンとの緩衝地帯と思われる地域から引き上げてくる兵士もいた。海から断崖にある国境から続いている高原には兵士が見張

りしている。兵士が見張りしている高原にオートバイで登ろうすると入り口
で「ノー」「ノー」と大声。戻って今度は左に曲がって東に向かっていける
ところまで走る。

海岸を走ってきたら行き止まり。５０ｍ先はレバノン国境。左は地中海のブルーの海が広がる。景色のいいところで休んでいるのは地元の人たちだろうか。兵士も休んでいた。

　高原の登り下りのカーブを繰り返す。涼しく感じられる高原地帯ここらあ
たりはゴラン高原と思われる。ちょっとした街に出た道がわからなくなった。
ガススタンドで道を確かめる。これから南に向かう。ヨルダン川西岸・ヨル
ダン国境沿いに出てそのまま国境沿いを走る。湖が出てきたきれいな大きな
湖だ Galilea ガリレア？　と記してある。湖畔はコテージみたいな小屋が並
んでキャンプも出来そうな場所だ。

行き止まりはイスラエルとレバノンの国境。交代時間なのかユニオンの人たちだろうか数人出たり入ったり。この国境は昔開いていたのだろうか。次オープンになるのはいつになるのだろう。

イスラエルとレバノン国境

　湖畔にはずーっと何か所もキャンプ場が続く。夏には家族連れでにぎやか
になるのだろう。街を過ぎて湖畔を走り続けているとユースホステルのマー

クが出てきた。そのマークは右に登って行く道を示している、→に従って登ってみる、すぐ近くだろうと走り出したが山の中腹まで続いていた。7、8キロはあるだろうか。ユースホステルは湖を一望できる絶好のロケーション。ここだったら泊まってもいいな、「宿に泊まれるか」「NO」「フール」満杯できょうは「ダメ」とことわられた。

イスラエル西岸・ヨルダン国境を走る

　残念、しばし休憩。湖を見ているだけで気持ちまですっきりする。ユースホステルのあった山からカーブをゆっくり用心しながら下りる。下りきったとところは本線だ、右に曲がりずーっと続く鉄線を張り巡らせたヨルダンとの国境沿いを走り続ける。小さい街に出た。地元の人だろうかビールを飲んでいる男の人たちを見かけた小さいレストランで昼飯とする。話しかけ同じテーブルに座らせてもらった。

　記念写真を撮ってもらおうと若い店の人にたのんだら二回もカメラの前を通り過ぎる「人を撮ってしまう」失敗、げんこつで頭をたたくまねしながら「よくまわりを見てからとれ」と笑いながら言ったらみんなが大笑い。前回泳いだ「死海」を左に見ながら通り過ぎてマサダ要塞に寄った。マサダ山までのケーブルカーは3時で終了。入り口にはユースホステルがあった、ラッキーだ。こぎれいで環境もいい。きょうはここに泊まろう。

レバノン国境からゴラン高原に抜けてヨルダン川西岸を南下。小さい街のレストランで地元の人たちと一緒に談笑中。

　8人部屋のドミトリーにひとりでいいなーと思っていたら、夕方になって家族連れとカップルが入り予備ベッドを入れてなんと9人になってしまった。風呂はお湯もたっぷり出て気持ち良かった。

イスラエル北部ゴラン高原か
らヨルダン川西岸には国境鉄
条線が張ってある。「死海」の
向こう側がヨルダン

マサダ遺跡山頂
2001 年 4 月 7 日土曜　はれ朝 17℃ はれ はれ　イスラエル・ハイファ Haifa

　8 時にケーブルが動くのを待ってマサダ山頂へ、3 分ぐらいで頂上につい
た。そう言えばいっしょの部屋だった、家族連れとカップルは朝 5 時ごろ起
きて歩いて山に登った。ここからは「死海」が足元にみえる。やっぱり下を
見るのは恐いぞ。ここマサダはキリストの隠れ家だったのだろうか。グラン
ドキャニオンは見たことはないがもしかしたらこんな感じの岩の造形かもし
れない。山頂を 2 時間ぐらい歩いてまわりユースまで降りる。

　ユースを出発、歩いている女性が手をあげた。バス停まで「乗せてくれ」
「OK」狭いシートに窮屈でも辛抱して 2、3km 走って本線に出た所の停留所
で下ろす。どこの国から来たのかも聞けなかった。死海を過ぎて右に入り西
に向かうと岩山がつづく。ガソリンがもう少しでリザーブになってしまい不
安になってきた。ひやひやしながらスローでどんどん続く岩山のカーブを登
り続けるがなかなかスタンドが出てこない。

「死海」は「マイナス 410m」と看板に出ていたからなるほど大分低い場所
なんだ。峠を越えたら街に出た。よしガススタンドだ、ほっとした。ガスス
タンドで満タンに。峠を越えたらへーこんなにも違うのか、砂漠と岩山だっ
たのがガラッと変わった。まったく今までとは違う草原に変わった。馬やヒ
ツジやそしてラクダもいる。あー気持ちのいい高原だこと……。こんなとこ
ろでのんびりしてみたいもんだぁな。

　先ほどに比べて寒いぐらいのさわやかである。道をたずねる「エルサレム」方面は「どっち」地元の中年男に聞いた。こっちは近道だけど「行ってはダメ」と教わる。「どうして」「ノウ」「あぶない」みたいなことを話す。そう言えばエルサレムに泊まっていた時、夜中に「ドドーン」「ドーン」「ババッバ」日本では聞いたことのない地響きの音が夜中に聴こえた、方角としてはもしかしたらこのへんだったのかもしれないと気づいた。

　ドライブイン兼レストランのみたいなところに寄った。オートバイにはピーナツ、玉ねぎ、それに朝食に出たゆで卵もある麦畑で食べよう。いつかは麦畑でゆっくりしてみたかった。幹線道路から外れて農道に入る。歩いて麦畑の状態を確かめると日本の畑と違って「がっちがち」に地面が固まっている。これなら大丈夫だ。さっそく麦畑にソロソロ乗り入れた。麦を刈り取ったあとの畑で「豪華な」「昼飯」となった。

やってみたかった麦畑で休憩

　いつかはやってみたかったことが実現できた。ハイファ市内についたのは5時前、おととい泊まったホテルに 11$=1300 円で泊まる。さーあしたはいよいよギリシャへ船出だ。きのうときょう二日間でイスラエル・ハイファを出発、時計回りでぐるーっとひとまわりしたことになるのかなーただ通過してきたことだけど。エルサルムの他みるものはあまりなかったような感じだ。ま、印象に残る過ごしやすい国だったなー。

麦畑のなかでのんびりとビールを飲む。一度はやってみたかったそれを実現できた。

イスラエル→ギリシャ　フェリー船

2001 年 4 月 8 日日曜　くもり　一時パラパラ　はれ　ギリシャに向かう地中海の船の中。

　朝早く起きた、年寄りなんだなーというよりホテルの水道でバイクを洗うコンタンあり、ホテルのスタッフが起きてくる前に洗車したいと思っただけ。ところが 7 時過ぎにくるはずのスタッフは 6 時 30 分に寝ぼけまなこで「グッドモーニング」「ハウアーユー」と声をかけてくるではないか。「グッドモーニング」と返して洗車を続ける。ここのホテルのスタッフはアルバイトが多いのかな、いつでもアルバイトは出来るとは聞いていたが。

　今いるドイツ、ニュージランド人などはアルバイトしながら旅行を続けている人ばかり。さっき会ったメンバーもそうだと思う。ところでわたしは初日に冷蔵庫に入れていたビールを飲む。船でギリシャ、アテネに行くのなら「船の中」は「高い」ので船に乗る前にアルコール、たべものなどスーパーで買って「乗り込んだ方がいいよ」アドバイスしてくれた。アドバイスしてくれた人もアルバイトのカップルだった。買い物に行く途中人だかりである。

ゆで卵 10 個……フェリーに

　日本の七・五・三みたいな小さい子供たちが白い衣装の盛装。その混雑している中を歩いてみる。親にたのんで子供を抱いて記念写真を撮ってもらった。どこの国でも子供はやっぱりかわいいなー。スーパで玉ねぎ、トマト、焼きビーフ、そしてゆで卵にするためタマゴ 10 個買った。ホテルに戻ってすぐにゆで卵をつくる。ホテルの皆さんお世話になりましたと云いたいところだが誰もいない。

　ホテルから早目に出かけて港には 17 時についた。場所は以前確認していたのですんなりとわかった。イミグレの受付は 19 時からと係官。車、オートバイなどは 20 時からの受付。もっと早く受付すればいいものをギリギリまで待たせてオートバイの荷物は入国と同じくすべて台車に載せて検査する。荷物を受け取ってオートバイに積み直したのは 1 時間も過ぎていた。なんでもっと早く検査を始めないんだ。

　一番最後に乗り込んで出航は 21 時 20 分だった。「イスラエル」よ、お世話になりましたバイバイ。

キプロスに寄港

2001 年 4 月 9 日月曜　　　　はれ　　　　地中海のフェリー船の上

　港から出たあと船はしばらく揺れたがあとは静か。朝 6 時に「キプロス」と言ってドア - をたたく。部屋は 4 人部屋でひとりが下船した。フェリー船はバックしてキプロスに寄港。となりにはおれたちの船より大きい 2 隻の大型船が横付けしている。「ツーオクロック」と聞いていたので 2 時間だけかと思っていたら 14 時出港のことだった。

イスラエルを出て最初の島・キプロス島。6 時間の自由時間で街に降りて切手を買う。

　約 6 時間の自由時間があるらしい。せっかくだから街に出て歩いた。郵便局を聞き出して「切手」を買った。一枚で日本のはがきの半分ぐらいの切手はきれいで珍しかった。ハガキに切手を張って我が家にさっそく送った。

2001 年 4 月 10 日火曜　はれ　はれ　イスラエルからアテネに向かうフェリー船の上

　朝方「○○○!」「○○○!」とドアをたたく、部屋の一人が「わかった」みたいな返事をした。いったいどこだろうか。もしかしてアテネ？　フロントに行くが誰もいない。通りがかりの人に「ここは」「どこ」と訪ねたら壁に貼ってある地図で島の「Rooda」ローダ？　とか教えてくれる。サンキュウ。島の港が近かくになってすっきりした街並みが見えてきた。島は城壁に囲まれた町みたいに海からは見える。

　ここは一時間のだけの寄港で下船は出来なかった。買って持ち込んだビールをデッキで飲み始める。青々した地中海きのうはおだやかだった海。きょうはうねりがあり雲が多くなってきた。夕方5時すぎに港にまた寄るらしい。今回も降りる人だけかと思っていたらほとんどの人が降りる用意をしている。わたしは船尾で接岸の様子を眺めていた。海のうねりが大きい。船を停める白い直径20cmぐらいの太いロープを下ろしている。

　そのロープは渡しの鉄板に引っ掛かり「バッスーン」と大きな音を出して切れてしまった。へーあれほどのロープが切れた。船員は平気な顔をしているのでこんなこといつでも起きることなのだろうかー。予備のロープはもちろん準備しているのだろう。下船するのに最後になってしまった。船内放送で何か言ってたなー、こんなときほんとに困るんだ。言葉がわからないことは。

　ここの島は島全体にへばりつくように、白い家ばかりがびっしり「しがみつく」ように建っているように見える。サントリーニ島らしい。21:30頃出船と聞いていた。海が荒れてこの後入ってきた船が接岸に時間がかかり一時間遅れ22:30頃に出船した。

満月の月
- その国にひとつづつある満月の月
- 船跡の波に映る満月の地中海
- 船跡の黒い海照らす満月の月
- 船跡の波に満月の月映る地中海
- 船尾の波だけ照らす地中海のまん丸の月
- 海、海、海、満月の月は月曜の地中海
- 日本で見る月とは思えない地中海で見る月

２００１年４月９日月曜イスラエルからギリシャに
向かう船から見たまん丸の月　「松尾馬笑」

グリース→ギリシャのことだった

2001 年 4 月 11 日水曜　　　　はれ　はれ　　　　ギリシャ・アテネ

「……ス」「グリース」船内放送は「グリス」と言ってるなー。まさかギリシャ・アテネとは思わない。アテネには 12 時頃かなーと思っていた。近くの人に聞き直したらギリシャ・アテネだという。エー「グリス」は「ギリシャ」のことなのか。パニックになってしまった。あわてて荷物をまとめて下船の用意。それにしてもその国の名前は聞いたこともない名前だったので戸惑ってしまった。

もう少しでイタリアまで乗り過ごして連れられてしまうところだった。ギリシャは「Grees」グリスなんだ。そのままオートバイで門から出ようとしたら「手続き」をと言われてまた船に戻って「なんか」の用紙をもらってようやく手続きを終えた。アテネのホテルは前回今年 1 月に泊まったユースホステルに行き泊ることが出来た。

再びアテネについた

2001 年 4 月 12 日木曜　　　　はれ　はれ　　　　ギリシャ・アテネ

イタリアでスパゲティを喰っていた時埋め込んだものがとれて、ここアテネの歯医者さんに治療してもらった。今回も奥歯がぐらぐらしてうっとうしいので治療に行った、二回目だ。抜かないと 100% ダメと言われてしょうがない痛い思いするより「抜く」ことにした。治療代 8000 ドラグマ =2400 円、「歯」を抜いたので口も気持ちもすっきりした。一時間はタバコ、アルコールはダメ。

一時間過ぎたので近くの肉、魚市場の食堂で我慢できなくなってビールを、そして肉を注文。夕方も日本人旅行者と同じ食堂で晩飯をくう。ここの食堂では自分で買ってきた肉や魚を調理して喰うことが出来るのと値段も安く上がるので大満足だ。前回も出してもらった「にごり酒」に「にたもの」を飲む。

2001 年 4 月 13 日金曜　　　　午前中雨　はれ　　　　ギリシャ・アテネ

雨足の音、久しぶりに聞く雨の音。午前中本ぶりになったが午後にやんだ。

きょうは何もしない日。市場までぶらぶら歩いて食堂で肉を買っていつもの
お店で焼いてもらって飲んで食う。店の陽気なおやじさん夫婦に「お世話に
なりました」

ブルガリア　東欧に向かう

2001 年 4 月 14 日土曜　　　　ギリシャ・セリス Serres

　8 時にホテルを出発。さあーブルガリアへ。なんだか聞いたことのある町
テサロニキ？　前回トルコに向かっていた時通った町だった。前回は雪の
積もった山の西側を走ったので今回は東の海岸を走ろう。ブルガリアまで
500km か。海側を走っているつもりだがずーっと山を走っていて時々、湖
が見える、これは海なんだ。エーどうして、前回もドルフィに行った時も湖
と思って手ですくってみたらしょっぱかったので海なのだ。

　どうしてかどうも海とは思えないんだ。感覚が違うように感じられどうし
だろうかと考えてしまう。らくらくテサロニキにつくだろうと思って走って
いたが、やっぱりいつものように時間がかかるもんだ。高速から下りてガス
スタンドを探す、田舎の道に入って二度も聞きようやくガススタンドで給油。
もう少しでリザーブ（予備）ガソリンを使うところだった。テサロニキに
15 時につく。手前でマケドニアの標識があり、そこに行ってもいいやと走る。

　しかしハイウェイの入口に×印があり引き返した。前回通った時は光化
学スモッグの煙りにまみれたテサロニキだったがきょうはすっきりしてい
た。ブルガリアに近いセリス？　Srres についたのは 17 時ごろ。三軒のホテ
ルにあたり結局最初ガススタンドで教えてもらった「パーク・ホテル」にし
た。7000 ドラグマ＝2100 円。目の前は公園。レストランすべて休み「どう
した！」。ハンバーグの店一軒だけ開いている。

　肉、ポテト、ビールがあってよかった。ホテルに持ってかえり部屋で喰う。
落ち着いたこじんまりした町。それにしても寒い、いままで夏の国を走って
来たからよけに寒く感じるのか。ここまで来るのにカッパ、ズボン、皮ジャ
ンの上にコートを着て走って来た。

ブルガリア入国

2001 年 4 月 15 日日曜 くもり 小雨 雨本ぶり 夕方から雪 ギリシャ〜ブルガリア

　ブルガリアの国境に近い宿。雨の音、ピチピチと車の音。気になって外を見ると道路が光っている。夜中の 12 時ごろ前の公園の中か外で「ポーン」「バーン」空気の破裂する音が聞こえてきて目が覚めた。なんとなくうつろ、うつろの感じ。朝 7 時ふとんの中でも寒くて起きる気がしない。が、ここにいてもしょうがない出発の用意。ヨーロッパで着た冬の支度と同じ。雨はあがっている。

　1 枚、2 枚、3 枚、4 枚、5 枚全部で 6 枚重ね着した。ブルガリアの国境まで 40km だと、一度、二度聞いてその道に入る。のどかな田舎の丘陵地帯を走る。あー気持ちいいなーと思って走っていたらポツリポツリとフロントにあたってくる。あー雨か。残念！　国境まで 18km の標識が出た。なんとなくドキドキするなー。はじめての国に入る時はいつもそうだ。

　国境を越えて地形が変わることはないのに、なぜかその国に入ると地形まで変わるように思えてくるのは作られたイメージから来るのだろうか。そうだとしたら国境のまわりの草木にきっと笑われているのではないかと思う……。国境のところにあった電話ボックスから日本、佐賀嬉野の実家の長兄にこれから「ブルガリアに入るよ」と電話する、九州もみんな元気のようで「安心」。

　出国するギリシャ、二か所でポンポンとパスポートに出国スタンプを押してもらい終了。次はブルガリアへ緩衝地帯は 500m ぐらいあるかな、ないなー。200m ぐらいか。歩いて国境越えしている人もいる。ブルガリア側では制服を着たまま、でかい鉄作製で豚の丸焼きをやっている。今晩の国境係官たちの食事に出すのだろうかな、うまそうな豚の丸焼き。喰いたい顔して「ヘーイ」と片手上げると「ハーイ」と返って来た。

　ブルガリアも入国スタンプ二か所で押してもらいおしまい。ここでは「なんだ」「かんだ」は言われなかった。両替を入れて 30 分ぐらいだからスムー

ズに手続きを終えた国境と言える。20〜30km走ったところに両サイドは
焼鳥みたいな屋台が並ぶ食堂の商店街。肉をつめたソーセージ、ハンバーグ
みたいなものを注文。トマト、キュウリ、玉ねぎはどこでもあるな。トータ
ルで20B=10$と教えてもらい支払う、計算しやすい。

　雨が本ぶりになって来たこれじゃダメだ。雨の中走っていると二、三軒並
んでいる日本の木造旅館風の宿があったので泊まることにする。部屋に入り
しばらくすると一段と激しい雨になる。増水したホテルの裏の小川からもご
うごうと音を立てて流れる音が聞こえてくる。そして雪に変わって来た。あ
したは大丈夫だろうか心配になって来る。15時から、きのう買ったビール
8本の内4本を飲み始める。

　窓からは芽吹きの若葉、線路も走っているのが見える。気候は日本と同じ
ぐらいだろうか。そのまま走り続けていたらどうなっただろうか。きょうは
12時とだいぶ早かったが走るのをやめてここに泊まってよかったなーと思
う。降り続いた雪はやんで夜中には星も見えてきた。雪はもう降らないだろ
うと思って東欧にやってきたのに初日にドカーンと雪に降られてしまった。

ブルガリア首都ソフィアに到着

ブルガリアの首都ソフィア市内衛
兵の交代

2001年4月16日月　はれ5℃　はれ　はれ　ブルガリア・首都ソフィア郊外
　雨は上がり朝9時宿を出発。走り出したら道端にはだんだん雪が多く積
もっているところに出会う。こんな積もっている雪のことを考えると、きの

う、そのままソフィアに向かっていたら途中で走行不能になっていたかもしれなかった。きのう早目に旅館に泊まってよかった。ブルガリア・首都ソフィア市内についた。路面電車が走っている。地元の人に聞きながら市内セントラルをめざした。中心街はこのへんだろうか。

ホテルをあたってみた。高級ホテルばかりだ。「250$」＝2万8000円「170$」2万円安くても「89$」＝1万1000円と高い。どうしてそんなに高いんだろう。とてもこれじゃ高すぎて泊まれない。カジノをやっているホテルもある、もうそこのホテルには料金を聞く気力はないどうせ高いだろうし。市内をぐるぐるまわる。オートバイに興味を示す人はいない。市内から出て見よう。路面電車待つ市民を見ながらあてもなく走り出す。

田舎の中に理想の宿があった

いつのまにか高速らしい道に入っている。10km ぐらい走ったろうか右側に小さい集落が見えた。まさかこんな田舎に宿はないだろうと思いつつ思い切って村に入ってみた。農道が走るまったくの田舎で宿があるようには思えない。古いトラックのそばに地元の人らしい人が立ち話していた。「二人」に「ホテル」はないですかと聞いてみた。泊まるホテルのことを理解してくれたようだった。そこを下りて左に泊まるところはある。

こんなところに宿はないだろうと思って農村地帯に入ってみたら安宿があった。安くて暖炉付きレストランも付いていて最高の宿だった。

ひとりの人が車のうしろに「ついて来い」と言いながら誘導してもらった。「エー」「ないだろう」と思っていたので半信半疑でついて行った。来た道を少し戻った所に着いた。ありがとう。そこは平屋だった。中に入って泊まる

ことを告げると「5$=600円」と言う。市内のホテルに比べて10分の1以下。うわーよかったー。平屋の半分は暖炉付きカウンターのレストラン。半分は部屋になっていた、部屋と言っても2部屋だけだった。

マスターの人は気の優しそうな青年。朝からビールも飲めるし食事も暖炉のそばで出来るしもう最高だ。市内のソフィアはなんとなく味気がない感じだったので2泊して次の国に移ろうと考えていたが、ここだったらゆっくりしてもいいぞと思う。ま、自分ながらいい気なもんだ。さっそくビール2本とポークステーキを頼んだ。トータル5$=600円。まわりは畑ばかりで静かな景色ものどかでゆっくりできそうだ。もういうことなし。

電柱のてっぺんに見たことのないでっかい巣。鶴が二羽（あとでコウノトリと知る）

宿の前の電柱のてっぺんには見たこともない1m以上はあるでかい巣をこしらえている大型の鳥も二羽いる。鶴なのかな。子どももいるような感じだ。巣の下の方からスズメも出入りしている。*（帰国して2年ぐらいあとにコウノトリと教わった）。ブルガリア通貨10LV リブ =5$=600円

2001年4月17日火曜　　くもり　くもり15℃　はれ　　　　ブルガリア
朝寒さを感じる。9時近くまでベッドの中。きょうはトコヤに行ってみるか、きのうトコヤの場所を聞いていたので行ってみるがわからない。行ったり来たり4、5回聞いた。「看板」は最初からわかっていたがそれが「トコヤ」の看板だとは分からなかった。トコヤは藁を積み込んだ牛小屋に似た隣にあった。トコヤは12時から19時と張り紙に書いてある。仕方なく宿に戻る。

　昼飯のあと再びトコヤに、バリカンとハサミを使ってひげそり、洗髪はなし 10 分ぐらいでハイ、終わり。料金 3B=180 円。娘さんが一人で開業しているようで昼飯を母親が運んできた。写真はダメとことわられた。帰りに郵便局によって切手を買う。「いろんな種類の切手」が「ほしい」とわかってもらうのに時間がかかった。ノートのページをめくって「1 枚」また次「一枚」とようやく納得してくれた。

看板は見つけたが読めないので「トコヤ」とはわからなかった。

　午後からおだやかな天気になった。宿には常泊女性 3、4 人泊まっている。最初旅行者なのかと思っていた。しかし夜になるといなくなってしまう。仕事に行ってるのだろうかと思っていたら、違っていた、あーそうかなのか。女性たちは「夜の仕事に」街まで働きに行っていたことがわかった。

ブルガリア一周の旅

2001 年 4 月 18 日水曜　くもり 10℃　くもり 15℃　ブルガリア・黒海ブルガス Burugas

　8 時に宿をスタート。黒海のブルガス Burugas をめざす。約 400km ぐらいか。ずーっと丘陵地帯、ずーっと緑の中を走り途中大きな町はなかった。食堂で休憩した。小さい男の子親子にオートバイにまたがらせて写真を撮ったりした。となりでは日本の「東屋」に似た屋根をおそらく請け負って家族で作っていた。のんびりした感じをうける。地元の人たちもおだやかな人が多い。

　もう少し暖かければいうことなしだったが 10℃、15℃と気温はあがらな

かった。右に湖が出てきたこれが黒海か。手ですくって口に入れ味を見る、かすかにしょっぱい感じ。ボルガス港についた、14時半だいたい予想通り。くもっているので黒海の海の色がはっきりわからない、ほんとに黒いのだろうか。あしたゆっくり見ることにしよう。コダック店に5本分現像に出す。18時半に出来上がり現像代70VL=4200円。

　ホテルは港のそば20$=2400円と高いけど仕方ない。港だけに人の動きはにぎやかさと活気を感じる。

2001年4月19日木曜　快晴10℃　はれ20℃　はれ15℃　黒海バルナ Varna

　午前中コピーする写真に説明文を書き入れる。書き終わった写真を佐賀の実家に送りホームページに張り付けてもらおう。写真に説明を付けないと何がなんだかわからなくなる。朝から11時頃までかかった。その写真を再びカラーコピー店に持って行く。これでしばらくは現像もしなくて済みそうだ。腹へった、我慢できなく昼飯は焼き肉。

　午後1時半ごろに北のバルナ Varna に向かって走る。ずーっと高原地帯、時々黒海が見え隠れする。黒海は黒くはないなー、なぜ「黒の海」と名付けたのだろうか。日本の「国会」政権党の方が腹黒い政治家ばかりだぞ。黒海に手の届くところまで下りた。今回も手ですくってすすってみた、少しだけしょっぱいだけだった。バルナまであと50kmぐらいだが黒海は見えるし高原も美しい。このへんに泊まることにしよう。

　本線から右に入り宿を聞く。一軒目今は「やっていない」という、そこのご婦人に近くの宿を紹介してもらいいっしょについてきてもらう。ありがとう。その宿は夏に向けて改装中ペンション風の宿だった。しばらくして若い女性が出てきて宿泊OKになる。部屋に案内してもらう、乾燥した蜂みたいな死骸が部屋に散らばっている。しばらく泊まった客はいなかったのだろう。虫の死骸を取り除いてもらって部屋に入る。

　ベランダから黒海をながめる黄色い屋根が緑の中に映えてうつくしい。晩飯は黒海でとれたハゼに似た白身の魚のフライ、大きな皿に山盛りに出てきた。ビールのつまみに持ってこい。うまかったが多すぎて半分以上残した。あーもったいない。夜食付きで10$＝1200円と安かった。最初出てきた白い肌の若い女性はロシアから宿の仕事に来ていると話す。そう言えば別にここの宿の娘さんみたいな人もいたな。

黒海をペンションからながめる、バルナ港まであと５０ｋｍ。ブルガリア

2001年4月20日金曜　はれ15℃　はれ20℃　はれ20℃　ブルガリア

　まぶしいほどの朝日で黒海の色は白海だ。8時過ぎたろうか。バルナに向かって走る。バルナを覚えるために「イバルナ」「エバルナ」と頭に入れる。途中小さい村の郵便局があった。はがき50枚は大丈夫だったが小包はどうしてか送れなかった。どこの国も中高年女性は口うるさいばかりで「仕事できるひと！　遅い人！」「おーい早くせい！」きょうも朝からずーっと新緑のうす緑の中、青い麦畑、草木は新芽がやわらかい。

　気持ちいい中60キロのスロースピードで走る。道路はあまり良くない、高速でもガタガタしているところも結構あるし、しかし車は少ない。いままでの国の中でも少ない方かも。途中食堂みたいな店が数軒並んだ店に立ち寄る。相変わらず停まるとオートバイに集まってきて「どこからきた」「いくらだ」「なんcc か」「ジャポン、ハポン、ジャパン」「1500cc」自分もこの国の金額がわからないので「15万ドーラ」適当にかえす。

　夕方になったので泊まりの準備。本線から外れて右の町に入る。チラッと

ユースホステルの看板を見たがどこにあるのかわからなかった。「すみませんホテルを探しているんです」と地元の青年に頼んだらホテルまで誘導してもらった。ホテル 27vl=1800 円。「ありがとう」ブルガリア・首都ソフィアまであと 50km。

ビールは２本まで大丈夫

2001 年 4 月 21 日土曜　　　くもり　　　　ブルガリア・ソフィア

夕べパラパラと降って来たのできょうはてっきり雨かと思っていた。曇ってはいるが雨は降りそうにはない。道ばたガーデンテラスで朝コーヒーを飲んでいる人たちがいた。首都ソフィアに戻る道を地図を広げながらビールを注文。わたしが「道をたずねている人」は「ポリスマン」ととなりの人が言う「エー」。ビールは「2 本までは大丈夫」だと、あーよかったー。高速に入るまで地元の人に引っ張ってもらった。

ここまできたらおそらく、南に走れば今まで泊まっていたソフィア方面に出るはずと途中から近道をしようと高速を降りた。村の道を走り続けていると狭い山道になってしまう。これはやばいぞ。どんどん細い道、ガソリンはまだ 150km は走れるから大丈夫だけれど、どこまで続くのか心細くなって来た。峠には雪も残っていてびくっとした。そろそろと下りきった狭い山道を過ぎて村外れに出た、ほっとする。

近道しようと思って走り出したら細い山道の中に入り込み、ようやく下りた所は村だった。集まってきた地元の人といっしょに写真を撮った。ブルガリア

集まってきた村の人たちもいっしょに入ってもらって写真を撮らせてもらった。もう山道はあきらめて普通の道を走り今まで泊まっていた宿に戻っ

たのは 13 時前。さっそく昼飯はビールとポーク。午後 3 時ごろから雷が鳴り出した。これは大雨かと思うほど大粒の雨が降ってきたが土が湿る程度でやんでしまった。きのう送れなかったフイルムを郵便局に出しに行く。

　ドアーは開いていたがきょうは「休み」だって!?　対応が極端に悪いので目の前でドアーを蹴っ飛ばすふりして引き返す。きょうまで時計反対周りにブルガリアをぐるーっと二泊三日でまわってきた。ワラビの出そうな日本とまったく同じ風土に感じられた。人びとはおだやかな人たちだなと思う。そうだ。花びらは白だったが日本の桜の木の「樹皮」とそっくりの樹木もあった、葉が白っぽく風に揺れて光っていた「山グミの木」もあった。

マケドニア入国
2001 年 4 月 22 日日曜　くもり 15℃ くもり 20℃　ブルガリア〜マケドニア

　雨はホテルの庭が湿る程度と書いた。日記を書き終わった夕方 5 時ごろからどしゃ降りの雨、気持ちがいいほどの雷を伴った雨になった。9 時ごろベッドに入る。なぜかゲリ気味で夜中 2 回ほど起きた。朝、空を見て晴れのようなので出発することに決める。8 時 5 分スタート。ソフィア市内からユーゴスラビアに向かった。タクシーに道をたずね、少し引っ張ってもらおうと頼む。A1 に入った、石ダタミは嫌いだ。

　石畳を避けて 20 〜 30 キロで道の右端を進む。いつのまにか 871 号線に入っていた。この道はユーゴスラビアと思って走っていた。てっきりユーゴに向かって走っていると思ったらマケドニア方面だった。ホントはマケドニアからアルバニアに入りたかったので間違ってちょうどよかった。途中中年のマイカーの人がおれも「マケドニア」に行くからと「ついて来い」と引っ張ってくれる。

　「ありがたいなー、けど」わたしはゆっくり走りたかった。でもせっかくだから 80 キロぐらいでついて行く。山の中にどんどん上がって国境についたが、雨と霧でまったく先が見えない、まさに知らない国境は「こわいぞ」にふさわしい。すでにトラック、マイカーなどが並んでいる。私は「ノービザ」

なのでどうなるか心配した。ポリスマンにパスパートを提出。「なるように
しかならない」からじっと時間を待つここはブルガリア側。出国OK。

　500m先がマケドニア側。「グリーンカード」は「ノー」それではそこの
「BANK」で「金を納めろ」46$=5000円ぐらい。グリーンカード＝交通保
険料なのだ。ヨーロッパで取っていなかったので、いつもその国でグリーン
カードと問われると「びくっ」とする。早目にヨーロッパで取ってればよかっ
たなー。でもここのグリーンカードは「マケドニア」のみ有効？　とか。で
も何とかマケドニアに入国できてよかった、よかった。

マケドニアの歯医者さん

　11時にブルガリア出国マケドニアには12時30分入国できた。雨は小雨
になっていた。しばらく走ってマケドニア・首都スコビエ(Skopje)まで30
キロぐらい残してドライブイン＆モーテルに泊まる。また雨が降ってきた、
20$=2400円部屋は広いがチト高いなー。ま、しょうがない。朝から何も食っ
てなかったのでガススタンドの店で、ウィスキーとケーキを買い込んで部屋
で飲む。

　左の奥歯がづきづき痛む、あれだけ日本で治療をすませてきたのにやっぱ
りダメか。夜中に日本から持ってきた「痛み止め」の薬を飲んだがダメ。朝
方まで「イタイ、痛い」が残る。8時に出発して30分でマケドニアの首都
スコビエについた。ユースホステルを探す。スコビエは日本の小都市どっち
かと言えば田舎の町に感じる。中央駅と思われる建物も大きくはない。

　二度三度聞きながらユースホステルについた9時を過ぎていた。荷物を部
屋に入れてフロントに歯医者さんを聞く。「こうこう」行けば「大きな病院」
があると説明してくれた。「こうこう」行ったが病院はすぐにわからなくなっ
た。商店街で停まって口を開けて「歯医者」を聞く。この店の裏にあると言
う。そこに行ってみたら個人の歯医者さんで老人だった。そこの歯医者さん
は英語のできる人を連れてきてわたしに説明に入る。

　わたしは紙切れに「100%NO」と書いた。「抜いたらだめ」と書いたつもりだ。しかし歯医者さんは「100%」抜かないとダメと言っているようだ。しょうがない痛いのがうっとうしい。抜いてもらうことにした。この歯医者さんは見た所だいぶ年取っている。大丈夫かな、しかし任せるほかはない。麻酔があまり聞かないようで、最後歯を抜く時痛かったなー。綿で血止め。治療代「マケドニア」「負けとけや」冗談言っても通じない。

マケドニア・首都スコピエ中央駅日本の中都市の感じ駅前もまだ空き地が残り開発されてなかった。

　治療代700M＝1400円だった。これで歯医者は三回目になった。一回目はアテネ「歯の穴埋め」7000円。二回目おなじアテネの歯医者で「抜歯」2100円だった。しばらくして血が止まったので歯医者さんの近くの食堂で食事してユースに戻る。みなさんみんな親切でやさしい人たちだな。

アルバニア入国

2001年4月24日火曜　はれ20℃　走ると肌寒い　はれ20℃　マケドニア〜アルバニア・モーテル泊まり

　二泊したマケドニアを去りアルバニアに行くことを昨夜決めていた。晴天できょうは大丈夫だ。8時フロントに精算しようとしたが誰もいなかった。バイクを磨く、きのう洗車してワックス掛けしていたので拭くだけ。日本女性が朝食に出てきた高橋さんと言う娘さん。毎年ユーゴスラビアを拠点にその周辺国を旅して連続5年になると話す。

　人それぞれ好きな国があるもんだなー。しかし東欧中心とはめずらしい旅

人だ。これから進む周辺国の宿と料金をなどくわしい情報をもらう。9時過ぎだったのだろうか、出発したのは。一路アルバニアへ約200km。途中溶接屋を見つけたのでボックスの修理に寄った。すぐに溶接してもらった。溶接の間となりのガラス屋にバックの下に敷く不用品の板切れをもらいに行く。

　溶接屋は隣のことを「自分だけよければ」いいみたいな人だと、気に入らないような口ぶりだった。ま、わたしには親切にしてもらったので「サンキュウ」と言って別れる。どこにでも「うまくいく」となりと「うまくいかない」となりがあるもんだなー。だんだん登って山道に入っていくと緑が生い茂る暗い感じの山の国境に着いた。13時ちょうど、アルバニア入国 10$＝1200円。グリーンカード 28$＝3300円払う。手続きはスムーズに行った方だろうか30分でアルバニアに入った。ここはめずらしい山の峠が国境になっていた。

マケドニアからアルバニアに入る。国境は峠にあった。この時点ではこの国の道が悪いとは思ってもいなかった。うしろの峠がマケドニアとアルバニア国境

　峠から坂を下りはじめる「エエー」というぐらいにぬかるみで道が悪い、せっかくオートバイを洗車してきたばかりなのにすぐに「どろんこ」になってしまう。まいった、これじゃそろそろと走るしかない。ポリスの検問所がある。そこでは荷物をほどかなくてはならない。「むーっ」となる。ちょっとした街に出た。ここに泊まろうとホテルを探した。オートバイのまわりには人だかり。歩いてホテルを一軒あたってみるがどうもしっくりこない。

　なんとなく雰囲気が違うぞ。ここではなくて「GOGO」「先に進め」みたいなことを言ってくれる男がいた。そうなのか、なんとなく悪い予感がしたので先に進む。どのくらい走ったろうか広場になって奥に小ぎれいなレストラン＆モーテルがあった。「いくら」「10$」思った以上に安かったので泊ま

ることにする。オーナーらしき人は信頼できそうな人柄だ。ホテルの前は川になっている。

　オートバイは外から見えにくいその一段低い場所に駐車するように言われる。レストランで晩飯を食っていると若いカップルが入ってきた。部屋に戻ってこれから走るルートを検討する。早めにホテルに入ったのでゆっくりできた。外に出ようとするとさっきの女性が別の男といっしょに来た。ははーん、もしかしたら商売の女性なのかな。ビジネスの話しじゃなさそうだし……どこの国でも同じなんだな。

モンテネグロ入国　できたてホヤホヤの国だった
2001年4月25日水曜　はれ15℃　20℃　30℃　午後1時35℃ モンテネグロ・ホテル

　ゆうべは寒かったなー。夜中にかなり冷えて何回も目が覚め毛布を3枚使った。けさは晴天、真っ青の空になった。朝食を終えて9時にモーテルを出発。きょうはユーゴスラビアに進む予定だ。アルバニアの首都チラノTiranoを通過。このチラノ市内は水たまりがあっちこっちにあり、大きな穴ぼこも続いてとても、とても道路は走れない。道路を走っていると「ガシャ」っとマフラーが使えてしまうのだ。

　最悪の道だ……やむなく歩道に上がりそろそろと走った。ようやく街を通り過ぎた。途中から一気にグイッと上がり今度は山の稜線を走ることになった。日本の北アルプスの稜線を走っている感じだ。道の稜線から右、左に村を眼下に見ながら走ることが出来る珍しい国道だ。標高2、3000mはありそうな感じである。ヒツジ、ロバ、が放されて道端では蜂蜜と思われるビンには液体が入っている売店が並ぶ。

　売れても売れなくてもいいやという感じで本を読んでいる若い女性の売り子も見かける。二股に別れた道に出る。学校帰りだろうか子どもたち4、5人。「ユーゴスラビアは？」「あっち」と左の方を指さす。記念写真を撮ってから。ありがとう。ここまできたら道路はすこしよくなってきた。いままでノロノ

ロ2、30キロぐらいでしか走れなかった。だいぶ時間を使ったな。国境についた。だいぶ狭い道に国境事務所がある。

　うっそうとした森の中不気味な感じのする国境だ。わたしの他には誰れーもいない。てっきりユーゴスラビアだと思っていた。どうも違うようだ。「ここはどこだ」「どこの国境だ」「モンテ○△○」？と言う、聞いたことがない。係官はわたしの地図に一本の「国境線」を引いたのはユーゴスラビアの南の方だった。一つの国だと言うが聞いたことのない「国」だ。インチキの国境のような気もするが。ま、しょうがない。

てっきりユーゴスラビアと思っていたら、国境の係官は違う「ひとつの国」だと言うがわたしは知らない国だった。わたしの地図に線を引き「ここだ」と説明した。

（＊モンテネグロ・２００６年６月独立）ということはこの時２００１年はまだ独立を認められていなかったのだ。

　このパスポート「ビザ」で「ユーゴスラビアに入れるか」「NO」と係官。手続きを済ませる。とられた金も高いような感じだ。一時間以上かかっただろうか。手続きすませ走り出した。左に美しい海岸が広がっている。避暑地みたいな立派な家を遠くにみることが出来る。家もなくだいぶさびしいところを走るなんとなく不安になってきた。国境から10キロぐらいたっただろうか高原みたいなところに出た。自動車修理工場に人がいた。

　その人にホテルを聞いたら車でホテルまで案内してもらった。ありがたかった。今までとはまったく違った景色の別世界に来たような感じがする。ホテルは60マルク=30$=3600円、ちょっと高いな。「ノーマネー」安くしてくれ、これでも安くしたと言う。仕方ないもう遅いので泊まることにした。引っ張ってくれた地元の人にありがとう、バツの悪そうな顔で帰って行った、

悪いことをしたようですみません。

国が出来たて？　ほやほやのモン
テネグロの通行証？
ビザなのだろう……

（２００６年６月に独立を認められ
る）

　高原で見晴らしも素晴らしいところだ。お金があれば連泊してもいいとこ
ろ。併設しているレストランで食事する。もしかしたら日本人でモンテネグ
ロに入国したのは初めてかもしれないなぁ。

クロアチア入国

2001 年 4 月 26 日木曜　朝 20℃　走り出して 17℃　30℃　35℃　モンテネグロ〜クロアチア

　きのうと違って夕べは毛布一枚で充分だった。お金が底をついた、夜中に
目が覚めて「もし T/C トラベルチェック」で両替できなかったらどうしよ
うか。心配になってなかなか寝付かれなかった。ウトウトしながら 6 時に目
が覚めたが 7 時頃まで床にはいっていて太陽が出てから部屋を出た。

学校からどこかへ歩いて移動
していた子どもたちと出会っ
て写真を撮らせてもらった。
モンテネグロの子供たち

　きのうの夜と違って毛布一でも寒さは感じなかった。8 時ごろからオート
バイの真っ黒になったのを洗い落した。9 時過ぎにホテルを出発したとたん
小学生集団と出会う。停めて写真を撮ったりした。車が渋滞するほど人だか

りになったパトカーが何か言っているが小学生たちは「フォト」「フォト」と大合唱。パトカーを追い返した。子どもたちの写真はいつでも・どこでも純真で元気をもらうのでいつもいいなと思う。

さて心配していた銀行だ。一軒目だめ、2軒目はインターナショナル？シティバンクのカードは使えずダメ、マスターカードもダメ。トラベルチェック（T/c）も取り扱いできないと断られた。ビザ（VISA）カードを差し出した、電話で何かやりとりしながらこっちの顔を見て女性も「OK」の顔を見せた、おーホッとする。もし「ビザ」カード持っていなかったらどうなっていたのだろうか。

タクシー乗り場にオートバイを停めてきた。銀行から戻ってみるとオートバイのまわりには多くの人たちが群がっていた。いっしょに記念撮影。天気もいいし、ここからあまり離れたくなかったがクロアチアに向かって走る。しばらく走ったところに自動車修理工場を見つけた。うしろのタイヤカバーがきのうの走りでガタガタしてきているので直してもらおう。なんだかんだと、ま、一時間ぐらいかかって直してもらった。

そこの従業員や子どもたちの写真を撮らせてもらう。修理代はいらないという。いやーすみません。両手を合わせて合掌ポーズ「ありがとうございました」と別れる。市内に戻ってガソリンを入れる。食事して2時、クロアチアに向かう。もう20kmも走ってきた「どうもようす」が違うのでガソリンスタンドで聞いたら「もどれ」とのこと。もどって別れ道に入る高原というより山の道を走る。きのうもそうだった午後になると暑くてカッパ、コートを脱いで走る。

ガタガタ道ではない、まったくいい道路で安心して走れる。モンテネグロ・クロアチア国境はすんなり手続がすんだ。山頂から見える街は明るい黄色の家が整然としている。ここなら回り道してでも泊まってゆっくりしたい所だなーと思う。どこからこの町に入れるのだろうか、この先分かれ道があるのだろうか。一気に海に向かってゆっくり走っていく。なんと上から見たきれ

いなイエローの街は走っている道が街までつづいていた。

モンテネグロから山を
走ってきたらパッと開け
た街が見えてきた。道な
りに走りたどり着いたと
ころはクロアチア・世
界遺産ドブロニクスと
ずーっとあとで知る

　街についてさっそくホテルを聞く40マルクだけど満員とだという。マ
ケドニアで日本女性の旅人高橋さんに聞いていた民宿みたいな宿「ソーベ
SOBE」を聞き出し一泊5$=600円の宿に着いた。20$=2400円と聞いたホ
テルの隣だった。とりあえず2泊分1200円支払った。マケドニアで宿のこ
とくわしく教えてもらっていたので助かったなー。海まで200m、荷を部屋
に置いて海岸を散歩ほんとにきれいな海だ。（ここクロアチア・ドブロニク
スは世界遺産であることを日本に帰ってからそれもずーっとあとで知った）

クロアチアへ
2001年4月27日金曜　8時20℃　30℃　12時35℃　クロアチア

　朝方は毛布2枚掛けていたが寒さを感じる。あと一泊するか次に向けて走
ろうか。ここでの1日はあまりにも長すぎる、あと一泊予約はしているが。
よし出発だ、ちょうど9時になっている。クロアチアまであと70kmとガス
スタンドで聞く。ここらあたりは国境がいりくんでいてどこの国なのかわた
しにはわからない。どんどん進んでいくと「エー」行き止まり？　道が消え
ている……左は海なのだ。

　止まってコカコーラでも飲もうと思って店の方に「クロアチア」はと聞く
となんと「停まっている船」で行くのだそうだ、渡船らしい。あわてて船に
乗り込む。オートバイと本人でコイン2枚100円ぐらいか。船は5分ぐら
いで着いた。天気はいいし風もない、もういうことはなし。11時30分国境

に着いた。クロアチア、ボスニアヘルツェゴビナの手続きもスタンプを押す
だけスムーズに 11 時 50 分に終わる。

　北に向かうのに従って国境の通過はスムーズになって来た。国境から
30km ぐらいの港町でユースホステルを探してみつけた。ところがユースに
泊まるつもりで歩いているとユースホステルの狭い入り口にあった民宿の人
に声を掛けられた。ユースホステルは 19$=2400 円だったがここは 5$=600
円で OK だというので民宿に泊まることにした。宿のある町はレストラン
が並び学生街みたいな活気のある若者の町らしい雰囲気。オートバイはあま
り広くはない表通りに路上駐車。

ボスニアヘルツェゴビナに入る
2001 年 4 月 28 日土曜　　　　朝 15℃　15℃　　　　ボスニアヘルツェゴビナ

　朝方パラパラと雨だ！　でもこれぐらいだったら出発できそうだ。駐車場
のある宿まで走ろう。海岸べりをずーっと走る・晴れた日に走りたかったと
ころだ。雨が強くなって来た、ガススタンドでホテルを聞いた本線から左に
入ったところまで走る。一軒目、二軒目、三軒目とあたる。安いのは安いが
部屋からの見晴らしがいまいちだった。次の街まで行ってみようと考えてい
るとバケツを持ったおじさんに会う。

　うちの「家に来い」というしぐさ。ついて行くと「20 マルク」と言う。「ノー
10 マルク」結局部屋の見晴らしから「15 マルク約 1000 円」で泊まること
にする。おじさんの車で街のマーケットまで買いものに連れて行ってもらっ
た。ビール 1 ケース、牛、豚のステーキを買ってさっそく焼いて食べる。こ
こ辺のリゾート宿はキッチンを使ってもいいらしい。宿の前はまったくなぎ
で波のない湖に見える海。向こう岸は雨でかすみがかっている。

　釣りをしている人も一人、その海を見ながら 12 時頃からずーっと飲み続
ける。となりの家は破壊している。空爆でやられたらしく天井から崩れてい
る。どうして「つぶれているの」話によると「飛行機がブーンと来て」「爆
弾を落としたらしい」ことがわかった。ふーん狙い撃ちなのかなー。絵に書

いて見せたらそうだと笑っていた。

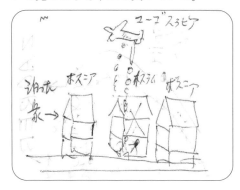

泊めてくれた民家のとなりは爆弾で潰されたと聞いた。おじさんに聞いたことを絵を書いて見せたら「そうだ」「そうだ」と笑ってうなずいた。この絵が正しいのどうかはわからない

首都サラエボ

2001 年 4 月 29 日日曜　朝 17℃　30℃はれ　35℃はれ　30℃　ボスニアヘルツェゴビナ

　朝ゆっくり 8 時に起きるとおじさんがニコニコしているので「グッドモーニング」と声をかける。ここに 2 泊するつもりでわたしはきのう小ビンビールを 20 本買ってきた。おじさんのようすがどうも変だ。本人は二個の荷物を持って皮靴をはいて出かける支度。何だかんだ話をしていて「ボスニアヘルツェコビナ」に行くことがようやくわかった。そりゃ悪いと思って玄関に自分の荷物を放り出すように出した。

　本人は急ぐようにわたしが買ってきたビール 2 本を自分のバックにしまいこんで家に鍵かけて 8 時半に「バイバイ」と出て行った。おーい俺の残りのビールはどうすんだよ、返してくれーい。言葉が通じないことは不便なことこのうえなし。しょうがない。放り出した玄関の荷物を整理して出発準備。ま、天気はいいしゆっくり準備しよう。50 キロのところで国境になるクロアチア方面の海岸べりを走るのはやめにしてサラエボに向かう。

　ボスニアヘルツェゴビナ、首都サラエボ……ここらへんは国境が入り組んでいるところだ。どこがどこの国なのか分からなくなる。行き当たりばったりだ。水量の多い川に沿ってサラエボに向かって走る。爆撃されたのか屋根のない家が両サイドにつづき、家の壁には銃弾の跡、こりゃーなんだ、どうし

てなんだろうか。オートバイを停めて屋根のない家、弾痕の跡の写真を撮った。

こっぱみじんになった屋根のない家、壁いっぱいに無数の弾痕の跡の家があっちこっちにある。それがしばらく続く。ボスニアヘルツェゴビナ走行中

するとちょっと離れた山手の家から手を振っているご婦人の姿がみえた。ボスニアヘルツェゴビナ首都サラエボ市内についた。セントラル市内をふた回り走ってみた。そんなには大きくはない街で人通りは少ないなー。街の中心のビルは真っ黒に焼け焦げてそのまま残っている。最もひどいビルは一部を残してそっくりつぶれていた。通りがかった地元の人が「ニュースセンター」新聞社だと教えてくれた「うーん」

爆撃された建物をこれまで見て来たので市内でホテルを探そうと言う気持ちは起こらない。泊まる場所さがしに市内から郊外にでる。サラエボ市内を一望できる高台を過ぎるとすぐに田舎になった。見つけたホテルの前は川が流れ鉄道も走っている。吊り橋もかかっている。静かな場所の二階建ホテル15$=1600円きょうはここに泊まろう。列車は気動車一台、客車一台で走り過ぎた。

内戦で焼け焦げたり、潰されたりしているビルがそのままの残されていたボスニア・ヘルツェゴビナ。首都サラエボ市内

2001 年 4 月 30 日月曜 はれ 20℃ はれ 30℃ ボスニアヘルツェゴビナ〜クロアチア

　8 時前にホテルのレセプションに行くが誰も起きていない。別棟に起こしに行くがどこにいるのかわからない。ぶらぶらしていると 8 時 30 分ごろ起きて来た。洗車していると地元の人たちが野良仕事に出かけて行くのをいっしょに写真を撮らせてもらった。天気は上々、気温も上がり暑くなってシャツ一枚とジャケット一枚で充分。ユーゴスラビア・首都ベオグラードに向かって走っているつもりがまた国境だ。

　なんとまたクロアチアに入ってしまう。国境越えばかりが続き「うーんまいった」。しょうがない戻る気持ちは起きない。きょうはクロアチアに泊まろう。

ユーゴスラビア入国
2001 年 5 月 1 日火曜　20℃はれ　20℃はれ　クロアチア〜ユーゴスラビア

　8 時ちょうどホテルを出発。ホテルの玄関に今日「5 月 1 日は休み」とホテルの従業員が張り紙を指さした。そうだ、きょうは「世界のメーデー」なのだ。なつかしい、こんなことしていいのだろうかと引け目も感じる。1 時間ぐらい走ったところで国境に出た。クロアチアはパスポートを見せるだけだった。ユーゴスラビアでグリーンカード（保険）代 50$=6000 円とられた。

　畑の中の道をずーっと走り続ける、風が強い。きのうの陽気のつもりで上着と軽装で走ってきたが途中でジャージを着る。どこまでも続く麦畑、あとの緑の葉っぱはなんの農産物なのだろうかな。ベオグラードまであと 80km のところでハイウェイに乗ることが出来た。ユーゴスラビア・ベオグラード市内に 12 時過ぎについた。テレフォンボックスから日本の自宅に電話したが通じない。

　99-81 とプッシュしなければならないことを夜に気付いた。まったく電話するのにいつもどこの国でも四苦八苦だ。タクシーに聞いてユースホステルに向かう。途中分かれ道でわからずに止まっていた、ユースホステルのアドレスを見せると「おれのあとに」ついて来いとマイカーの家族連れが引っ張っ

てくれる、ありがたい。すぐにユースホステルはわかった、しかし「スリーピング」「宿」はやっていない、との返事。

　あーぁ残念だと思っていたら、どこで聞いていたのかさっきとは「別の家族連れ」がすぐ近くに「ホテル」があると引っ張ってくれて「そこだ」と案内してくれた。その方は年輩の方で子ども二人を乗せていた。この人たちも泊まるのかと思っていたら違った。そして「おージャパンか」と握手してバイバイと別れる。ありがとうございました。このホテルは本館屋敷の他に森の中に別棟のコテージ風が5、6棟建っている。

　コテージ20$=2400円とちょっと高いが高台で芝生新緑の木に囲まれたいいところなので泊まることにした。本当はもうホテルを探すのが面倒になったのだ。夕方から結婚式らしく日本の披露宴にあたるだろうか、本館大広間は夜10時過ぎまでにぎやかな音楽がつづいていた。

ユーゴスラビア・首都ベオグラード市内
＊ユーゴスラビアは2003年セルビアになった

2001年5月2日水曜 朝15℃はれ 10時20℃はれ 12時35℃暑い ユーゴスラビア
　朝はゆっくり9時ごろまで部屋で過ごす。まったく静かな森の中ホテルだ。あと1泊とレセプションに金を払って市内見物にオートバイで繰り出す。目的は①「ボールペン」を買うことと②日本に電話すること。銀行は休みらしい。日本への電話・自宅に電話入れたが留守。そのあとふるさと佐賀、嬉野吉田中学校の同級会・幹事の女性中島さんに「ポーランド・日本大使館」まで送ってもらうようにお願いした。

　今年2月大阪で行われた「中学同級会」の「写真」を送ってもらうように

頼んだのである。彼女は保母さんをしている。中島さんだったら自分で「ポーランド大使館」の住所を調べて「送ることが出来る人」だと考えて頼んだのだ。「えー外国まで送るの」と言われるのではないかと思ったが「よかばい（いいですよ）」と簡単にこころよく引き受けてくれた「さすがだ」ありがたい。無事に郵便が着きますように。

　戻ったホテルで水道の水で冷やしたビールで昼めし。すぐ隣りには展望台のあるレストラン、市内が一望でき地元の人たちがいつもくつろいでいる眺めのいいところに行ってみる。今日もホテルでは結婚式だろうか、生バンドが入ってにぎやかな音楽、歌声が聞こえてくる。夕方には再び展望台のレストランでポークステーキ、ビール、ワインを飲む。今日で走り始めて半年になった。22ヵ国走って半年ぶりをふりかえる。

すみませんね―各国の皆さん

「わたしはここに行くんだけど」「○△○？」「ＯＫ」「まっすぐかい」「すぐそこを曲がって」「ＯＫ」
ところで「あなたが今立っている」「ここは」「この地図の上ではどのあたり」ですか「……？」。「自分のところ」「なんでわからないの！」
聴いている自分がわからないのに「相手を」「怒ってしまう」こと、たびたび。ほんとに自分勝手ですみませんでした。

どこの国も排水に苦労しているみたい

宿泊のたびに思う。バス、トイレ、シャワー付きがほとんどだけどシャワーの水の出が悪かったり、出なかったり。お湯がぬるかったり。一番苦労しているのは「排水」だね。なかなか流れていかなかったり、洗面所から足元にぽたぽた落ちてくるのはいつものこと。あるいはあふれてしまうこともたびたびで一番ひどかったところでは階下に落ちていったところもあった。

猛烈なゲリと風邪と正露丸

１回目→ポルトガル自分でゆでたタコをほぼ一匹喰いすぎて次の日から

ゲリと腹痛ひどかった。現地の水と正露丸どっちが勝つか試したら正露丸が負けた。
２回目→トルコ・アンカラ。久しぶりに魚の唐揚げを街で買った。その夜からトイレに駆け込むこと一晩中つづいた。
３回目→エジプト。風邪をひくのはなぜか暑いところ、天井からの扇風器でやられていました

たべものは、のみものは

不思議だね、「日本食」を食べたい気になぜかならない、どうしてだかわからない。今はとにかく肉をたべたい日本にいるときはほとんど喰わないのに。牛ステーキ、安いからねー。クロアチア、ルーマニアは柔らかくてうまかった。ステーキはどこの国も２００ｇぐらいで２００円ぐらい。ワインが人びん一本１００円・１５０円、ビールも安い。アルコール買えなかった時予備でウェイスキーとかウォッカーを持ち歩いている。

反省

○２０００年１１月３日オランダ・ロッテルダムスタート。きょうで半年になった。あー無事でよかったなと思う。
○おもしろいというか日本で「危ない国」と「言われていた」わたしもそうだろうと思って訪れた国はまったく「問題なし」の国だったことに驚いたな。
○「うわさ」ではないだろうけど……いろんなことでイメージをもって、その国に入って行ったが、まったくわたしがもっていたイメージとは違っていた。どこの国も同じような感じを受けた。
○シリア、ヨルダン、イスラエルなどの中近東。マケドニア、アルバニア、ユーゴスラビアなどわたしには名前を聞いただけで近寄りがたい国だったが違った。その国に入ってほんとによかったと思う。日本はうそつきに思えてくる。
○自分の目で確かめることの大切さを知った。

ルーマニア入国

2001 年 5 月 3 日木曜　　朝 17℃ 快晴 20℃あったかい 30℃はれ　ユーゴスラビア～ルーマニア

　ヨーロッパの後半、さあー慎重に、慎重に走ろう。ユーゴスラビアの首都ベオグラード市内を一望できる高台、その隣りの公園内にあるホテルに 2 泊したのできょうベオグラードを去る。銀行は 8:00 ～ 20:00 となっていて 100 マルクだけだったので T/C（トラベルチェック）を両替、てっきりマルクと思っていたがユーゴ紙幣が返ってきた「エー」マルクの両替はダメと言われる。これじゃ先に進めない。

　二つの銀行でもダメ、ポストオフィスでもダメ、駅でもダメ、どうすんだい。インフォメーションで聞いてみた「OK」という。ほんとに！　アー助かった。もう少しでムダになるところだった。ありがとう。10 時にルーマニアに向かってスタート。畑の中、林の中、畑の中の繰り返しを走り続ける。11 時半に国境（Morvira）につく。ユーゴはパスポートを見せるだけで出国 OK。200m 走ってルーマニア、入国手続きしているとオートバイに群がっている。

　お金を払わなくて済むようにと祈りながらパスポートを差し出す。カルネの登録証だけ見て「OK」に。となりの人が「○○○」「グリーカード」マネーマネー。これは気づかれたかなと思ったがユーゴの残りのお札を見せて「オールマネー」と見せていたのが幸いしたのか、それ以上は言ってこなかった。あーよかったぁー。結局 10 分ぐらいでバイバイできた。さーあとはどこに行こうとどこに泊まろうと自由だー。夕方 6 時過ぎ（Turnu severin）に道路のそばにあったモーテルは 10$=1200 円だったので泊まる。

2001 年 5 月 4 日金曜　　　はれ 17℃　20℃　　　　ルーマニア

　夕べ泊まったドライブインは MOTEL のためなのか朝方まで酔っ払いかなんかの声でうるさかったなー。若い女性たちがたむろしていたので、ここはもしかしたら娼婦たちの宿だったのかも知れない。8 時 30 分スタート。今日ルーマニア首都ブカレスト Bucharest まで走る予定。20 ～ 30km 走って小さい町大きな町を通り又そして同じような丘陵地帯みたいな所からどん

どん登って大丈夫なのかと思う程山奥の中を走る。

　峠にある大きな工場廃墟跡が残るそこからくだる時1メートぐらいはある「でかい鉄管」が道路に沿って続いている。ガス管なのだろうか、今は使われていないようだ。道路はガタガタであまり良くないな。首都ブカレストに18時ごろ着いたがまだ明るい。市内のホテルを探し3軒あたってみるがガレージがないのでだめ、ガレージのあるところは高かった。街広場に立っていると「安いホテル」があるとおばさんが近付いてきた。

　パトカーが停まった。ヘルメットは「自分で持って行け」と注意された。さっきのおばさんに「ホテルはどこ」と聞くと「イヤ、おまわり」がいるから「ダメ」とことわられた、ということは「あまり良くない」ホテルだったんだ。オートバイを停めていたのをパトカーはずーっと見張っていてくれていたようだ。駅前に移ってホテルを聞いてみた。オートバイの周りに7、8人集まってきた。

　ホテルのことを聞いているとウェストバックに触っているような気がした。前に回して確かめるとチャックが空いている。チャックを閉めて後ろに回した、ハハーンやっぱり触っている！　とっさに前に回して「お前か泥棒は」と怒鳴ると二人は一目散に逃げ出した。「コノヤロウ」オートバイのエンジンをかけ追いかけるふりをした。二人はさらに一目散に遠くまで逃げ出した。

　写真を撮ろうとしたら「おれはいい」とことわるしぐさ、写真撮られると困るのだろう。ハハーン残ったこいつら3、4人も同じグループなんだな。なんとなくわかるような雰囲気だ。駅前に停まっているタクシーの運転手に安いホテルを聞いてみる。電話で問い合わせてくれてOKが出た。タクシーのうしろについてホテルまで連れていってくれた。ホテルは15$=1600円。

　その宿は1階2階は縫製の作業所みたいな感じのする建物で4階に部屋があった。ブカレストはなんとなくさびしい感じだなー。パトーカーがずーっと見張ってくれているようだから危ない町なのかもしれない。まあ着いたば

かりだからよくはわからないが。

ウェストバックのチャックを開けていたので「お前か泥棒は」と怒鳴ったらいちもくさんに逃げた。いっしょに写真を撮りたいと言い出したらパッと残りも逃げた、とゆうことはこいつらも仲間だったんだろうと思う。ルーマニア・ブカレスト中央駅前

2001年5月5日土曜　　　　ルーマニア・ブカレスト

　あったかいなー。首都ブカレスト市内見物に9時過ぎに出かける。宿の主人が娘さんといっしょに出かける。帰りは「ひとり」タクシーで戻って来いといっしょに途中までマイカーに乗せてもらう。とりあえずバンクでお金を下ろして12時前に、ビアーレストランへ、うまいんだなー。牛のステーキヨーロッパではなんだか硬くて豚の骨つきステーキの方がいいと思ったけど。

　ここルーマニアはわたしにとっては「うまい店」だ。昼と夜一日2回店に来る。ステーキ＋サラダ＋ビール3本＝600円なのだ、ビール3本飲んでだよ。安くてうまくて助かる。昼飯を食ったあと、日本大使館を地図でたしかめる。夕方オートバイで日本大使館まで走ってみた。2度、3度、4度聞いてようやくたどり着いた。元国鉄の職場にいた時JR移行時公的職場に移った後輩がルーマニア大使館にいると聞いていた。

　今でもいるかどうか、ほんとはきょう会いたかった。しかしきょうは土曜でベルを押しても出なかった。帰りにオートバイの洗車とオイル交換して宿に戻る。

ルーマニア・チャウシェクス宮殿

2001年5月6日日曜 20℃くもって肌寒い 午後暑い ルーマニア・ブカレスト

　あす電話してほしいと言われたウクライナ大使館に電話して出ないので

ちらから出向く。大使館ではビザは発給してないらしい？。宿に戻り宿の人に「ウクライナビザ」を発給しているオフィスを聞いたらすぐにわかった。しかしウクライナは国境でパスポートを出すだけで「OK」だと、「エーほんとかよ」「ほんとに大丈夫」「大丈夫」という。ここまで来たんだからウクライナまで足を延ばしてみるかとも思う。

ルーマニア・首都ブカレスト。チャウシェクス宮殿と言われるビルの前

2001年5月7日月曜　20℃くもり　30℃くもり　くもり風強い　ルーマニア

8時30分スタートしようとガレージに行くがホテルが「借りている」となりのガレージは開いてなくて9時半まで待たされる。まっすぐに日本大使館にいく。受付で元同僚のO君を訪ねたら本人が出てきた。国鉄からJRに移行したもう15年も前のことだから、お互いに顔はうっすらとしか覚えてはいなかった。お互いに顔も変わっていたように感じる。執務室でしばらく団らんしたあと、日本大使館をバックに記念写真を撮った。

ウクライナのビザを取って行った方がいいと日本大使館で聞いたのでそのままウクライナ大使館に向かう。きのう場所を確認していたのですぐにわかった。約一時間ぐらいでビザは出来た。なんと80$=9600円もかかった。いつものレストランで昼飯。チャウシェクス大統領が年間予算の数年分かけて作ったといわれる労働者の宮殿？　はでかい、でかい。いやはやかなり離れないと全体の写真は撮れなかった。

このあとブカレストから南に走り黒海沿いをウクライナに向かって走る。15時を過ぎている。しばらく走ったところでモーテルを見つけた19時になっているので泊まることにする。ここはガソリンスタンドとホテルと自動

車の整備工場がいっしょになっているようだ。ホテル代 11$=1300 円。ウイ
ンカーのうしろとマフラーがずれてきたので直してもらった。修理代はいら
ないとタダだった。

ルーマニア・ブカレストから
黒海の近くまで南下。コンス
タントにまわりウクライナに
北上する。

オートバイのボックスにサインしてあるのを見て泊まっているガススタン
ド＆ホテルのオーナーは TV 局に電話したらしく 8:00 にここに来るとのこ
と、わたしはてっきりあしたの朝 8 時だと思って敷地内にあるレストランで
ビールを飲んでいた。そこへテレビ局の 3 人が入ってきた。オーナーもいっ
しょだ。いつスタートしてどことどこを回って、どこが良かったかなどと言
葉はわからないがたぶんそのような質問だったと思う。

　敷地をオートバイでぐるーっと走って見せたりした約一時間ぐらいのイン
タビューだった。各国で撮った写真も何枚か並べて映していた。チャンネル
①ナショナルティ日本の NHK？　イヤ、ローカルテレビなのかどうかわか
らない。あしたはウクライナまで走ろう。快晴を望む。

黒海の近くコンスタンス地方
の町、市？でＴＶ取材を神妙
な顔で受けるルーマニア

2001 年 5 月 8 日火曜　くもり　朝雨パラパラ　ルーマニア

　7 時に目が覚めたが床に再び入る。8 時にはここの従業員 4、5 人出勤して敷地内に噴水を作っているようだ。8 時半にスタートしようとするとオーナーがいっしょに走って行くと言う 25km 走った所についた。そこにはきのうのテレビのスタッフがカメラを回している。ビルの前にオートバイを停めた。日本の市役所の庁舎みたいだ。いろんな話を受けたあと庁舎内に入ってこの市の NO1、NO2 と紹介・市長と助役なのかな。

　オーナーもいっしょで 30 分ぐらい話をして記念品をもらい記念写真を撮った。まったく言葉がわからないままインタービューを受ける。この庁舎をスタートしたのは 9 時 30 分。ルーマニアの黒海沿いにウクライナ国境があると思って 190km 走ってきたがここには「国境がない」といわれた。「あーぁーなんだー」。このあと 100km 走り、ウクライナとモルドバのせまい境だからもしかしたら入れるかもと 1 時間以上国境が開くのを待った。

　「ビザはどうした」「ない」ルーマニア係官はモルドバ入国「アタックしてみるか」と通してくれた。モルドバに入ったら「ビザ」がないと「ダメ」とことわられて入国できなかった。U ターンする羽目になる「やっぱり駄目」だったかとルーマニア係官。一時間も国境で待っていたのになー。あーしょうがない。もう暗くなってきたので近くの町まで戻ってホテルを探す。

　となりのホテルより半額と安かったがそれでも 22\$=2600 円と高かった。中学校で使うような本になっている地図帳しか持ち歩いていないので国境の微妙な場所がはっきりつかめないのである、こんな時しっかりした地図がほしいものだ。

ウクライナ入国

2001 年 5 月 9 日水曜　17℃　20℃　20℃　20℃　ルーマニア～ウクライナ

　ホテルを 7 時半発。走り始めてパスポートを忘れたことに気付いた。フロントに預けてそのまま受け取るのを忘れてきたのだ。おー危ないところだった早目に気がついてよかったなー。10 分ほど戻ってホテルに舞い戻っ

た。部屋のキーを返した時にパスポート返してくれたらよかったんだ。北へ北へホテルの前の道はウクライナに続いているようだ。ウクライナまで400km。

　あさ暖かいなと思って走っていたら風が強くなってきたのでカッパズボン、上着も重ね着して走る。ずーっと20℃でも寒く感じるな。道も悪い、アルバニア、トルコに続いて3番目に良くない。安そうな食堂で昼食を喰っていた。その間にアルバイトの子供たちがオートバイを掃除に来て拭いてくれているのは知っていた。ところが違ったのだ拭いているふりしてハンドルにつけていた時計を盗られてしまった。

　子どもたちはフロントのガラス拭きしながら小遣い銭稼ぎしているのだ。てっきりまかせていたら時計がないのに走り出して気づいた。まんまとやられてしまった。ま、安ものだからいいか。ハンドルに着けている時計を盗られたのはトルコ・インスタンブルに次いで二度目。きょうは工事中ばかりで一旦停車の道が続き時間がかかる。16時にウクライナ国境についた。ルーマニア国境で30分かかった。

　ウクライナでは何だかんだはなくてただ待つだけ。はやくしろーと叫びたいほどだ。結局2時間半かかって入国できた。それでもマネーはとられなかった。あーよかった。グリーンカードはと言われないかとひやひやしていた。国境の人にホテルを聞きメモに地図を書いてもらった。最初のホテル45$は高すぎる。次のホテル30？=1000円かなーに泊まる。

2001年5月10日木曜　はれ17℃　くもり17℃　はれ17℃　ウクライナ
　朝7:30スタート。キエフに向かって走る、約600km。きのうの調子だと走れるのは4、500kmかな。ウクライナは意外と工事中はなし、キエフに18時半についた。ホテルを探しているうちに21時になってしまった。一軒目「断られる」理由がわからない。二軒目もダメ、二軒とも地元の青年がさがしてくれたのに「首をかしげていた」ところを見るとどうも外国人を泊めたがらないような感じを受ける。

青年と別れて三軒目 72$=8000 円のホテル、ウヘー。もう真っ暗になった。疲れて次を探す元気もない、もういいやここに泊まることにする。ホテルの外に出て晩飯の買い出し、ネギひと束、サバの燻製を半分。ビール 3 本 ×40 円、ウオッカー 1 本、合計 1000 円でお釣り。

きれいな都市と昔聞いていたウクライナ首都キエフに到着したばかり

2001 年 5 月 11 日金曜 くもり 17℃ 一時雨強い 20℃ 17℃さむい ウクライナ

朝 72$ を払いにフロントにいく顔を見るなり「なぜか」パスポートを差し出している。「OK」だという、「ほんとに」と聞くと「OK」だと。朝食を食べに行ってまたフロントに寄ると「ノンプレグラム」だと。わたしは「お金いらないの」とは言わなかった。えーほんとに「OK」なのだろうか。オートバイを停めているガレージにいき、「まて」と言われないうちに早く出発しよう。(でもよく考えると自分で夕べ払ったのを忘れていたのかな？)

キエフはきれいな街と以前聞いたことがあったので楽しみだ。街中をぐるぐる走りまわる。街は色鮮やかでレニングラード（サントクペテルブルグ）ほどの大きさではない。

午前中キエフ市内を見物、次のハンガリーに向かった。330km ぐらい走った小さい町にホテルがあった。18 時前だったが 18$=2000 円と安かったので泊まることにした。

晩飯の買い出しは日本のお寺の境内みたいなところで魚の燻製を買った。昔のリンゴ箱の上に置いて野菜、肉、穀物、履物、下着など売っているが並ん

でいる品物は少ない。ソ連と別れたばかりで生活は苦しいように見受けられる。

2001 年 5 月 12 日土曜　　　くもり 17℃　17℃　　　ウクライナ

　ホテルを 7 時半に出る。青空だ。走り始めると肌寒さを感じる。あーゴト
ゴトとハンドルに伝わってくる、道の悪さはアスファルトでもゴトゴトだ。
トルコ以来それ以上に悪いかも、道に気を使い景色みられずはやく滑るよう
なスーッとした道を早く走ってみたいもんだ。きのうも一日中ほとんど道が
悪かったなー。バイクに支障をきたさないかと心配。くもりで風が強く寒い、
寒いリブブ Lviv ？　を通過、ここの町もきれいな街だった。

段差がなくて畑の中を走っ
ているような感じがした気
持ちのよかった道路。
ハンガリー

　ハンガリー国境手前 200km、山あいにチロル風のペンション？　ロッジ？
のホテルを見つけた。新しく造ったばかりのように見えるホテルである。
15$1800 円とチト高いけど泊まることにした。途中地元の人が道ばたで売っ
ていたキノコを「料理してくれ」と頼んだら快く応じてくれた、こういうこ
とはほんとにうれしいな。

ハンガリー入国
2001 年 5 月 13 日日曜 はれ 17℃ くもり 17℃ はれ 20℃ ウクライナ〜ハンガリー

　目が覚めると夜中 1 時、いつもそうだが小便に起きるのは 1 時か 2 時何
せ 8 時には床につくんだもの、ウトウトして朝 7 時（ここは 8 時）に起き
出発準備。宿のバケツ（バケツは世界共通語らしい）にお湯に入れてもらい
汚れたバイクを洗う。通勤の人たちがバイクの周りに集まってきた。「どこ
からきた」「なん CC」だとか質問してくる。8 時半スタート相変わらずガタ

ガタだなー。

　ハンガリーの国境チョップ？　　CHOP まで150kmの標識。途中道で出会っ
た若い女性に「国境はどっち」と聞いたら「右の方」だという。その国境に
12 時に 5 分前についた。国境ウクライナ、出国 15 分ハンガリー入国で 50
分かかった。13 時 5 分お金も支払うことなくハンガリーに入国。これまで
のウクライナの山あいを走るのではなく平原、畑の中に道を造ったような道
になった。なんだか不思議に感じるめずらしい道だ。

　今までとガラッと変わり道がまったくデコボコ、ゴトゴトのない道は気持
ちがいい。やっと落ち着く。どうしてこうも道路工事が違うのだろうかな。
あーこれでオートバイも「こわれなくてすみそうだ」ホッとする。ブタベス
トについた。19 時 30 分まだ明るい。とりあえず市内の中心と思われる道路
にオートバイを停めた。でかいモニューメントみたいな凱旋門みたいな建築
を写真に収める。

　何回か聞きながらユースホステルにたどり着いた。オートバイはホテル前
の駐車場に止めた。なんとなく不安に感じる駐車場だなーオートバイのカ
バーも早目にかけた。

ハンガリー国会議事堂
2001 年 5 月 14 日月曜　　　はれ 17℃　　はれ 30℃　　はれ 30℃　　ハンガリー

世界一美しいと言われる
ハンガリー国会議事堂
（2001 年・2014 年訪れる

ブタベストは落ち着いたまったく落ち着いた、他の街には見られない風景

だなーと思う。とりあえず3泊の金を支払う。一泊4200？（1800円ぐらいか）ここでは世界一の国会議事堂と世界一広い露天風呂があるとか……聴いている。きょうはゆっくり市内見物しよう。実は日本から郵便物をポーランド大使館宛てに送ってもらった。しかし「大使館では個人の荷物は受けとらいない」ことになっているらしい。

　家内からそれを聞いていたのでわたしからポーランド大使館に直接電話するように言われていた。とりあえずポーランド大使館に電話した。日本人の人は会議中で電話に出られず、電話に出た現地の女性に片言で「日本から荷物2個」が「届きます」のでよろしく「伝えてくれるよう」に頼んだ。それから市内見物へ。ホテルから出てすぐにオートバイが「うしろについて来た」ので左手で「停まってくれ」と合図した。

　相手は停まってくれた。「わたしのバイクの「ブレーキ」を直したいので「モーターバイクショップ」あなたが知ってる店を教えてくれと頼んだ。「OK」俺のうしろに「ついて来い」と20分ぐらい走って着いたところはサービスショップ、ホンダ店だった。若い青年にサンキュウ「ありがとう」。店の人に「チャ・チャ・チャ」と「ブレーキの音」が出てきたことを話した。そのほか見てもらってこの際悪い部品を交換した。

ハンガリー温泉
　①前輪タイヤ交換　②オイル交換　③オイルフィルター交換　④フロント、ブレーキ板交換　トータル32000$＝38400円。日本よりだいぶ安い気がするなーいや同じくらいだろうか……。ブタベストの街は落ち着いた緑の多い町だ。午後から市内真ん中にある露天風呂に行く、まわりの建築物は宮殿みたいな豪華な建物の中にあった。　日本で言えば温泉円形プールみたいなところ。日本のプールとは全然違う。

　地元の人たちでにぎやかだ。ちょっとぬるいが太陽が出ているからきらきらと輝き気持ちいい。ウキウキな気持になる。温泉から上がって世界一美しいといわれる国会議事堂に向かう。ドナウ川のほとりに建っていた。うー

ん、川に映えた議事堂は話に聞いたとおりの美しさ、ほんとに「きれい」。
他にもイタリーで見たフェレンツみたいな建築がある、立派だなー。

きのうからちょっとゲリ気味なんだ。昨夜は夜中1時、2時、3時、5時、
6時とトイレに起こされる。ついに夕方正露丸を飲む、効き目あるかなー。
晩飯は近くのレストランで牛のミデアムとビール注文トータル21$＝2500円。

むかし王宮だったようなきらび
やかな建物の中にあった温泉
プールブタベスト市内

2001年5月15日火曜　　　　はれ25℃　はれくもり　　　　　ハンガリー
　ゆっくり8時半ごろ起きる。午前中「Eメールを送るため」の原稿下書き。
ネット屋に行きわたしのネットを開いてもらってじっくりと自分のホーム
ページを1時間かけて見る。Eメールを送ろうとしたが言葉が通じなくて送
れなかった。いつかどこかで送ろう。午後2時頃スロバキアのビザ取りに大
使館に向かうが別の場所に引っ越したらしい。地図を見ると市内からかなり
離れた田舎の方だった。

　さんざんあっちこっち探し一般の住宅地の中に「同じ住宅の家」が大使館
になっていた。受付は朝8:30～12:00までとかで「ツモロー」あした、あ
しただと「あーしょうがない」か。場所だけでもわかったからよしとしよう。

2001年5月16日水曜　はれ20℃　はれ30℃　はれ30℃　35℃暑い　　ハンガリー
　ゲリが治らない、ゆうべも夜中2時3時頃までトイレに駆けこむ、紙で

ふく尻の巣が痛い。夕方肉のミデアム300gを食べれたので治ったのかなーと思ったらまだ続いている。薬は飲まない。きのう行ってダメだったスロバキア大使館に朝一番再び向かう。書類の書き方がわからない、とうとう大使館の女史の人がかわりに書いてくれた。出来上がりは「あした」と言った。きょう移動するから「今ほしい」んです「ダメあした」。

「オーノーノー」「ノースロベニア」と言ってせっかく書いてくれた申請用紙を取り戻して「バイバイ」。別にスロバキアに行かなくてもいいし別の国で取りなおしてもいいしと思って大使館を去る。そのままスロベニア方面に（スロバキアではない）に向かって走る。きょうはバラント湖のほとり世界最大の露天風呂の近くに泊まる予定だ。途中でステーキハウスで昼飯。ビール3杯、途中眠くなった。

　ここらへんはどこで休んでもいい感じの芝生の丘が随所にある。昼寝は最高の場所ばかりだ。速く走るにはもったいない景色。木陰で仰向けに寝て15分ぐらい腰を伸ばして昼寝休憩。横になるこの休憩が疲れが出てくる後半にずっと楽になる。バラトン湖そのものがリゾートなのかな。ホテル・レストランの標識が続いて出てくる。湖のほとりに寄ってみる。あまりきれいとは言い難いが汚くもない湖。

どでかい露天風呂
ハンガリー

　そう、キャンプ場の標識もいたるところに立っている。これじゃテントがなくても寝袋だけで充分なくらいな芝生がきれいに生えて、きれいに刈り込まれている。目的地の近くの街に入る。手前にユースの看板……その看板に沿って走ってみると行き止り。近くの人に聞くと500m先に行ったところと

ころはキャンプ場だと教えてくれた。その場所に行って部屋を見せてもらう
とホテル以上のロッジではないかと思うぐらいのである。

　まわりの景色・環境はいうことなし抜群だ。まわりにはキャンピングカー
があっちこっちに停まっている。その一角のロッジに泊まることにした。「な
んだって最高だぜ」静かだし部屋からは湖が見える。えへっへっ「バストイ
レ付 3300FT=1300 円〜 1400 円」とりあえず 2 泊予約したが長引きそうな
宿泊地だ。ここから世界最大の露天風呂は周囲 7km ぐらいと管理人から教
わる。

2001 年 5 月 17 日木曜　　　　はれ 20℃　はれ 30℃　　　　ハンガリー

　ゆっくりゆっくりと朝を迎える。太陽は出ているが意外と気温が上がらな
くてベッドの中。10 時ごろから G パン、長袖シャツなど布の厚い生地大物
ばかり洗濯する、お湯も出るのでいいぞ！　これは。最後にオートバイのカ
バーまで洗ってしまう。12 時を過ぎたついでにオートバイを洗いワックス
を久しぶりにかける。終わってからキャンプ場の中にあるレストランへ、ビー
ル、肉ステーキ、喰って世界最大の露天風呂に向かう。

　30 分ぐらいで着いた！　大きいなーこれは湖ではないか。みんな水着で泳
いで？　入っている。ちょっとぬるいなー。気温 28℃・湯温 20℃と書かれ
ている。

三たびクロアチア入国
**2001 年 5 月 18 日金曜　はれ 20℃　はれ 25℃　はれ 30℃　少し蒸し暑い
30℃　ハンガリー〜クロアチア**

　あと一泊ぐらいしたかったキャンプ場。きのうあのでかい世界一露天風
呂に入ったから次のスロベニアに向かうことするが直接入れないのでいっ
たんクロアチアに入りそれからスロベニアとなる。クロアチア国境 10 時半
ジャスト到着。ハンガリー側ではパスポートにポンとスタンプを押すだけで
OK. クロアチアに入るのはこれで 3 回目になった。ここもパスポートにポ
ンとスタンプを押すだけで国境通過は都合 10 分ですんだ。

　いつもこれだと楽なんだけどね。もっともヨーロッパみたいに「いつ国境を通った」のかわからないのは旅人としてはちょっとさびしい気がする。パスポートに国境でスタンプを押してもらうと「おーついに」「この国来たんだな」って実感できるからね。国境のそばのレストランで昼飯。残っていたハンガリーのお金はここクロアチアでも使えた。おおラッキー。クロアチアの首都ザグレグに向かう。

きれいな街並み、写真撮ろうとオートバイを停めた所は美容院の前だった、わっと出てきた若い女性は美人ばかりでうれしかった。クロアチア

　途中「おっと思う」きれいな街並みに入った、屋根瓦の黄色い特色のある街並みだ。オートバイを停めて写真にあっちこっち収める。オートバイに戻ったら若い女性がわっとでてきた美人ばかりだ。美容院の前にオートバイを停めていたのである。5、6人オートバイの周りに集まった。ついでに美容院の中に入って美容師の人たちといっしょに全員の記念写真を撮らせてもらった。ほんとに美人ばかりに有頂天になる。

500g ステーキ特別注文

　首都ザグレグについた。ユースホステルは一発でわかりコロニーの入り口からオートバイを入れる。部屋に 14 時半に入ることが出来た。オートバイで市内を一回りしてあしたはスロベニアに向かおう。近くのレストランでどうしようもなく肉を喰いたくてローミデアム「1 枚 500g」ぐらいを特別注文、生肉に近いものはうまかったなー。ここらあたりは肉が安くてほんとにありがたい。ビールも腹いっぱい呑んで 2000 円ぐらい。

スロベニア入国

2001 年 5 月 19 日土曜 はれ 17℃ はれ 20℃ クロアチア〜スロベニア〜イタリア

　8 時半にクロアチア・ザグレグのユースホステルを出てスロベニアに向かう。夕べは激しい雨が降っていたが、朝にはすっかり上がり、さんさんと太陽が照りつけている。でも温度は 15℃。30 分もしないうちに国境についた。クロアチア、スロベニアともパスポートを見せるだけでスイスイと通過している。わたしのパスポートを出しても見ようともしない。

　そのまま通過しようと思ったがスロベニアに入る時出国スタンプを押してもらったので、出るときにいったん戻って記念にもなるのでスタンプをもらった。スロベニアの首都 LJUBLJANA（読めない）に 12 時ちょっと前についた。首都と言っても地方の町みたいに感じる。途中の景色もゆったりした，ポツン、ポツンと丘の上に建っていた家々。ユースホステル本には「閉まっている」と書いてあったがもしかしたら開いてるかも知れない。

　そこに行ってみたがやっぱり「閉まって」いたそばのホテルに泊まろうと「料金」を聞いた。「80$＝1 万円だ」「えー」わたしには高すぎる。そのレストランでステーキを喰って 2 時前だったかなー。スロベニアには結局一泊もしないでイタリアのベネチアに進むことにした。ハイウェイに乗ると以外にも速く 1 時間ぐらいでイタリア国境につく。ここでもスムーズに手続きは終わる。「グリーンカード」はと問われる。

スロベニアを走る

「オーノー」知っていたのだが知らないふりした。しかしいつかはグリーン

カードを買わなければと思っていたので「120$」払う。こんなに高かったのか。オールヨーロッパを走れるグリーンカードなのだろうか、これでどこに行くにも安心になる。ベネチアに19時ごろ到着。安ホテルを探す2、3軒あたって80$、70$ そして一番安い一泊32$3500円のホテルに決めた。でも高けなー。

　ベネチアの街はもっと高いだろうと思ってずーっと手前のホテルにした。オートバイでベネチアは走れるのだろうか。「走れない」とホテルの人の話。ホテルはベネチアまでは離れているのでオートバイではなくバスで行くことになる。あすは水の都ベニチアに行くのが楽しみだ。

「ベニスの商人」イタリア・ベネチア

2001年5月20日日曜　　　はれ　はれ　はれ　　　イタリア・ベネチア

　午前中日本にFAX又は電話の用意。公衆電話ではなくホテルから直接電話できるので途中で切れる心配もなく落ち着いて話を出来る。自宅にFAX、一回目の電話自宅や友人にかける。公衆電話だとワンカード600円から900円かかる。ホテルの部屋だと最後チェックアウトの時の一括して支払うことが出来るので助かる。このホテルは一階がレストラン、二階以上が部屋になっている。今日は日曜日でレストラン、ガーデンも「いっぱい」「満杯」になっているのを見ると人気のホテルなんだなー。

水の都ベネチア

　レストランでは注文してからかなりの時間がかかった。14時頃ベネチアまでバスで向かう。停留所の「名前」「場所」も頭に入れておかなければ帰

りが心配だ。10 分ほどでベネチアにつく。街並みはいつどうして作られた
ものだろうか。美しい街並みを歩く。小さいころ「肉を切っても血は流すな」
の「ベニスの商人」の本を思い出す。水郷の水はきれいな水ではない、しか
し「まー水郷の中によくも造り上げたものだと思う」。

　6 時頃までぶらぶらあっちこっちの橋を渡って狭い道を歩いて見物、写真
でよく見る観光船が行ったり来たり。日曜なので人出は多い。ベネチア水郷
のいい写真が撮れたと自己満足。帰りのバスは乗り過ごさないように気をつ
けてキョロキョロしながら行く時と同じ停留所で下りることが出来た。

2001 年 5 月 21 日月曜　　　雨　雨　雨　　　イタリア
　朝から小雨、だんだん本ぶりになってきた。きょうピサの斜塔に行くのは
取りやめる。あと一泊することにした。きのう電話出来なかった日本の人た
ちに電話をする。今までは街の中の「公衆電話」から日本に電話していたの
でゆっくり話は出来なかったがホテルからだと落ち着いて話が出来てよかっ
た。チェックアウトの時電話料金の支払いが心配だ。

ピサの斜塔　再び　フィレンツェ

ピサの斜塔

2001 年 5 月 22 日火曜　　　はれ　はれ　　　イタリア・フィレンツェ
　まだ、雨が降っているのかな、朝心配でそっと回転式雨戸を開ける。雨は
降ってない。くもり空だ。フロントで精算。うへー、ホテル代 3 泊 =90$ 電
話代 =90$、トータル約 2 万円を支払う。9 時ごろホテルを出る。ピサの斜

塔を見るために走る。3時前にピサの斜塔についた。市内に入りオートバイの駐車場を探し旧城の中に入る。目の前にピサの斜塔が見える。さっそく記念写真そのまわりの建築物も見事なものばかり。

日本人のツアーも二組ほど。このあとフェレンツのユースホステルに向かう。何カ月か前に来たフェレンツ、その市内についた。すぐにわかるはずと1時間ほど走りまわったがユースホステルが見つからず、地図を見せてバイクの青年に引っ張ってもらいようやくユースにたどりついた。泊まり客は若い人がいっぱいのにぎわい。

オーストリア入国

2001年5月23日水曜　　　　はれ　はれ　　　　イタリア～オーストリア

汚れているオートバイを朝ユースの水道で久しぶりに洗う。気持ちまですっきりした。泊まり客は学生達でにぎやかだ、ほぼ満杯のようだ。一泊だけでオーストリアに向かって9時に出る。道を間違って走っていることに気づき、元の道に戻り。山の中を走りオーストリア・インスブルックのユースホステルに16時ごろ到着。銀行に寄って現金を引き出そうとしたがダメだった。ユースホステルではドイツマルクで支払う。

2001年5月24日木曜　　　　オーストリア

朝から天気はよさそう、だんだんと青空になってくる。思ったより「あったかい」「暑い」と言った方がいいかも。まず銀行でお金を下ろす。バイクのフロントのネジが抜けていたので、あっちこっちのガススタンドやホンダの店に寄ったりして3軒目のガススタンドでちょうどいいネジが見つかったのでしっかりとめた、これで安心だ。アルプスの山の中をずっと走り続ける。途中雪がたっぷり残る山荘のレストランで昼飯。あー気持ちいい。

ユースホステルには夕方6時ごろ戻った。きょうのアルプスの中の走りは気持ちよかった。晩飯を市内のスーパーに買い物に行くがどこもお休み、どうして？　しょうがないガススタンドでハム・ビールの買い物をすませる。オーストリア・インスブルック、ユースホステル泊まり

2001 年 5 月 25 日金曜　　くもり　雨　はれ　くもり　雨　　オーストリア

　気になっていた雨は降ってはいないがどんよりくもり。ユースを 8 時半ご
ろ出発。ハイウェイに乗ったとたんに雨になった。陸橋の下でバックカバー、
ハンドルカバーを取り付ける。1 時間もしないうちに小雨になった。しかし
また雨になったりと不安定ぐずついた天気。アルプスの天気はこういう天気
なのだろう。のどかな風景のところや恐くなるようなせまってくる迫力ある
岩稜の谷間を走る。

日本の白川郷にある民家ににた民宿に
泊まり、滝のあるその村をスケッチし
た。オーストリア

　また雨になってきた。トンネルを出たところの右側に小さい村に出た。安
いホテルがあったら泊まってもいいな。300＝2500 円。ロケーションもいい
しちょっと早いが泊まることにした。カミナリを伴って激しい雨だ。まわり
は高い山に囲まれている日本の白川郷のカヤぶきではないが木造合掌造りに
似た大きな造り。ここの場所はどこなのか夕食の時でも聴いてみよう。きょ
うオートバイに着けている温度計が壊れてしまった。

（ここはマッテイリアだった）

2001 年 5 月 26 日土曜　　　　はれ　はれ　はれ　　　　オーストリア

　おそらく 30℃を越えているのではないか昨夜の雨はすっかり上がり、青
空も見えてきた。山の中に囲まれている宿の周りの写真をとりながら 1 時間
ちょっと散歩。朝の牧場には親馬が横になって寝ていたがわたしを見て起き
上った。馬は横になって寝ることを初めて知った。そう言えば宿の裏には馬
小屋があって夕べは家主の「一声」でサーッと集まって馬小屋に入っていた
なぁ。

雪の残る山岳の道を走る。峠ではまだ
通行止めになっていた。オーストリア

　このホテルは一軒宿だった。10時前に出発、やっぱり青空の下で走るの
は気持ちがいい。13時ごろ山中からバカンス客でにぎあう湖に出た。土曜
なので特に多いのだろうか。そこの木陰にオートバイをとめて安そうなレス
トランに入る。チキン半分とビールを注文。ひと休みしてウィーンに向かっ
て走る。あとウィーンまで150km残して山の上のペンションについた。高
原のてっぺんに農家の民宿。220SL＝2200円。

　でかいセントバーナードの犬に手を出したら「フン」と犬に無視されあし
らわれる。二階の窓からはどこまでも山並みを望むことが出来るめずらしい
宿だった。

2001年5月27日日曜　　　はれ　はれ　はれ　夜雨　　　オーストリア
　朝5時半頃だろうか、窓から太陽が照らす。高原の朝は早い、夕べ遅くま
で電燈がついていた遠くに見えていた山荘にも朝日の光陰がさしている。9
時過ぎ出発する。きょうはウィーンに向かう。ハイウェイには乗らず下の道
で向かおう。予定通りに途中まで走るが大きな町で進む道がわからなくなっ
た。自分の感をたよりに道をどんどん走る。だんだん道が細くなってくる。
いやーやっぱり違った道なのだろうか。

　引き返すか、いや、そのまま、どんどん進む。大きな道に出た、あーこの
道でよかったんだ。よかった、よかった。ニュースレッドの町についた。ユー
スを探す。あっちこっち探し回るがわからず、バイクの青年に引っ張っても
らうがわからない。あきらめて次の町まで進もう。でもあと一回探してみよ

うとガススタンドで聞いてみた、するとすぐそこの森の中にあると教えてくれる。森の中に入って行くとユースのマークを見つけた。

なーんだ、こんなわかりにくい隠れた場所にあるんだものわかるはずがない。今の時間オープンしているかどうか、おそるおそる3階のレセプションにまわる。受付OKになる。アー助かった。250S=2500円—2泊分支払う。

オーストリア・ウィーンに向かってハイウェイから下りて走ったがこの道で大丈夫なのだろうか、不安になってきた

2001年5月28日月曜　　　オーストリア

　雨はやんで、曇り空。オートバイを点検するためオートバイ店を探す。この町の中にあると聞いていた大きなオートバイ店を探す。ガススタンドで聞くと20kmぐらい先ウィーン寄りにあると教えてくれた。そしてこの近くにもあるとも、その近くのオートバイの場所を教わりそこに向かった。あらかじめオートバイの点検表を作っていたものをオートバイ屋に提出。

　直すところは直し、交換するところは交換して10時から15時頃までかかった。トータルで3万円ぐらいかかった。(オーストリア・ニューステッド)

2001年5月29日火曜　はれ　はれ　一時雨　はれ　午後30℃を越えていると思う。　オーストリア

　オーストリア・ウィーンについた。Wrニューステッドのユースホステルは2階が幼稚園と保育園になっている。泊まっているユースはその建物の4階だった。8時20分ごろウィーンに向かって走る。40kmぐらいだったので1時間でウィーンについた。インフォーメーションで地図をもらう。その

地図にユースホステルとスロバキア大使館に〇の印をつけてもらった。

　スロバキア大使館のビザをもらうため 10 時までに「着いてやる」とひとりごと。ところがどっこい、地図では一目瞭然だが走り始めるとすぐにわからなくなった。まったくわからなくなった。何人にも聴いてもポリスに聞いてもどうもしっくりこない。10 時を過ぎて 10 時半になった。大使館は 11 時で受付は終わってしまう。きょうは場所だけでも見つかればいいや。自分の勘を頼りに走ってみた。

　タクシーに聞いてみると近くまで来ているようだ。そこから 2、3 度行ったり来たりして、着いたぞ！　5 分前だ 11 時。書類はハンガリーで一度書いていたものを持っていたので、その申請書を提出すると「OK」返事。あす午前中に取りに来るようにとのこと。やったーやっぱりあきらめてはダメなんだな。ぎりぎりまで探した「かい」があった。やったー。ほっとする。次はユースホステルを探そう。地図で見ると近くにある、もうすぐだな。

「オレのマンションに泊まっていいよ」

　日本の屋台と同じ立ち食い「ソーセージ屋」で道を訪ねる。ビールを飲んでいた二人の男は喰い終わるまで「ファイブミニッツ」5 分待て。そして「おれの」あとについて来いと言う、ありがたい。自分もソーセージと小ビール 2 本呑む。二人の車のあとについて走り出した。途中止まって中年の男は「おれの家に泊まってもいい」と言う。えーほんとですか、ありがたい。男の家について行く。そこは 5 階建てマンション。

　お金は「ハウマッチ」「オーノー」「お金はいらない」と言う。部屋に荷物も運ぶ。日本のわたしの家 3LDK マンションより広い 4LDK の感じだ。今夜の食い物をマーケットに買い物に行く。家主の男は近くのレストランに行ったきり帰ってこない。いつまで待っても帰ってこないのでレストランに迎えに行くとまだ呑んでいる。わたしは「マツオ」男は「クエンター」とお互い自己紹介。クエンターさんの車でウィーン市内見物に出かける。

会ったばかりのわたしに「うち」に泊まって行けと「家」
の「カギ」を渡してバイバイと彼女と出かけた。わた
しと同じ歳の元船員クエンターさん。オーストリア・
ウィーン

　3時を過ぎている。あー「車はいいなー」らくちん、らくちん。市内の
中心で下ろされて 18 時に落ち合うことになった。きれいなうつくしい街
「ウィーンの森の物語」になった。みんなできれいに、きれいにウィーンを
造り上げているように感じられる。いままでその国、「その時は」きれいな街、
素晴らしいと思ってきた、しかし時間がたつにつれて「その印象は薄れて」
くる。しかしウィーンは違うように感じる。

マンションの家主は 1943 年 10 月、わたしと同じ生まれの男

　ま、もう少しゆっくり 2、3 日かけて見て見よう。宿のクエンターさんは
相変わらずビールを飲んでいる。クエンターさんの車のうしろに「船員帽子」
を乗せている元は「船員」だったと話す。クエンターさんの家族は？　子ど
もは 5 人で、奥さんとは別れた。歳はわたしと同じ 1943 年 10 月生まれの
57 歳「まったくわたしと同じ」であった。なんとも不思議なこと。「へー」
いつのまにか女の人がきて夕食はレストランで 3 人での食事になった。

　そして食事を終えると、あした「朝 8 時ごろ迎えに」行くからと車でアパー
トまで送ってもらい「ひとりで」休むようにと部屋の「カギ」を渡される。
バイバイと二人出て行った。彼女の家に泊まるのだろうか。トイレ、ふろ
は最初に教えてもらっている。風呂は沸かしてあった。えー見ず知らずの人
間に、それもきょう会ったばかりなのに、こうも親切にされていいものだろ
うか。申し訳ないほどありがたい。

きれいな街並みだったオーストリア・ウィーン市内

2001年5月30日水曜　　　はれ　はれ　　　オーストリア

　朝8時前にマンションを出て外で外出中のご主人を待った。しばらくして
ご主人は歩いてきた。いっしょに歩いて売店でウィーン地図を買ってアパー
トの位置を確かめる。「本当にありがとうございました」同じ歳のクエンター
さんにお世話になったことのお礼を述べて別れる。そのままスロバキア大使
館に向かう。地図で見ると10分ぐらいで着く場所だったがやっぱり道を間
違えて高速に乗ってしまった。

　舞い戻って1時間かかりようやく大使館についたのは10時を過ぎてし
まった。ビザはさっそく発給してもらった。3か月の期間で到着（入国）し
てから一カ月有効とか。3800S=3200円の手数料だった。市内見物しながら
食事はレストランへ。オートバイの前のタイヤがカラカラと音がするのでバ
イク屋を探す。信号で一番前に止まった隣りのバイクの青年に「ソーリ、ホ
ンダバイクショップ」と店を訪ねた。

「おれのあと」をついて来いと引っ張ってくれた。ちょっと走った所にバイ
ク屋があった。ありがとう。気になる音を訪ねたら「ブレーキ板」のすり減っ
たのが原因なので「問題ない」との説明。

ビールはひとり二杯までOK　オーストリア

2001年5月31日木曜　　　はれ　　　オーストリア

　どうも気になるカラカラの「音」がするので再びホンダサービス店へ行く。

きのうと同じで「問題ない」あと1万kmは大丈夫と。それではと、うしろのタイヤ交換を頼むことにした。約3万km走っているのでそろそろ交換時期。ダンロップは2万kmぐらいですり減ってしまうがブリジストンタイヤは長持ちするなー。2倍近く走ったことになる。3864シリング＝3万円、安くはないなー日本と同じぐらいの値段か。

　そこのバイク屋で会ったオートバイの人が「バイクのフェスティーバル」を8月17、18、19日三日間やるのでその打ち合わせとか、今夜19時に迎えに行くとも言う。OKと返事はしたけれど参加はむずかしいだろうな。19時の約束した時間にレセプションの人が呼びに来た。外に出て見るとオートバイ屋で出会った人が迎えに来ていた。なんと同じワルキューレはピカピカの飾り、ゴールドウィング、サイドカー付オートバイなど……

　これでもかと思うほどの装飾したオートバイは6台もそろって玄関わきで待っていた。いやーちょっと「待ってて」急いでバイク用に着替えて出かける。大型オートバイだけのデモンストレーションは初めてだ。ウィーン市内を走る。ひとっ走りしたあとビアガーデンでツンボイ（カンパーイ）全部集まると60台のメンバーがいるらしい。わたしがビール2杯飲んで追加注文したらメンバーが「おれの分」を使っていいとか言っていた。

オートバイ屋に行って修理を終えて宿に帰ったら、わたしと同じオートバイ・ワルキューレに乗っている地元の人たちが迎えに来てくれた。市内をツーリングしたあとビヤーガーデンでカンパ──イ。
オーストリア・ウィーン市内

　オーストリアはビールジョッキー2杯までは許されているようだ。仲間の中には太い腕に入れ墨を彫っているやくざの親分みたいな人もいる。広ろーい、ビアーガーデンは満席なので「話し声」が聞こえないほどワイワイにぎ

やかだ。9時ごろまで飲んで楽しいひと時をすごした。メンバーがホテルまで誘導してくれたのでスムーズに戻れた。ホテルは中学生の旅行なのだろうかにぎやかだなー。

スロバキア入国

2001年6月1日金曜　　　オーストリア〜スロバキア

　あさ8時半にスロバキアに向かってスタート。ウィーンのみなさん親切にしてもらってありがとうございました。60km走ってきた、もう着くころと思ってガススタンドで聞くと「ノー」「違う」ここはハンガリーの国境に向かっていると「えぇー」。ここから左の方面に行けばスロバキアと教わる。細い田舎道を何回も聞き直してスロバキア国境に着いた。ようやく、でも意外と思ったより早かったかな。

　ここの国境はパスポートを見せるだけですんだ。雨か、オーストリアでもそうだったがスロバキアも同じでいつのまにか雨雲が広がりザーっと雨、やんで又ザーっと雨が降ってくる。スロバキアの首都ブラチスラバについても降りつづく。道を間違って崖崩れみたいな山道に入ってしまった。ヤバイぞ。転ばないように緊張して上がりきると平地の道になりホッとした。池みたいな場所の隣にあったユースホステルに着いた。

　ところが1996年ユースホステルは「やめた」とフロントの話。「えーほんとに」今は一般のホテルになって一泊27$=3000円は払えない。食事して次のホテルを探しに向かう。モーテルホテルは1400=42$=5000円と高い。少し走ったところに「こじんまり」としたモーテルを見つけた400=1200円、おーラッキーだ。よし泊まることにする。きょうはかぁさんの誕生日。

チェコ入国

2001年6月2日土曜　　　スロバキア〜チェコ〜ポーランド

　モーテルの裏庭はサッカーのグランドになっていて夕べはクラブの子どもたちが練習していた。モーテルを朝8時10分出る。曇り空、オーストリアからずーっと落ち着かない天気が続いている。ポーランドに向かって走って

いるつもりだったがチェコの国に向かっていた。ま、いいや、チェコからポーランドに入りなおせば。1時間ちょっとでチェコ国境に着いた。ここもパスポートを見せるだけで通過できた。

ポーランド入国

つい最近まで「チェコ・スロバキア」いっしょの国だったものなー。同じ国境の屋根の下に仲良く、両国の国境税関がある。チェコに入りすぐ11時にはポーランドの国境に着いた。パスポートを見せるだけでOK. 途中で食事はステーキハウスみたいなところでステーキとビールを注文肉が安くてうまいな。クラフブ（Krakw）に16時頃入って市内を一回りした。

道に迷いながら地元農家が道ばたで売っている「さくらんぼ」を買って雨の中ポーランド首都ワルシャワに向かう

ホテルの料金を聞く、82$=9000円「エーノーノー」「ノーサンキュー」。そうだユースホステルがあったはず本を開いて「メモ」にしてタクシーの運転手さんに聞くと指さして「おーそこそこ」「あそこだよ」と教えてくれる。ぐるーっとまわり「その道」を入ったつもり、結局わからずタクシーのところに戻る。再びしっかり聞くと1分で着いた。地元の人の「そこ」は見えているのだろうが「わたしは来たばっかり」で「すぐそこ」はわからないのだ。

ユースは団体が入っている。今修学旅行のシーズンなのだろうか。どこのユースホステルも子供たちで混んでいるなー。にぎやかなこと、にぎやかなこと。ユースの目の前はきれいな広い広ーい、芝生になって気持ちがいい。スロースローで歩く速さで少し走って見た。

2001 年 6 月 3 日日曜　15℃ くもり 15℃ くもり 激しい雨 雨 雨　ポーランド

　夕べ雨が降ったのか路面がぬれている。そう言えば朝方毛布では寒かったなー。日本人旅行者長崎、大阪、石川出身の人と玄関で少し話して別れる。ワルシャワに向かって 8 時 10 分スタート。ハイウェイに乗ろうと向かうがわからなくなってマイカーの人に聞き、そのまま引っ張ってもらうと、そこは一般道路でのワルシャワ方面の道だった。急ぐ必要もないので、ま、いいかゆっくりと走ろう。

　道端では自分のところで取れた農家の人が「さくらんぼ」を売っていた。日本のさくらんぼより安く感じたので 1kg 買う。ワルシャワのユースホステルに早くついた。いま 14 時だ。途中どしゃ降りの雨にあい、下着にまで入り込んで濡れてしまった。冷たくて寒くなった。困ったな、ユースホステルの受け付けは 17 時オープンだろうと思ってレセプションのブザーを押すと開けてくれて受付 OK だった。オーラッキー。

ふるさとから荷物ふたつ届いた　ありがとう
吉田中学校、同級会写真

2001 年 6 月 4 日月曜　　　　　15℃くもり　くもり 20℃　　　　ポーランド

　心配になっていた日本からの郵便物。さいたまの自宅からと佐賀・嬉野、吉田中学の同級生からの二つの郵便物。日本大使館に取りに行く。きのう地図を見て大使館の位置は確かめていた。そこに着いた。しかし大使館は引越して別の場所へ「ええぇー」又新しい場所を探さなければならないのか「うーんわかるかな?」思ったより意外とすんなり新しい場所の日本大使館に着いた。

　大使館は普通「個人の荷物」は預からなことになっているらしい。二つの荷物は「I」書記官に特別に預かってもらっていた。家内が日本から大使館に電話を入れてくれて頼んでくれていたらしい。郵便物はわたしが出発した後自宅に届けてくれた「お守り」や「ふるさと吉田会」の人 Y さんからの「漢方薬」、自宅からは「梅干し」京都の「シバ漬け」「薬」などが入っていた。大使館の「I」さん、そして母ちゃんどうもありがとう。

　あと一個は佐賀・嬉野・吉田中学校の同級生幹事・中島、神近女史からは今年2月に行われた「大阪」での「同級会」の「スナップ写真や集合写真」や同級会の様子をまとめた「レポート」も入っている。夜、写真その記録何回も何回も読みながら京都のシバ漬けを酒のつまみに舌づつみ、久しぶりに日本の味うまいなー。なつかしい顔、顔、同級会には中学を卒業して40年ぶりに出席した顔もあった。

今回は地元佐賀・嬉野吉田や東京・名古屋から大阪に集まって同級会が開かれた。その写真とレポートを吉田中学校の仲間がポーランドまで送ってくれたのでうれしかった。ありがとうございました。

　年はとっているが面影はちっとも変わらない顔だ。もうすぐ60歳だものなぁー「時が過ぎる」のがほんと早かった。送ってくれた中島美智子さんは海外に荷物送るのはもしかしたら初めてだったのではないかなー。送るのにお手数かけたことでしょう、でも「さすがだ」ポーランドの日本大使館の「住所」も自分で「調べて」送ってくれたのだ。ちゃんと着きましたよ中島さん。ありがとうございました。

　さーこれからどっちへ進むか。ロシアの道は悪いとポーランドの人の話だ。きょうはワルシャワ泊まり。

2001年6月5日火曜　　　はれ15℃　22℃はれ　　　　ポーランド

　久しぶりの晴れでいい天気。となりの国ベラロス Belarus は（あとで調べ

たらベラルーシのことだった）ロシアのビザをとりに両大使館に向かう。意外とベラルーシ大使館にはすんなりとついてしまうが柵があり中に入れない。あとから来た人たちと4人で中に入る。どうも「個人」のビザはダメで日本大使館に「聞いて」くれみたいなことの回答だった。「何を好き好んで行く必要はないんだ」目の前で申請書を破って帰る。

　その「腹いせ」の態度はよくないが自分の性格をそのまま出してしまった。ま、どうなるか。ロシア大使館に向かう。この辺だろうと停まって聞くと「そうだ・ここはロシア大使館」という。ロシア大使館の中に入って「申請書を」と言うと「大使館では発給してない」そして名刺「旅行会社」のものを渡される。あーこのことなのか「旅行会社」を通して「ビザ申請」するらしいことがわかった。「ノーサンキュウ」と言って大使館を出る。

走っている途中出会った
ポーランドの結婚式。花嫁
さんは気恥ずかしそうにし
て歩いていた。

　まー、これで個人の旅行はダメなんだと言うことがわかった。（個人旅行はダメではなく旅行会社を通じて「ビザ」申請することになっていることをあとで知る、言葉が通じないと大きな誤解を生むこともあるなー反省しなきゃ）ホテルに戻る途中市内をひとまわりしながら買い物してお昼はユースで食べる。400gぐらいで300円と安いステーキ、ビール、ここはキッチンがあるので毎日ステーキを買って焼いて食べている。

　一回にステーキ400g～500g多い時は一回で750gぐらい食う時もある。それもほとんどサーッと焼くだけ中は「生」。日本じゃ高くてとても手が出ないが安いので外国では毎日ステーキを喰っている、それでもあきない。又不思議に刺身を喰いたいとも思わない。さーあしたはバルト三国へ向うか。

2001 年 6 月 6 日水曜　　　くもり　大雨　くもり　　　ポーランド

　リトアニアに向かって走り出す、途中「世紀の大悪魔」ヒットラーが作った「最後のガス室」に寄って行こうとしたが方向が違ってバルト海岸グダニスクに向かって走っているようだ。実は以前東ドイツでガス室 & 収容室を案内してもらったとき、生きてる人間の背中の皮膚をはがして椅子にしたことなど思い出すだけで身の毛がよだつ、今回は寄らずにそのまま進もう。夕方 6 時ごろグダニスクに着いたが途中激しい雨に遭う。

ポーランド、バルト海に面しているグダニスクの町からロシア領「飛び地」に沿って狭い道をゆっくり東に走り続ける。これからバルト三国のリトアニアに向かう。

　バルト海の港グダニスクの町。着いたユースホステルのキッチンで支度しながら「こんにちは〜♪、こんにちは〜♪、世界の国から♪ー」と三波春夫さんのオリンピックの歌を歌っていたら日本人中年の人が「三波さんは亡くなりましたよ」と言いながら「日本語を聞いた」のでとキッチンに入ってきた。あーそうでしたか亡くなられたことを初めて知る。この方は海外を 3 カ月づつぐらいのサイクルで旅行していると話していた。

バルト三国（リトアニア・ラトビア・エストニア）
リトアニア入国

2001 年 6 月 7 日木曜　　　はれ　はれ　はれ　　　ポーランド〜リトアニア

　朝 8 時半バルト海、沿岸まで走る。ここは第二次世界大戦勃発地点と教えられた場所、大きな船が何隻か浮かぶのをモニューメントが建っているところから見ることが出来る。そのままリトアニアに向かう。ロシアの飛び地沿いの田舎道を走る。時には狭い道を走るのもいいなー。ただリトアニアまでたどり着くことが出来るかどうかだけど。400km ぐらい走ってリトアニアの国境に着いた。19 時ちょうどになっている。

　ポーランドはすんなり出国したがリトアニア入国で時間がかかり20時20分になってしまう。野宿を考えて幹線道路から外れ2カ所オートバイを停めたがどうもしっくりこないいまいちの場所に感じたので、そのまま次の町まで走る。モーテルがあった「40$」約4800円だと、「えー」ホテルの前の畑にテントで寝るかと考えたが2、3頭の牛に邪魔されそうなのでやめた。負けてもらえなくて40$で泊まることにする「アーア」。

2001年6月8日金曜　　　はれ　はれ　　　　リトアニア

　上々の天気リトアニアの首都ヴェリニュスに向かう。約200km天気はいいし、ここらあたりは湖も多いなー風景もいい。ヴェリニュスに13時に着いた。ユースホステルを探そう。近くまで来てるのになかなか探せない。同じところを行ったり来たりおかしいなー。同じガススタンドで二度も聞くがわからない。3度目、本線から入り組んだ狭い道を行くと隠れたような場所にユースホステルはあった。これじゃわかりにくいなー。

　受付をすませて、次に進む国「ラトビア」のビザをとりに「ラトビア大使館」に行く。あいにく大使館は閉まっているうーんこまった。警備員が外にいたので「マイジャパン」「ラトビア」「ビザ」「ビザ」と話したら大使館内に電話をしてくれた。「ジャパン・ノービザ」と返事が返ってきた。「えービザいらないの」「ほんと大丈夫」かと2度、3度聞いてしまう。「大丈夫」「ジャパン・ノービザ」「サンキュウ」ありがとうございました。

日本人ライダー○さんと会う

　となりは日本大使館だったが聞き直すことはしなかった。おーラッキーこれで気が楽になった。その足でカメラ屋を探してフイルム現像をコダック店に15本出した。ユースに戻るとオートバイが止めてある。「あれーっ」「ナンバー」がめずらしい。もしかしたら日本人だ。初めて会う日本人ライダーだ。その人は静岡出身○さんで、夜9時ごろ帰ってきた。お互いに旅の話は弾む。

　これまでスペイン〜アフリカなど1年半かかって周ってきたと話す。すごいもんだ。静岡ではラジオ放送に出演していたとかアフリカでは距離を間違

えて恐い目にあったとか面白おかしい話は興味深かった。これからシベリア横断して日本に戻るため今はロシアのビザ待ちであるとか夜中の1時過ぎまで話はつづいた。もしかしたら滝野沢優子さんとシベリアで出会うかもしれないと言ってたなぁ。

幹線道路から狭い道路に入り込んだところでわかりにくかったユースホステルに着いた。ゆったりしたのどかな町だった。バルト三国の一つ・リトアニア

2001年6月9日土曜　　くもり　雨　雨　くもり　　リトアニア

くもりで起きたのはなんと11時になっている時計が止まっているのではないかと疑う程よく寝ていた。夕べは日本から送ってもらったシバ漬け、地元の分厚い一人500g以上ある牛肉ステーキをつまみに久しぶりに会った日本人ライダーと呑み過ぎたのか頭が重い。Oさんをオートバイの後ろに乗せて現像写真を取りに行く。戻る時マーケットに寄って肉とビールを買い、それを昼食に充てる。雨も降り続けているのでじーっと部屋の中にいた。

ラトビアに向かう
2001年6月10日日曜　　はれ　はれ　はれ　　リトアニア～ラトビア

肌寒い朝だなー。こんなものなのかなー。今までが暖かかったのでよけに寒く感じるのか、カラっとまではいかないが青空が見えてきたのでラトビアに出発することにする。約300kmで着く予定だ。日本人ライダーOさんと記念写真をとり「お互いに」気を付けてとあいさつ、握手して別れる。一路ラトビアの首都リガに向かう。車が少ないなー。前もうしろも反対車線も車を見ない時がある。

ラトビア国境に着いた。リトアニア国境で出国手続きが終わりラトビア入

国は面倒かなと思いきや、あれーっ、いつの間にか入国も終わっている。次はラトビアの手続きだと思って取り出しやすいようにオートバイのフロントにパスポート、カルネを挟んでいたが、同じところに両国の事務所があったのだろうかな。ま、簡単に終わってよかった、よかった。停まってパスポート、カルネをリュックにしまう。

２２時になってもいっこうに陽が沈まないことが不思議でたまらない、ホテル入ったり出たり落ち着かない。初めての白夜に出会って興奮気味だった。ラトビア首都リガ

ラトビア入国　白夜におどろく！

　首都リガ市内に16時頃ついた。ユースの本にはここのユースのアドレスが載っていないので市内を一回りして他のホテルも探したが見つからない。さーて困った。なかなか言葉が通じない。若い人をつかまえて「ホテル」「オテル」を聞くと中央駅、中央郵便局にインフォメーションがあると教えてくれる。しかしきょうはあいにく日曜なのだ。別の若い人にホテル2軒書いてもらい、一軒目のホテルまで連れて行ってもらった。

　料金を聞くと22Ls＝1430円ぐらいか？　安い。（まだこの国の通貨がわかっていないあとで計算し直したら3600円だった）中央駅から近いし便利のように感じたので泊まることにする。5階の角部屋でまずまずの部屋だ。夕食の時同じビルにある1Fレストランで食事、いろいろ道路のことなど片言英語で聴きながらロシアビザのことを聞いたらこのビルの二階にあるツーリストでロシアビザも受け付けていると教えてくれた。

　おーラッキーだ。へー助かったなー。でもほんとかな。夕方8時をとっくに過ぎているのに一向に暗くならない、あーこれが白夜と言うことなんだろうか、暗くならないのでホテルに戻ったりまた出て見たり落ち着かない。カメラで白夜の様子を収めよう。11時を過ぎてもまだ明るい12時近くでようやく日が沈む感じである。これからは陽は沈まない日が続くのだろうか初めての白夜は不思議に思う。そして夜中の2時夜明け、4時にお日様が出てきた。

> 注・これまで何ヵ国も走って国境を越えてきたのに国境のシステムをまだしっかりつかんでいない。だいたい国境では二か所でパスポートを見せてきた。見せるのは日本で言う警察と法務省と思っていたが違うようだ。しかもどこの場所が出国でどこの場所が入国なのかわかっていない。

泊まったホテルで「ロシアビザ」ＯＫ

2001 年 6 月 11 日月曜　　　くもり　小雨　雨　　　ラトビア

　道路事情がよければモスクワからシベリア横断してハバロフスクへ行って日本に向かおうとも考える。悪ければレニングラード（サンクトペテルブルク）へ走ろうと夕べ寝ながら考えた。朝一番9時二階にあるツーリスト会社にロシアのビザの申請に行ってみよう。ツーリスト会社は女性のひとりだった。ロシアビザ30日=50$=6000円は「エクスプレス」で二日間で出来上がるらしい。

> 毎朝ホテル前で花を売るご婦人たちといそがしく仕事に向かう人たちの朝の風景。泊まったホテル前の広場にて

「普通ビザ」は「7日間」この場合は30$=3600円と女性が話す。速く出来上がる50$を頼んだ。受け取りは13日夕方とのこと。このあとホテル前の郵便局に行く、ノートを開く「しぐさ」でリーフに挟んである切手を全部見

せてくれと頼んだ「通じた」ようだ。記念になる珍しい（すべてが珍しい）切手を買う。日本の自宅に電話……変わりないようだった。これできょうはおしまい。

2001年6月12日火曜　　ラトビア

ラトビア三日目。どうしてか外には出たくない、雨のせいでもあるがどうしてだろうか気分が乗らない。きょう朝から写真に「説明文」を書き入れる。これがまた大変なんだ。そしてコピーする「写真」を選んで「説明文」を書いてコピーして貼って……18時過ぎまでかかった。「あぁー」つかれたなー。手紙はお世話になったルーマニア大使館の「O」さん。ポーランド大使館の「I」さんに送る。

そしてクロアチアの若い美人ばかりの美容院の人たちに人数分送ってきょうはおしまい。無事についてくれーい。慣れないこの作業はオートバで走るよりとにかく疲れる。何かいい方法を考えよう。だんだん預金も少なくなってきた。いよいよあしたはロシアビザが出来てくるぞ。それにしてもはっきりしない天気で肌寒いなー。

フィルム→写真現像→コピー→説明文

2001年6月13日水曜　　ラトビア

時計が止まって時間がわからない。けさの3時で止まっている電池切れ？。きょうはグループが泊まるからと部屋替えになった。シャワーなし、トイレ共用、まーこれで充分だった、今まで22L払っていたのが3分の1で済むのでこちらも助かる。ここは中央駅前のホテル、午後久しぶりの夏の日差しになってきたのでぶらりと出かける。午前中きのう出来なかった写真屋を探して写真コピー22L＝3600円ぐらいかかった。

「ロシアビザ」出来上がる

すぐに郵便局の窓口で写真といっしょに送る。あっ送料、メモするのを忘れてしまった。9L払ったっけなー1170円ぐらいか。夕方と言っても明るい18時20分ホテル2階にあるツーリスト会社にロシアビザを取りに行く。

「オー」ロシアビザが出来ていた。今日みたいにカラッと晴れ渡ったら、さー「あした」「モスクワ」に行くぞー。日本の自宅に三日連続①ラトビアに着いたこと②預金残高はいくら③写真送ったなどと電話する。

いよいよモスクワに向かって走り始める。すぐに田舎道になってきた。ラトビア
（2015 年も同じ場所を通過）

ロシア入国

2001 年 6 月 14 日木曜　　はれ　快晴　はれ　小雨　雨　ラトビア～ロシア

　白夜はどうも慣れない、眠れない。昨夜 10 時半白夜の写真をとる。床に入り寝るが目が覚め 3 時半。それからウトウトしながら 6 時に起きて出発の用意。6 時 55 分に出発できた。これから一路モスクワへ。今まで朝からなんとなく落ち着かない天気が続いていたのに今日は見事に晴れて雲ひとつない快晴。暑いぐらいだなーと思っていたが走り始めるとやっぱり涼しいより寒さを感じる。途中でジャンバーを着て走る。

　畑が続く田舎の道みたいな道を走る。農家の家がポツンポツン。12 時に国境に着いた。ラトビア出国手続き・ロシア側を出たのは 14 時 15 分。これでもトラックを何台か追い越しての手続きだから早い方だと思う。あれほど天気は晴れわたっていたが 500km も走れば変わってくる。17 時過ぎには小雨から雨になってきた。道路に立っていたおまわりさんにホテルがないかと聞くともうちょっと走った左側にあると教えてくれる。

　宿は幹線道路からちょっと左に入った所に広いトラックの駐車場があった。その一角に会社の寮みたいな、運転手さんの休憩所みたいな木造二階建の宿に 18 時 15 分入る。宿にいた青年が親切にいろいろ教えてくれた。一

泊150ルーブル日本円ではまだわからない。ここまでの道は前半は普通だったが後半ガタガタの道になってきた。ラトビアからモスクワまで900kmぐらいはある。600kmぐらい走ってきただろう。

バルト三国の一つラトビアからモスクワに向かって走る。ガソリンを給油した後見つけたあと276kmの標識。きょう中には着けそうだ。ロシア

2001年6月15日金曜　　　　くもり　くもり　　　　ロシア・モスクワ

　くもり空だが太陽も顔を出している。8時10分モスクワに向かって走る。モスクワまであと276kmの標識が出た。残り200kmで「モスクワシティ」の標識が出てからようやく町らしい街になってガススタンドも目につくようになってきた。道の両サイドはきのうと同じ森というか林というか時々畑のある農家を見ながら走ってきた。道路はいいところと継ぎ目の修理が荒い、ゴトゴトガタガタ道。スピードを100キロから80キロに落とす。

　モスクワ市内に12時に入った。ついにオートバイでモスクワに来たぞ！洗車してにぎやかな街まで走る。どこをどう走っていいのかわからない。とりあえずモスクワ市内地図を露天の店で買う。電話カードを買ってモスクワに着いたこと「自慢したくて」自宅に電話を入れる。電話ボックスに入っても通じないどうしたら「いいのかいな」。まわりの人に聞くと「ここではダメ」地下道から外に出て「郵便局」の電話を使うらしい。

モスクワ　クレムリン・赤の広場に乗り入れる

　係の人に日本の電話番号を申し出る。いくつものボックスが並んでいる、その言われた「ボックス」の中で待つ。しばらくして「ベルが鳴る」通じたが自宅は留守……うーん残念。地図を見ながら中心街モスクワ・クレムリン

に着いた。あーなつかしい。30年ぐらい前に来たことのある赤の広場。おまわりさんがいないうちに赤の広場にオートバイを乗り入れる。オートバイの周りは観光客に囲まれてしまった。

> クレムリン内部、音楽大聖堂やかつての帝政ロシアの部屋には王族のはれやかな着物や各国から送られた装飾品、日本からは明治天皇から送られた２ｍ程の鷲の木彫りも飾られていたのを見学。（約３０年前）

赤の広場」クレムリンをバックに近くにいた観光客に記念写真を撮ってもらった。そこへおまわりさんが来た、来た「外へ、外へ」と手で合図されるだけですんだ。そばのおみやげ屋さんからは記念にと小さい「ロシアだるま」をプレゼントしてくれた。「ありがとう」ロシア・モスクワに着いてなんとなく充実感を感じる。さーこれから宿探しだ。これが面倒なんだなー。タクシーをつかまえて聞こうとするが意外と少ない。

モスクワに着いたぞー。おまわりさんがいないうちに赤の広場に乗り入れる。ロシア・モスクワ赤の広場

それに18時を過ぎたのでラッシュに入ったのか一向に進まない。途中からすいている道路に入り走り出す。「ホテル・スプートニク」の雰囲気に似ているなー。「労働大学学習交流団」として30年前来た時の雰囲気だ。そこへオートバイの青年が「どうした」みたいな顔で止まった。「ホテルを探している」青年はホテルに電話してくれるが駐車場がないからダメと言う。スプートニクホテルはと……「まさか」と思い青年に聞く。

「なんと」スプートニクのホテルはその先「200ｍぐらいのところだ」と教

えてくれた。モスクワ市内のことまったくわからないで走っているのに「ヘー偶然にしてもこんな近く」にあったのかと不思議に思える。「ドロボウ」がいるからホテルは駐車場がないとダメと青年はいう。そこへ「黒のベンツ」が止まり「どうした」みたいな顔で兄さんが近づいてくる。青年の説明を聞いて「おれ」のあとを「ついて来い」と言う。

ホテル探しは地元の人におまかせ

　さっきの青年と二人でベンツのあとを走る。そこはモスクワ大学前の展望台。ここも懐かしい場所だった。そこにはオートバイの人たち数人が集まっていた。ベンツの兄さんが何人かに声をかけホテル探しを頼んだようだ。今度は3人でベンツのあとを追う。1軒目満室でダメ、2軒目はユニバーサルホテルとかここはOKだった。672LB=2900円ぐらいプラスガレージ代1200円ちょっと高いが仕方ない。

　せっかく探してくれたのだし泊まることにした。サンキュウありがとう。オートバイの青年二人にお礼を言って別れる。ベンツの兄さんは夜に迎えに来ると言って走り去った。青空駐車場なのでちょっと気になるな。なるだけ目に着く玄関前に停めた。部屋に入り食事を済ませる。ベンツの兄さんは再び夜9時過ぎに迎えにきた、郊外みたいな所のジグザグと走って二階建の一軒家に着いた。この時間でもまだまだ明るい。

モスクワ美人ライダー・タンニャさん

　自宅のガレージに置いてあるオートバイを見せたりしながらヨーロッパ「オートバイ祭典シャツ」を一枚プレゼントしてくれた。連絡してあったのか途中からハーレ・オートバイで乗り付けた女性と合流。わたしのオートバイをオートバイ雑誌に載せるから写真を借りたいと話す。女性はオートバイ雑誌の編集をやっている人のようだ。背の高い女性ライダーといっしょにベンツのうしろについて走る。

　ホテルに着いたのは12時を過ぎていた。あした「行くところ」女性の話では「7月か8月」に「オープン」するディスコだろうか？　かなり「でか

いと」そこには「オートバイセンター」もあり修理も出来るとか女性が話し
ていたのでバイクの荷台とかマフラーをがっちり固定するように修理をたの
んでみよう。

モスクワにはヨーロッパから走って着いた
一回目・シベリア横断して着いた２回目。
二回ともお世話になったモスクワ・美人ラ
イダータンニャさん。モスクワ市内
（２０１４年３回目もお世話になる）

ライダー大集合　モスクワ大学前 100 台以上
2001 年 6 月 16 日土曜　　　　ロシア・モスクワ

　モスクワでの一夜が開けた。きのう自宅に電話出来なかったので朝電話を
入れた「モスクワ」に着いた「よくぞ走ってきた」ことを「にじませて」ゆっ
くり話が出来た。電話ボックスからだと「カード」を使わなければならない、
カードの度数が気になりおちおち話が出来ないのである。けさはホテルの部
屋から電話できるので気持ちも落ち着いて話せた。

　シティバンクにも電話を入れる、海外からだと有料でいつもガイダン
スの案内で人間が電話口に出るまでにものすごく時間がかかる。今回も
850RB=4000 円。いつもお金がかかる銀行だ、まったく、頭に来る。午後
バイク雑誌「バイクレッド？」の女性編集長？　タンニャさんが14時に写
真を返しに来た。そのあと二人でオートバイで市内観光。その足できのう聞
いた「バイクセンター」にバイク修理屋に連れて行ってもらった。

　17 時ごろから 23 時頃までかかって荷台の修理、マフラーの固定がっちり
希望通りに直してくれた。まだこの時間でも明るいのだ。女性編集長、その

友達の女性3人で再び市内を走ってモスクワ大学前に着いた。いるいる「ずらーり」オートバイを並べて100台以上だ、ここにはオートバイ仲間が夜な夜なに集まってくるようだ。自慢のオートバイの音、曲芸に近い乗り方、などみんなの前で披露する者もする。

白夜のモスクワ大学前の展望台には100台以上のオートバイが毎晩集まってくる。仲間が呼びに来たのでわたしも毎晩でかけ、パレードのあと朝3時過ぎまで呑んでいた。

　どこの国の人も「自慢したい」気持ちは同じなんだなー。おれも「来たぞー日本から」「見てくれーい」という自慢したい気持ちで仲間のオートバイの列に止めた。「オー JAPAN かー」何人かが寄ってきた。わたしと同じワルキューレやゴールドウィングや BMW など大型車も多い。きのうのベンツのお兄さんも来ていた。しばらく見たり見られたりしたあと大型オートバイ10台ぐらいでパレード、市内を一回りしたあとレストランにへ。

　レストランにはさっき集まっていた大型オートバイの人たちだけになっていた。雑誌編集長の女性は「どうも」モスクワのオートバイ仲間の「ボス」のようだ。日本人のわたしにわかりやすく名前は「タンヤ」と自己紹介してくれたが「タンニャ」が正しいのかもしれない。すべて彼女の仲間らしいことが分かる。今晩も呑んで食べて「ごちそう」になる。ホテルに送ってもらいベッドに入った時朝4時になっていた。なんだか親しみのわくモスクワになってきた。

毎晩毎晩モスクワ大学前にライダー集合

2001年6月17日日曜　はれ　暑い　はれ　うすいコートで充分　はれ
ロシア・モスクワ
　朝方3時過ぎにホテルに戻りシャワーを浴びているともう4時には夜明

けになった。そのままベッドに入る。10 時過ぎに起きた。午前中ジャンバーやら大型のものを洗濯をすませて午後 2 時頃オートバイで市内に出かける。クレムリンはきょうで 3 日連続来たことになる。タンニャ女史とは 18 時モスクワ大学前の展望台で待ち合わせ。兄さんのナターシャさんはすでに来ているのに 19 時半になってもタンニャさんが来ない。

　ここの展望台広場のおみやげ屋で毛皮を売っている○○さんも店を閉めてやってきた。バイクもだんだん集まってきている。23 時頃になってようやくタンニャさんが見えた。日本の店に「行くとか」言っていたが「いけない」とか「閉まっている」とか話している。今晩もきのうの夜と同じ NO1・NO2 の男（？）達のメンバー 5 人とレストランでビールを飲みながら食事する。もう夜中 1 時を過ぎている。ホテルまで 4 人が送ってくれた。

白夜のモスクワ大学前には毎晩毎晩オートバイ仲間が集まりにぎやかだった。明け方 2 時か 3 時頃までレストランで食事して解散するのでホテルに戻るのは毎晩 3 時・4 時頃になった

ごちそうさまでした！　お世話になりました

　きょうもごちそうさまでした。床に入ったのは 2 時を過ぎていた。まー楽しかった、モスクワの仲間には「ありがとう」素直になれる程さりげなくつき合ってくれた。そして「なんと」「ホテル代」「3 泊分」も仲間が出してくれた。実に細かい気遣いには申し訳ない。とくにタンニャ女史、ナターシャ女史、兄やん、それに食事したメンバーのみなさんには言葉もわからないのにお世話になりました。ほんとにありがとうございました。

レーニン廟

①赤の広場・レーニン廟

②クレムリン入口は赤の広場レーニン廟の裏モスクワ川側に回り中庭に入る

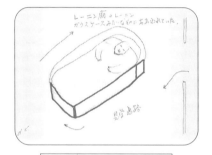

③レーニン廟のレーニン

２００１年６月・バルト三国ラトビアから到着・２００３年７月。日本からシベリア横断して到着した。２０１４年ジョージアから。２０１５年ラトビアからモスクワに入る。オートバイで入ったのは４回になった

道ばたで睡眠　休憩！

2001 年 6 月 18 日月曜　　　はれ　はれ　はれ　オイル交換　　　ロシア

　朝 8 時になっても眠いなー。ホテルを出たのは 10 時 15 分サンクトペトロブルグ（レニングラード）に向かって走る。何回か聞き直して M10 の幹線道路に乗ることが出来た。途中ガススタンドでは修理もやっていたのでオイル交換をすませる。もう 11 時半だ。途中どうも眠くて 2 回も道のそばに横になる。ここ 2、3 日連続夜ふかしていたためだろう。2 回目は 30 分も寝てしまった、16 時 30 分。

　約 500km 走った所でモーテルがあった。あー、まだ早い 19 時だったが泊まることにした。太陽はまだまだ高いところにある。冷えてないビール 2 本、チーズ、さくらんぼ、キュウリ、トマトを買ってレストランに行くのをやめる。預金の残高も気になる金額になってきた。なるだけ節約して進もう。ここのモーテルは古い建物で蚊がやたらに多い。外に出るとわっと寄ってくる。

　こわれて死んでしまったと思っていた温度計が昼間 45℃まで上がっていた、「エーほんとかいな」。半袖シャツ一枚で充分走れる陽気だった。

サンクトペテルブルク到着

2001 年 6 月 19 日火曜　　　くもり　雨　小雨　　　ロシア

　9 時 15 分出発。きのうに引き続き白樺林の続く中を走る。道端にはピンクのようなむらさきのようなきれいな背の高い花が道路の両サイドに咲いている。サンクトペテルブルクまで 200km の標識にホッと安心する。くもりからとうとう雨になってしまった。サンクトペテルブルク市内に 12 時半に着いた。モスクワ駅ロシアは到着駅が始発駅の名前になっているのだ。その駅をめざしてあっちこっちにと聞くたびに振り回された。

　郊外に出てしまったついでに誰もいないからと小便を我慢できなくなって雨の中道端で立ち小便をはじめたら「まじいー！」何人か来て通り過ぎていった、とめることが出来なくてしらばっくれた。2 時間もかかってユースホステルを探しあてたのは 14 時 30 分。朝から何も食っていなかったので近く

のスーパーに行く。3日分のビール10本、キュウリ1本、トマト3個、た
まご10個、豚肉3枚を買う。まだ小雨が降っている。

　ここのホテルはモスクワ駅（サンクトペテルブルク駅）からどのぐらいの
ところだろうか。オートバイは裏にある中庭の駐車場に止める。

エルシタージュ美術館、オーロラ号
2001年6月20日水曜　　　　雨　くもり　くもり　くもり　　　ロシア

　レセプションで12時過ぎまでネットが開くのを待っていたが画面の文字
はロシア語だけで日本語には「変換」できず、ついに見ることが出来なかっ
た。夕べの蚊の攻撃にはまいった、次から次に耳のそば近くを「ぶーん」と
くる。1時過ぎにベッドに入ったが蚊の影響で3時ごろまでウツロウツロ起
きたのは11時前。手足ともかゆい、かゆい。サンクトペトロブルグ市内を
午後観光に出かける。

「ドーン」と空砲を撃ち上げ
１９１７年ロシア革命の始ま
りを告げたと言われるネバー
川に浮かぶ「戦艦オーロラ号」

　渋滞の中をゆっくり進み右手に「エルミタージュ美術館」ネバー川をはさ
んで、かっての「囚人収容所」。そしてロシア革命の合図「空砲」を上げた
「軍艦オーロラ号」を見る。「オーロラ号」の見えるところにあるホテル、レ
ストランは30年前ぐらい前に食事したところがなつかしい。ネバー川の橋
のたもとの駐車場で「聴覚障がい者」の青年が切手を売っていた。黒い冊子
に集められた切手集。

　日本円で一冊900円ぐらいだったので2冊買う。このとき駐車場に停まろ
うとしたしたら「オットットト」あっという間に立ちごけしてしまう。まわ

りにいた人に手伝ってもらい起こしてもらった。

2001 年 6 月 21 日木曜　　くもり　くもり　くもり　少しはれ　　ロシア

　相変わらずはっきりしない天気だ。きのうサンクトペトロベルグ市内をひととおり見学したので、きょうは出かける気にならない。午後からコピーした A4 判の写真を郵便局に出しに行く。近くだと思って歩いていたが 30 分もかかってようやく見つけた。そこの郵便局は大型の郵便物は扱ってないという、別のところの郵便局を教わってそこに行ってみた。

　ネバー川の一角でろうあ者が売っていた「切手写真集」を買った。その写真集厚さ 4、5cm を送ろうとしたが「入れる袋」を売ってくれと言っても言葉が通じなかった。しょうがなくてホテルに戻る、5 時になっていた。ホテルに戻る途中目撃したのはおまわりにつかまっている「ドライバー」。しばらく「やりとり」を見ていたが最後はふところからお金をおまわりに渡しているのを見てしまった。

　ハハーンこれは「悪名高い」「わいろ」を要求している「おまわり」だったのだ。少し青空になってきた。あしたはエストニアの首都タリンに向かおう。サンクトペテルブルクに着いたら「電話するんだよ」と言われていたモスクワのタンニャ女史が紹介してくれたエージェクさんに電話出来なかった。申し訳ないと思う。電話をかけるのがとにかく面倒なのだ、ごめん。日本にもかけてない。

2001 年 6 月 22 日金曜　はれ　雲ひとつない快晴　はれ　ロシア〜エストニア

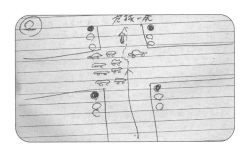

「あぁーぶつかるるるー」信号を
見落として突っ込んで走ってし
まった。

久しぶりに朝食をとる。天気は上々少しでも早くスタートしたい気持ち。9時に5分前に出発。市内を出る頃の静かな広ーい交差点で信号を見落としている。左に一斉に走り出している車の列が見えた！「あーぶつかるるー」一台目、二台目が通過した三台目のうしろを通過「あぁー」「あぶねー」。なにをしていたんだろうか。恐かったー。

お巡りさんとケンカ　「撃つなら撃ってみろ」

　M11号線に出るのにモタモタして幹線道に乗ったのは11時頃、道は案外いい、走り始めて150kmぐらいのところでおまわりにストップをかけられる。さっき女性おまわりさん達3人に「50m手前」のところで止められたばかりである。○と×の標識を両手に持っていてストップの×を出した、「15cm」ぐらい過ぎて止まった。それが違反だと言ってるようだ。2mぐらいある大男と普通の男おまわり二人である。

　小さい小屋の中に連れ込まれてパスポート、カルネ、を出した、「国際免許証」も出したこれは海外に出てはじめて提出。OKかと思いきや小さいおまわりが「ちょっと待った」とお札を数える「マネー」のしぐさをする。「何のマネだ」前日サンクトペテロブルグ市内で見ていたのと同じおまわりのワイロほしさなのだろう。ハンドブック「規則集」みたいなものを出して「ここに書いて」あるのに「違反した」みたい所を指さした。

　ロシア語「わかるわけねーだろー」声には出さない。しかし「ふざけんじゃねー」と大声を出してオートバイにまたがった。すると「オーノー」みたいなしぐさ。大男のおまわりが腰のピストルに手をかけカシャッと音を出しておどかす。その手には驚かない、ほんとにケンカするつもりでオートバイから下りて大男に「撃つなら撃ってみろ」と突っかかって詰め寄る。そのあと「エンバシー」大使館に「電話する」と言って50m手前にあったガススタンドまでバックして給油するだけ。

　戻るとまだその「でかい」おまわりがいて再び「止まれ」の合図。電話したからいま車で「係官が来るぞ」と「日本語」で話すと通じたかどうか分か

らない。すると「でかい」方のおまわりが自分の「両手を組み」握手するようなその手を頭の上にかざして「OK」「行け」と言ってるようだ。「演戯？」したおれのジェスチャーがおまわりに勝った？　のだ。とにかくロシアのおまわりは何だかんだと文句をつけてワイロを要求すると聞いていた。

　止められたとき今回は解放されるまで半日ぐらい時間がかかるだろうと最初から構えてかかった。しかし意外と早くすみワイロを渡さなくてすんでしまった。そこからちょっと走った2、3kmぐらいだろうかエストニアの国境についた。そこのロシア国境の係官が「どうして」「止まらなかった」と笑いながら話している。うん？　さっきのおまわりが電話したのだろうか。こいつもグルか？。

エストニーア入国

　事務所に行ってパスポートを見せると別の係官が「OK」とスタンプを押してくれた。面倒なことになるのかと一瞬頭をよぎったがすんなり通過できてほっとする。オートバイを停めた同じ場所に日本人観光ツアーのバスが停まっている。「なぜか通してくれないと」と添乗員は話す。おそらくワイロ要求だろう？　バスに乗っている日本人観光客にひとりで走っていることを自慢したかった。

ロシア、サンクトペトロブルグからエストニアについたばかり地元の人と記念写真

　バスの中に入って「あっちこっち見て回っています」と話をした。中高年ばかり2、30人ぐらい乗っていてどこに向かって旅行しているのは聴かなかった。しかし、めずらしい日本の「ツアー旅行」だと思う。わたしの方は問題なく通過できた。エストニア側に入る。エストニアはすんなり手続を終っ

た。それでも 40 分かかった。13 時 10 分エストニアに入り約 200km で首都タリン（Trillinn）市内についた。

　今まで青空だったのがまっ白いガスが出てきた、よく山に出てくるあのガスが一時間ぐらい続いた。タリン市内に 17 時ごろと思いきや時差が変わり 15 時なのだ。まだ午後になったばかり、白夜の国だから進むべきか、泊まるべきかどうしていいのやら。信号で止まった時、何回か「セントラルはどこ」と聞きながら走っていた。ホテルのアドレスを見せると「おれにあとについて来い」

　違う右に行く方向の予定の人が戻ってきてユースホステルまで引っ張ってくれた。ほんとにありがたい、どうもありがとう。3 階にあるユースホステルは「ソーリー」「満室」と。エー、でも明日は泊まれると言う。しょうがない同じビルの 2 階には別のホテルがあって 20$=2400 円。ユースは 11 ～ 12$ 半額と安いが仕方がない。二階のホテルに泊まることにした。ところが、この日記を書いている時にドアーが開いたような気がした。

　誰か入ってきているようだなーと入り口ドアーに行くと閉めたはずなのに男の人がいるではないか。「ええぇー」入り口はひとつで中には二部屋の施設になっていた。へーこんな施設は「はじめてだ」。「びっくりした」ぞ、ということはトイレ、シャワーも共同になっていることなんだな。この他にもきょうは反省させられることがあった。

ベトナム戦争と原子爆弾 2 個

　広島、長崎に日本は 2 回も爆弾を落とされているのにアメリカと「なぜ」「仲良くできるのか」みたいなことを昼間近づいてきた中年のおじさんに言われて「はっと」した。実はベトナムは最後の相手アメリカの枯葉作戦などで被害を受けながらも長い闘いの末アメリカに勝利してすごいことだと思っていた。しかし最近はアメリカと友好的な関係を結んでいることを知ってあれほど「ひどい仕打ち」をされていたのにどうして「仲良く」できるんだろうかと……これまで不思議に思っていた。

　しかし自分の日本はもっとひどい「原爆二個」も落とされたのに、仲良くしていることに海外の人たちは不思議に思うことは当たり前のことだろうとおもう。いまもじっと耐え続けている広島・長崎の人の気持ちを忘れてはいけないと反省する。

> エストニア市内で日本は二個も原爆落とされてどうしてアメリカと「仲良く出来るのか」と中年の男の人に言われ、ドキッとした。

フェリーでフィンランド入国

2001 年 6 月 23 日土曜　　　　エストニア〜フィンランド

　エストニア・首都タリンは一泊でさようなら。9 時にホテルを出て港に 10 時につく。

　12:00 発→ジェット船―1 時間半 =35$=4200 円

　12:30 発→スロー船―4 時間―30$=3600 円

　オートバイ込みの料金だからジェット船に乗ることにした。港で国境手続きをすませる。12 時 5 分前に出航。ベンツの車のお金持ちらしい夫婦の人としばし雑談。ビール 3 杯飲んで眠くなった。船はすごい速さで進む。いつのまにか眠っていた。目が覚めたらフィンランドについていた。

　フェリーは車 3 台とわたしのオートバイだけだった。フィンランド入国手続きはコピーの登録証書でなく本物をみせるだけで簡単にすんだ。13 時 30 分港を出た所で日本人ツアー旅行者と会って写真を撮った。街の中心まで走って公園の中で休憩、しばらく街の様子を見て見よう。近くにインフォメーションがあり地図をもらってユースホステルを探す、すぐに見つかった。ユースは 17$=2040 円。

とりあえず 2 泊予約した。今晩の夜食の買い物がてらに街をぐるっと走ってみた。ま、落ち着いたきれいな街並みだ。駅前のスーパーでステーキを買ってホテルで食べたが筋があって味は今いちだ。九州に電話を入れる、長兄嫁姉さんが手術すると聞いた。手術が無事に終わることを祈る。

2001 年 6 月 24 日日曜　　　フィンランド

ひとりだと思っていた部屋は夜 11 時過ぎて一人が入ってきた。朝サウナに入って戻ってきたらいなくなっていた。もっとも 10 時過ぎている。朝からビールで朝飯兼昼食をすませる。夕方 6 時前に港に行ったらちょうど観光船があった。ぐるっとまわって帰るのかと思っていたら島までの渡し船だった。2 時間ぐらい島をぶらぶらしてすごす。島には大砲が残されていた。

また島では地元の人たちだろうか海水浴を楽しんでいる。ホテルに戻ったのは 21 時過ぎていた。中央駅の近くスーパーで昼間買っていた肉で晩めしとする。

北へ北へノルウェイに向かう

気持ちのいいフィンランドの真ん中を北に上がって走って行く

2001 年 6 月 25 日月曜　　　フィンランド

ヘルシンキを出発。きょうからフィンランドを北へ北へ走る。やく 400km 走った。Oulu まで来た。小さい村だ。ガススタンドでオートバイを修理している二人に宿を聞くと、ユースホステルまで引っ張ってくれた。レセプションとホテルは離れていた。ひとりだとわかりづらい場所だったので地元の人に聞いてよかった。オートバイ仲間にありがとう。150F=2550 円やっぱり高いな。レセプションは池のそばに立っている。

　ここのユースホステルは保育園と学校を開放しているのだろうか。学校の二階に部屋があったが泊まり客は見なかったのでいなかったのではないか。なにか閑散とした夏休みの学校の教室の感じがした。

2001 年 6 月 26 日火曜　　　フィンランド

　朝部屋のキーを返しにいったら 50F＝850 円戻ってきた。ということは 1700 円だったんだ。そこから北上、オウルを経てボスニア湾岸奥地ケミのところまで行ってロバニエミまで行きたいと予定を立てた。走り出すとさわやかな風。でもこれじゃ寒くなるな。半袖シャツにジャンバーで走っていたが途中から長袖シャツ、ズボンはカッパを着こんだ。林の中、森の中を走る、なぜかきょうは地図通りに走っている。

　すれ違う車は牽引しているキャンピングが多い。途中行き止りになった。ここは湖を渡し船でちょこっとだけ渡るのだ。双方からワイヤーで引っ張るだけの板の船に 8 台の車を載せて 10 分ぐらいで着いた。しばらくダートの道。地元に案内板が立っていた。ユースのマークがあったので行ってみるとユースではないとのこと、まいいや、そのまま Oulu を過ぎて右に入り直してロバエミに向かう。

地図を見ると点々と湖ばかりだが走っていると見えない

地図上にはいっぱいの湖が載っている。しかし走っているとあまり見えない湖が出てきた。だけどここは行き止りの道。湖を板の船で渡る

　入ったとたん赤土のダート、本格的なダートの経験だ、はじめての経験だ。そろそろとこわごわと走る。いやーこわかった。その途中にユースがあったので泊まることにする。一泊 125F＝2000 円キッチンからは湖が見える、

ずーっと静かな森の中、それにしてもキャンピングカーの多いこと多いこと、運転席の上にトナカイの角みたいにつき出ている感じのキャンピングカーばかりでその恰好がおもしろい。

地図を見ると上空から見るのと同じで点々と湖ばかり一面に広がっているが実際走ってみると湖は時々しか見えてこないなー、森の中に隠れているのだろう。

2001 年 6 月 27 日水曜　　　くもり　くもり　くもり　　　フィンランド

夜 11 時、真夜中 2 時になっても明るいずーっと明るい。その白夜の朝、8 時ごろ起きてシャワーを浴びる。そしてきのうの残り 1kg の半分 500g ステーキを焼いて食べきった。喰い終わった 9 時半。雲が出ていたので様子を見ていたが雨はない！　よしと 10 時半に出発するもすぐに郵便局に寄る。4 通の写真とモスクワで買った「切手集」厚本 2 冊を送る。結構時間がかかって 12 時になってしまった。

相変わらず高原地帯みたいなところを走っている感じだがそうでもないようだ背の低い針葉樹に代わっているからそう見えるだけなのかもしれない。走る、走る。Kittlu 過ぎて Sirukka で右に入る。ポッカ Pokka からイナリ Inari の間は赤土のダート。ダートにこわごわびくびくしながらスローで走る。イナリのユースには 20 時についた。冬にはオーロラを見学に大勢の人たちが訪れるとユース管理人の話。

一泊 75F=1280 円、小さいコテージ風の小屋になって環境はいいところ。部屋の中は暖かい裸で過ごせる。今日はあり合わせの缶詰、ゆでたまご、玉ねぎも、ちろんビール、ウィスキー、ウォッカーは常備している。

ノルウェイ入国

2001 年 6 月 28 日木曜　　　フィンランド～ノルウェイ

白夜に夜中はない、暗くならない。ここはカーテンを厚くしてあるので部屋は暗くなる。夜半に雨が降る音、朝方まで小雨が降っている。きょうはせ

いぜい 200km ぐらいだからカッパを着て 8:10 分にスタート。すぐに雨はやんだ。しかしだんだんと寒くなる、普段より一枚多く着こんでいたのだがやっぱり北の、北の方に来たなんだなーと感じる。温度計は 10℃そこそこを指している。

　国境らしい建物が見えてきた。ここは T 差路になっている。国境は日本の交番みたいな建物。人はいないような感じである。何台かの車は自由に通過しているのでチェックはないようだ。2、300m 走った川の中央にフィンランドとノルウェイ正式な国境標識が建っていた。国境を越えると今までとは違ったグレー色の川と道、あーノルウェイに来たなーと感じた。急に登り下りの道になる。右下に大きな川をみる。

フィンランドからノルウェイ
に入る国境の橋

　今まで何本か川を越えてきた。もうすぐ 2km ぐらいでラクセルブという町の手前でユースホステルの「看板」が建っていた。「エー」この街にはユースが二軒もあるのかなー。看板に沿って右の細いわき道を登って行くとジャリミチの行き止りにユースがあった。ユースのスタッフは 3 時に戻ると泊まっているお客の話、張り紙もあった。それではと 4km 先の町まで行って他にもユースがあるのかどうか聞いてみる。

　ユースホステルはさっきのところ一か所だった。マーケットで食材を買い込んでユースに戻る。まだ 13 時だ。中に入れてもらい昼めしにビールを飲む。周りを湖に囲まれたロケーションはいい。夕方から雲がとれて青空が広がった。二晩は予約できたが三日目は満杯になっている。二日分 300N=3600 円。日本に電話を入れる姉さんの手術に「なにかあったら」自宅に電話が入っているはず。

電話はきてないとのことでホッとする。電話はコインしか使えないのでスタッフがいないとどうしようもない。ところで白夜はいいが日の出はどうなるの？　日の出、日の入りはどこで判断するのだろうか。

2001 年 6 月 29 日金　くもり 10℃　くもり　くもり　小雨　雨　ノルウェイ

夕べはずーっと白夜の観測をして 2 時頃まで起きていた。朝 10 時に起きた。地図に走行記録を書き入れる。昼食はビール。13 時前にノールカップ岬の右隣り岬ノルヒン岬に向けて出発。行けるところまで行ってみよう。じゃりみちの坂エイッと登り上がって着いたところは 5 時間かかってマハメン Mahanme..。トナカイの群れだ、写真を撮ろうと停まるとトナカイはパッと同じ頭数ぐらいに二手に分かれた。

ノルカップ岬隣りノールヒン岬の行き止りの海岸まで走って見た。自動シャッターで撮った

ここは「地球ではないのでは」……ゾクッとした

ふーん子孫を残す自己防衛本能だろうか。そのあとも停まるたびにトナカイは二手に分かれる。途中は見たことのないガレキというか石ころのだらけの道、大小の湖が無数に拡がって周りには雪が残っている。道は狭い、くもりなので寒い寒い 10℃を切っている。雪もあちこちに残っていて月のクレーターみたいな感じもする。他の風景とは違うな。うん「ここは地球ではないぞ！」違う世界に来たようでぞくっと鳥肌が立った。

道は海岸に出て「行き止り」になった。自動シャッターで写真を撮って引き返す。ここはすごいぞ、ノルウェイの北の北だ。宿に戻ったのは 10 時それから食事。そうだ、九州に電話したら姉さんの手術は 6 時間半かかって手

術は終わり今は麻酔がとれたとか、まずは安心だ。

2001年6月30日土曜　　　ノルウェイ

　朝どんよりのくもり、きょうはホテルが満杯のため移動しなければならない。9:40ホテルを出る。街でお金を下ろしてきのう走ったノルヒン岬のもっと右の岬最後の北の岬バルディまでの予定。途中まではきのう走った道だ。寒い、きのうと同じく7枚の重ね着、真冬の支度。それでも首に冷たい風があたる。きのうの道とは違って丘陵地帯の起伏の多い道になる。山には樹木は生えていない。

ノルウェイの北の果ての
バルディ島右〔南〕には
ロシア領が見えた

　250km走って海岸に出て見える陸はロシア領だろうか。青空になってきたが実は途中、ガスと雨になり人など住んでいない周りの景色のなんとも不気味な静けさに恐くなり引き返そうと思った。しかしあきらめずにやっぱり来てよかったなー。高くはない山から海岸までなだらかになっている。最後はトンネルを抜けて目的地バルディについた。18時半である。

　高すぎてことわった7000円のホテルで紹介してもらった「安い」ペンション200N=2000円に泊まることにした。日本の民宿と同じである。

注・バルディ島だった。
Varde バルディには最後のトンネルを通ったことはわかっていた。今までてっきり陸続きだと思っていた。２０１０年6月1日記をパソコンに写していて「グーグルアース」で確かめていたら結構離れている島になっていてビックリ

2001 年 7 月 1 日日曜　くもり 10℃　くもり 10℃　はれ 17℃　くもり　一時雨　くもり　はれ　はれ　ノルウェイ

ロシアが見える北の果てバルディ島の朝。夜中 2 時に起きて太陽を見に外に出たが曇りで見えない、雲の上から光を放っていた。8 時 15 分民宿を出る。日曜だから静かなのか、いつもこうなのかはわからない。ガススタンドに行くが 10 時にならないとオープンしない。仕方ないなー、あと 70km ぐらいは大丈夫だが、ぎりぎり間に合うかどうか。急ぐ必要もないのにどうしてこんなに早く出発したのかどうか自分でもわからない。

まーゆっくり走ろう。ほかには見られない景色、何回も停まって写真をとる。そうだ、トナカイの集団にも出会った。一瞬トナカイは立ち止りこちらを見る、カメラを構えるとパッと今回も二つの集団にわかれて逃げ出した。子どもトナカイから親は離れず最後までいっしょにいた。いい写真が撮れていたらいいがなー。ヒツジの親子は朝早いから道路に寝そべっている。いくらか道路の方が暖かいからだろう。

親ヒツジは子どもをすべて 2 頭づつ連れ添って歩いていた。子ども一頭や 3 頭連れもいないすべて 2 頭づつである。ひやひやしながら走ってきたがガス欠にならくてよかったガススタンドで給油、ロシア側バレンツ海沿岸に沿って走りこれまで泊まっていたユースに着いた。ユースはきょうも満杯で臨時で地下の卓球室にある椅子の上で泊まることになった 100N=1000 円。

きょうは朝出るときから冬支度 7 枚を着こんで、マフラー、靴下 2 枚長靴に替えて走ってきた。これだけ完全武装すると寒くはないが風は冷たい。夜 10 時過ぎから天気が回復太陽がずーっと出て白夜。しかし曇りになったり雨もあるので白夜と言っても毎日毎晩太陽は見られるわけではない。夜中の 2 時の写真、太陽の光はちょっと弱弱しい。夜中でも太陽が出ていることにはじめは不思議だった。夜寝るのに慣れるまで時間がかかった。

北の果てノルウェイ・ノールカップ岬

2001 年 7 月 2 日月曜　　　　小雨　雨　雨　雨　　　　ノルウェイ

　ゆうべも夜中 2 時過ぎまで外に出て太陽を眺めていた、泊まり客の人も起きていた。あさ 8 時過ぎに起きる、眠い。9 時 40 分に宿を出発街のマーケットで夕食の肉、ビールを買う。ついでにフイルムも買った。きょうは待ちに待った最北端ノールカップ岬まで 200km。小雨から雨、まぁきょう中に宿につけばいい。ゆっくりゆっくり走ろう。途中のドライブインで日本人ツアーの人たちがいて日本のナンバーを見て驚いていた。

夜中の 2 時の写真、太陽の光はちょっと弱弱しい。夜中でも太陽が出ていることにはじめは不思議だった。夜寝るのに慣れるまで時間がかかった。

　自分としても「日本から来たんです」と自慢したかったがあまり興味はなさそうだったので「話すのを」やめた。あと少しでノールカップと言うところで「ユースホステルの看板」を見つけた。ほんとにあるのかな……本にもパンフにも載っていないぞ。日本人女性が歩いている。ユースのことを訪ねると 500m 先の「すぐそこ」とおしえてくれる。10 人部屋男女別々二部屋だけ。175N＝2000 円。

　新しくできたユースホステルだった。入り口にある炊事場ではストーブを燃やしていた。100m 奥の部屋に荷物を置きノールカップに向かう。ノールヒンやバルディとチト違う風景。どこを切り取っても「絵」になる景色はうつくしい。ロケーションとしては抜群のところ。ユースから 20km ぐらいだろうかついに最北端ノールカップに来たぞ。「地球儀」をかたどった最北端を示すモニューメント。ここが地の果て北の果てだ。

　切り立った絶壁の海岸はそう思わせる。残念ながら雨のため見晴らしはよ

くない。いいんだ……いいんだ、晴れたら又来るから岬の建物の中には郵便局、おみやげの売店レストラン、部屋の中からも海を眺めることが出来る。フジ TV のロケーション「旅は終わる」の撮影をしていた。大自然の美しさには感動する。2、3 日はここで過ごそう、その気にさせてくれるところである。

　ユースの泊まり、きょうはおれ一人だけのようだ。走り始めて 10 カ月わたしはここに来て一区切りついたような気がする

恥知らず失敗の巻

夫婦子ども連れ 3 人で来ていた。ノルウェイ最初のユースに着いた時、ていねいに教えてくれてあいそうがよかった奥さん。二日目には口も利かなくなったおかしいなと思った。三日目に家族で帰ったあと炊事場に行くと今まで使っていた、包丁、まな板、サランラップなど無くなっている。うーん、あ一そうだったのか炊事場の調理品はあの家族のものだったんだと気付いたがあとの祭り。「黙って使いこんで」しまってと思われたのだろう。当然のことだ。しかし私は今までユースの炊事場には包丁、まな板、など据え付けてあったのでそれが「普通」と思い込んでいたのだ。ここは違った。うーんところ変われば品かわる。いまでも思い出すたびにも申し訳ないのと恥ずかしい「冷や汗」が出る気持ちになる。あとの祭り。すみませんでした。

2001 年 7 月 3 日火曜　　　雨　雨　雨　　　ノルウェイ

　朝もきのうと同じく雨雨。ガスもかかっている。10 時過ぎにベッドから出て 11 時頃からビールで昼食にとりかかる。安い食材たっぷり買い込んできたので気楽なものだ。安いステーキを焼いてたべる。ホテルに泊まる思いをすれば一日分 2000 円ぐらいですむ。午後絵葉書 20 枚を買って書き終わる、5 時になった。福岡から来た青年がこれからノールカップまで歩いて行くという空港からも歩いてきたと話す。ゆでたまごを持たせてカッパを貸した。日本の 5、6 人へ電話する。

2001 年 7 月 4 日水曜　　　ノルウェイ

　今日も相変わらず雨模様。昨夜 12 時頃歩いて帰ってきた福岡の青年、行

きは何台か「乗せる」と停まってくれたが断って歩き続けたが最後はコカコーラの車に乗せてもらった。帰りはバスの最終バスに乗ってきたと話す。ずぶぬれで寒かったとも話す。雨具ぐらいは用意してこないと危険な目に会うぞ。朝9時青年をオートバイに乗せてノールカップ岬に向かうが雨とガスで引き返す。

　そのまま空港まで送って行く。確か12時50分とか言ってたっけな。マーケットで肉、ビールを買い足して午後床屋に行く。店の男は今やってない？と話すやってるではないか？　わたしがあまりしつっこいものだからドアを開けて「出てゆけ」と言わんばかりの態度だ。いったいどうなっているんだ。そのあと二軒とも同じく断られてしまった。今も雨だ途中夕方五時一時やんだので大丈夫と思ったがまた雨、ガスで駄目だ。19時過ぎに夕食とするか。

　*（なーんだそうだったのか、ここら辺の床屋さんは「予約が必要」なのだとずーっとあとから知った。知らないことはおっそろしい）

2001年7月5日木曜　　　くもり　くもり　雨　雨　　　ノルウェイ

　夜中に二人泊まり客が入ってきた。夕べ部屋から出ようとしたら日本人女性が泊まっていて白夜のノールカップに行って朝そのまま飛行機で日本に帰ると話していた。あわただしい日程のことだこと。きのうの福岡の男性もそうだった。久しぶりに朝方太陽が顔を出してきた。9時過ぎノールカップ岬に出かけようとしたら日本人男性、北海道から来たと言うG青年。オートバイの後ろに乗せていくことにした。

ノルウェイ最北端・
ノルカップ岬を見る

　途中ノルカップの他の岬にも寄ってみた。しかしノールカップにつくころ雨になってガスで周りはまっ白でなにも見えなくなってしまった。宿に3時につき昼食兼夕食にする。宿にはオートバイで来たイタリア人とおれたち日本人2人の3人。

2001年7月6日金曜　　　　ノルウェイ

　夕べは8時ごろにベッドに入りいつのまにか寝入っていた。夜中にイタリア人がごそごそやっていたが気にならない。トイレに起きるがまだ夜中10時だ。外は雨、朝起きた8時頃までぐっすり寝た。明るいくもりになった。G青年をオートバイに乗せて9時半ノールカップに向かう。きのうよりはいい天気だ。周りの景色も見渡せるように天気は回復した。写真を撮りながら展望台のあるノールカップ岬をゆっくり一回りした。

　崖の上に小さいな花も元気に咲いている。ノールカップは今日で終わり。次の町に進もう。G青年を町までオートバイで送っていく。相変わらず雨が降りつづいている。北の果てノールカップよバイバイ。ゆっくりゆっくり走りアルタ・ユースホステルについたのは16時。受付は17時からなので町を一回り、一泊125N＝1500円ぐらい。わたしの他には客はいないようだ。きょうペンキ塗りたての壁。ペンキ缶を玄関に置いてある。夕方太陽が出てきてホッとする。

ノルウェイ！　島・島・島　海岸べり他の国では見られない景色！

2001年7月7日土曜　　　　はれ　はれ　はれ　よい天気　　　　ノルウェイ

　アルタのユースホステルを9時40分に出発。オートバイの汚れが目立つので洗車していたら遅くなってしまった。でも少しでもきれいにすると気分良く走れるもんだ。E6号線で行けるところまで一気に走りきろうと思った。しかし走り始めて途中の細長い島々に寄ってみたいと気が変わった。どうなることやら。これまでもそうだったが野に咲く花があり、滝があり、海があり、山には雪が残っている。

　ここらあたりの景色は遠からず、近かからずちょうどよい距離感「このまま通りすぎてもいいのっかぁ」て大自然に問いかけられているようだ。停まっては走り、走っては停まって景色を写真におさめる。いっこうに進めない。ま、二度と来れない場所なんだ。こんな美しいところを素通りするにはもったいないゆっくりゆっくり走る。普通 100km 一時間半ぐらいの所を倍の 3 時間かかった。

　途中渡し船のある港についた、しかし出港まで 30 分以上あったので他の道にする。ガススタンドでもらった「地図」には「ユースホステル」の「マーク」が載っているので助かる。パッと見てわかりやすいので使いやすいな。きょうの宿はユースホステルではなかった。日本で見るどこかの会社の保養所みたいな建物、中に入って聞くと泊まりも「OK」とのこと。150N=1800円だったので泊まることにした。

　部屋からは雪の残った山々を眺め、部屋は 4 人部屋にひとりだけ。そう言えばスーパーでビールを買おうとしたときアルコール売り場にはシートをかぶせてあった。土曜はアルコールは午後 3 時で終わりとか「ヘー」なぜだろうか。わからないなー。近くのガススタンドでビールを売っていたので「助かったー」。山の上に厚い雲がかかって太陽を隠してしまっている。

2001 年 7 月 8 日日曜　　　はれ　はれ　　　　ノルウェイ
　カーテンが二重になっていたので部屋が暗くなり久しぶりにゆっくりぐっすり眠れた。8 時に起きた、この宿には本格的なサウナを備えていた。朝サウナに入り 8 時 45 分出発。きょうはフィンランド、ノルウェイ、スウェーデン三国が集まる国境に行ってみよう。久しぶりの快晴の中どんどん高原を上がっていく、途中には野草の咲く高原の中にユースホステルも見つけた。泊まって過ごしたいと気をひかれるのどかな宿である。

　雪解け水だろうか大きくはない川を道にはみ出しそうな勢いでとうとうと音をさせながら白い水が流れて行く。30 分ぐらいで国境についた。フィンランドの国境があったが係官男女二人にパスポートなどの提出はしなくてす

んだ。フィランド、ノルウェイ、スウェーデン三国の国境は湖まで歩くことになるとやさしそうな国境係官の話。時間がかかりそうなのでそのまま引き返した。これからトロムシ（トロムセ）に向かう。いやー今日は天気はいいし、風もなし。

　ここらあたりは車も少なく気持ちいい。2時にトロムシ（トロムセ）についた。ユースホステルは閉まっているのだろうかと裏にまわってみると掃除中。受付してくれたので荷物を部屋に置いて島を走ってみた。こんなところに飛行場もあるんだ。その近くの畑にピンクの花があたり一面に咲いている、時間を気にせず写真を撮った。宿に戻ったのは20時。マーケットでアルコールは売ってないので近くのレストランで食事をすませる。

フィンランド、ノルウェイ、スウェーデンの三国が集まる国境。ここはフィンランド国境の係官。パスポートなど見せなくてよかった

2001年7月9日月曜　　　はれ　はれ　暑い　はれ　　　　ノルウェイ

　なんだか頭が重い感じ、どうもウォッカーとウィスキーを飲むと軽い二日酔いみたいな感じになる。9時前に出発。予定立ててから4日目になったが目的地に着かない。きょうは今日こそは細長い島の果てまで行ってみたい。アンデネス Andnes まで約600km、右に左に大きな山がでーンと座っている。雪解けの長ーい太いフィヨールドが何本も流れている。山の頂から湖（海なのかな）まで続いて不思議である。

　途中郵便局があった、きのう買ったトナカイの毛皮を日本に送った300N=3000円。ここにきて風が生暖かくなってきた、コートを脱ぎ長袖一枚とチョッキー1枚で走れる。ノールカップ岬とは大違いだ。こんなに違

うのかな。きのう喰えなかったステーキ用生肉 1kg=1500 円買った。ビール
も早めに買い置きした。予定より 1 時間遅れになった。いいんだよ時間は。
今日中にアンデネスにつけば。

　大きな長い橋を渡る右に左に海を見ながら渡る。景色はやっぱり目を見張
る。いつもの風景とは違ってくるな。山の半分東側は隕石でも落ちたような
大きなスプーンでえぐったような特徴的な山、卵のからを割ったようなギザ
ギザ稜線の山が続いたり、人間の肩のようななだらかな、どでかい山があっ
たり変化に富んでいる。島の北、先端にあるアンデネスに 19 時についた。
宿は満室でダメ。

　紹介してもらったペンションも満室。この際肉を焼けるキッチンがあると
ころだったらどこでもいいいやと走り出すとインフォーメーションを見つけ
た。紹介してもらったそこは 250N を 200N に負けてもらって泊まることに
した。あーよかった。車で迎えに来てもらいさっそくシャワーを浴びて肉を
焼く。あー腹へったー、赤身の生が残る肉にがぶりつく。ここはクジラの
ウォッチングで有名なところだと宿の人が教えてくれる。

　ここまで来るまでクジラのことは知らなかった。そう言えば TV のロン
リープラネット日本で見たのはここだったのかもしれない。あした船で出か
けて見よう。オイル交換もしなければならないし、トコヤにも行きたい。

2001 年 7 月 10 日火曜　　くもり　くもり　くもり　くもり　　ノルウェイ

　ペンションを 9 時に出てユースホステルに向かう。きょうは泊まれると聞
いている。荷物を預けてクジラ見物のツアーに参加しようとオフィスに行っ
てみると午前中は予約いっぱい 15 時もダメ。空いているのは 17 時と 19 時。
17 時を予約する。それまで床屋にいってすませよう。床屋さんも予約制であ
した午後 3 時だったら OK という。あーここら辺は床屋さんも予約制なのだ。

　ノールカップ岬の床屋さんを追い出されるように 2 軒とも断られたのは
そのせいだったんだ。オイル交換の時期になっている、これまで約 5000km

でオイル交換してきた、近くのシェル・スタンドでオイル交換をすませる。15時ホテルに戻り遅い昼飯。16時集合のクジラツアーの港へ、17時まで待つ。あーツアーチケットがない。いくら探してもない、もらってないような気もする。

酔い止め薬を進めていたスタッフに「ノーチケット」と言うと名簿を見て領収書も見せると「OK」になった、あーよかった。船が動き出した。1時間ぐらい走って急にエンジンが止まった。クジラが塩を噴き上げているのが見える。20人ぐらいの観光客は一斉にカメラを向ける。白夜なので夜でもはっきり撮れる。何回か塩を噴き迫力ある胴体は海にもぐる、海水が尾ひれから流れ落ちる「その瞬間」はよく見かける最高の写真。

それを狙って撮るのだがうまく撮れない。21時過ぎに港に戻る晩飯を終えて24時にベッドに入った。部屋にはニュージランドの夫婦がダブルベッドで寝ている。悪いと思うがユースホステルだから仕方ない。

クジラツアー。
ノルウェイ・アンデネス島

どこを走っても素晴らしいノルウェイ

2001年7月11日水曜　　　くもり　雨　雨　雨　　　　ノルウェイ

きょうは短い300km走るだけなのでゆっくり10時に出発。海岸線に沿って走る。切り立った岩のそばを通る時には道も2mぐらいに狭くなり心細くなってきた。岩には白く太く線になっためずらしい断層もある。車一台やっと通れる細いじゃりみちになってしまった。この先大丈夫かいな。花もあるが草ぼうぼうのじゃり道スロースローでようやく本線に出たようだ。目安の

100km で 13 時になった。

　だいぶ時間がかかった。スタンドで給油したあと行き止りになる。うん？ここは船で渡るようだ。こういう「行き止り」がたびたび出てきてはフェリー船で渡る。船は出たばかりで次は 15 時 20 分。雨が降りつづいている。船の中でいつのまにか眠ってしまいお客さんに起こされるまでこの間 40 分。ガスに包まれた風景もいいものだ。このまま宿まで突っ走ってしまおう。

　と走り出すが、どうしてどうして「撮りたい景色」が出てくるのでやっぱり停められてしまう。なかなか先に進ませてくれないのだ。これがノルウェイのいいところなのだろう。途中「Å」と書いた標識が出てきた。なんと読むのだろうか。岬の先端についた。ユースも木造で島の先端、島の果てを感じさせるなかなかいい雰囲気だ。4 人部屋にはすでに 3 人が入っている。

なかなか先に進ませてくれないノルウェイの美しい大自然

2001 年 7 月 12 日木曜　　　　ノルウェイ

　比較的ゆっくり眠れたような気がする。9 時過ぎに起きて今日の宿代を払いに行く。トコヤに行こうとレセプションの人に電話してもらったら今日もあしたも予約でいっぱいとのこと、やっぱりどこもいっぱいでよわったな。朝、昼兼食事ビール、にスパゲティをゆでて済ませる。久しぶりにオートバイの洗車は洗剤を使った。気持ちよい程汚れが落ちた。宿から岬まで歩いて行く 10 分ほど歩いたら島の先端についた。

　子ども 2、3 人が泳いでいる。冷たいだろうに、勇気があるなーと感心しながら見ていた「そうだここは北の海だ」思わぬことから「泳いでみよう」

と気持ちが変わった。裸になりパンツ一枚で海の中に「ウヘー」冷たーい。たっぷり心臓に海水をかけてざぶんと海に入った。海藻が足にからまる。うへーつめてーひと泳ぎしてすぐ陸（おか）に上がる。自分のだらけた気持ちが引き締まる感じもする冷たさだった。

　子ども達の親に写真を撮ってもらう。宿に戻りオートバイで地元の魚物産展の店をのぞいてみたが意外と高かったのでやめた。近くのガススタンドで給油、そこは無人スタンドのカード式である。カードのないわたしは給油できないのである。困ったなー、来た、来た、地元のバイクの人だ。「すみません」お願いします。100N を渡してその分給油してもらった。ありがとう。19時頃宿に戻る。

　日本人女性がイタリア人女性と来ていたのでキッチン食堂でいっしょに話ししながら食べる。イタリアでは日本系の銀行で働いていてイタリアに来て11 年ぐらい経つとの話しだった。何を話したか忘れた。

だらけた気持ちが引き締まる
思いの北の海の冷たさだった
ノルウェイ・Å？の海

2001 年 7 月 13 日金曜　　　　ノルウェイ

　来た道を戻らないでこれからフェリー船でノルウェイ本土に渡る予定だ。宿で 10 時 30 分の船があると 60 歳過ぎたぐらいの男性が教えてくれた、違うなと思いながら支度して港に行くと 14 時 30 分その前は 8 時と出港したあとだった。年寄りはイケナイナ。わたしは 56 歳で引退した、年寄りは早目に引くのがいい。時間が出来たので写真を撮りたかった場所まで戻って気に入った花と海の風景をあっちこっち満足するまで撮った。

　ハガキも郵便局で出した。郵便局にはきのうスタンドでカードで給油してくれた男の人もいた。きのうはありがとうございました。船着き場から 14 時 30 分の船に乗る。約 4 時間でボーデ（BUDO）についた。船代 145N=1500 円ぐらい。ついた港の近くのユースホステルに泊まる。

この景色は二回も写真撮りに
向かったきれいなところ。

いたるところで咲いて色とりどりの花は「そのまま素通りして行くのか」って話しかけてくる感じ。周りの景色にあわせるようないくらでも美しい花。ちり紙にはさんで日記にはさんでいたもの自分でスキャンした。今は色あせてしまったノルウェイの押し花（２００１年７月）

スウェーデン入国

**2001 年 7 月 14 日土曜 くもり 15℃ すぐ雨 10℃ さむい冷たい 9℃ ノルウェ
イ～スウェーデン**

　9 時半ごろ宿を出てスウェーデン・内陸海岸（ボスニア湾）に向かって走
る。すぐに雨になった。せっかく洗車したばかりなのにあーあ。カッパを着
て、カッパのヘッドの部分をかぶりその上からヘルメットをかぶった。これ
だとあったかく感じる。国道 E6 号から E12 号に入る右に左に湖が連続して
出てくる。気温は 10℃を切っている。高原なのか平地なのか、感覚として
は高原を走っている感じだ。

　ウメオ UmeÅ まで 150km 残してユースホステルに入ろうとしたが閉まって
いる。しょうがないさらに走り、街のはずれにあったキャンプ場、テントでは
寒すぎるので併設されたホテルに泊まる。なんと 390N=5000 円ウーン高いが
しょうがない。きょうの道後半は走りやすかった平均 100km のスピードで走っ
た。北欧に来てからほとんど 100km 以下で走っていたので気持ちよかった。

北欧に来てからスピード
をおさえて走ってきたが
ここの道は１００ｋｍを
出せる広くていい道だっ
た。西の海ノルウェイ海
から東の内陸・スウェー
デン・ボスニア湾に向かっ
て走る。寒かった。

2001 年 7 月 15 日日曜 はれ 16℃　17℃　はれ 11℃　雨　雨 スウェーデン

　朝 4 時にトイレに起きる。外は太陽と青空が広がっている。でもまだ早い
床に入る。目が覚めたのは 8 時、あまりにも天気がいいじーっとしていられ
ない気分。9 時 15 分にキャンプ場をあとにする。なんだか秋空のような雲
ひとつない青空だ。11 時にウメオ (UmeÅnit) シティについた。そこから海
岸に沿って走り続けサンドスベル Sundsbal に 15 時着いてしまう。道はいい
し車も少ない。ボスニア海岸とはお別れだ。

今度はスウェーデンから西に向かって再びノルウェイをめざす。途中のユースホステルは味わいのある旧い山小屋。泊まったのは隣の小さい小屋。ここはまだスウェーデン

（Å はオと読むらしい？　がはたしてどうか）そのまま今度は西に向かって横断して再びノルウェイ海をめざす。またまた雨が降り出し本格的な雨になってしまう。あんなに天気がよかったのに。雨の中を走り続け高原の中に入ってユースの看板を見つける。1 キロ森の中に入ったところにあった。旧い山小屋風で周りの雰囲気もいい、100S=1400 円。まだ 16 時と早い時間だが泊まることにした。

　きのう高い宿代だったので 2 日で 6400 円÷2=3200 円になり少しとりもどした勘定になる。ポケットには右にノルウェイ、左にスウェーデンのお金を入れて走る

2001 年 7 月 16 日月曜　はれ 16℃ 10℃ 9℃ 6℃　スウェーデン～ノルウェイ
　すっかり雨も上がり青空が広がっているがきょうは大丈夫だろうか。きょうは長丁場になる予定。8 時 15 分宿を出る、道はすこぶるいい 100 キロのスピードに乗せて 120 キロも楽々。買い物した 10% を「国境」で払い戻しをしてくれると聞いている。今度はノルウェイ。しかしここの国境での払い戻しはしてないらしい。いやな雲が早くも出てきた。寒い朝 16℃あったが今 10℃を切っている。いやーまいったなー。

　15 時過ぎてきょうもとうとう雨になってきた。E14 号から E6 号にはいりマンモスのいる地区ドブレ？　Dovre。寒いけど何となく活気のある街。その町のはずれにあった MOTEL に泊まる。ここは一軒一軒小さいコテージで 180=2000 円ぐらいかな。周りはガスがかかって寒い。一日おきにノル

ウェイ、スウェーデンと通貨を使い分けるのがめんどうだ。ポケット右にノルウェイのお金、左にスウェーデンのお金と分けている。

自分でもわからなくなったりややこしい。さてあすの天気はどうなるか。晴れてくれ。

2001年7月17日火曜　5℃雨 雨2℃ 14時はれ10℃ はれ12℃　ノルウェイ

雨の中8時40分キャンプ場を出発。マンモスのいる国立公園に向かうがわからずに行きすぎて戻った。じゃりみちになってガスが出て寒い寒い。入り口には誰もいない、ゲートの横から入ってマンモスを探しながら走る。だんだんとガスが強くなってきた。ごく近いところしか見えなくなった。周りを見ながら走らなければならないがじゃりみちのためそうはいかない。手が冷たくて痛い、20〜25kmぐらい走って行き止まりになった。

ロッジとトイレの建物だけ。だれーもいない。周りはまっ白のガス。温度計は2℃を指している。これじゃマンモスは見られない。マンモスを見られると期待してきたがこれじゃダメだ。しょうがないトイレの写真だけ撮って帰ろう。フロントに落ちてきて硬い音をさせているものがあるヒョウが落ちてきたのだ。そろそろとじゃり道を戻る。途中車一台あっただけ。ようやく本線に戻る。

E6号線から15号線さらに55号線、地図ではなんともない道だがE6も田舎道55号はもっと田舎道だ。いつのまにか山岳道路になった。2時頃から青空がのぞいてきて山頂と思われるころまったく晴れわたってきた。オーいいぞ。こうーじゃなくちゃ。午前中ひどい目にあったから救われた感じである。わー残雪の残った周りの山はきれいな風景。あそこもここも写真に撮りたい風景ばかりでいっこうに進まない。

ま、いいじゃないか、写真の出来上がりが楽しみだ。充分に満喫したあとの走りは気持ちがいい。目的のユースホステルはすぐに見つかったドルンダス？　Dorndas に17時半に着いた。

いつのまにか山岳道路になり雪山の中を走る。晴れてきたので気持ちがよかった。ノルウェイ中部地区（左）山岳道路が続く（右）

氷河を歩く　降りるとき恐かった

2001 年 7 月 18 日水曜　　はれ　はれ　はれ　はれ　はれ　　ノルウェイ

　きのう氷河のあるところまで「一時間足らずで行ける」と宿の人に聞いたばかり。行かずにはいられなくなった。朝 9 時トコヤに行ってすませてからと思ったが、夕方 5 時の予約になった。すぐに氷河を見に向かう。12 時と 14 時トレッキングツアーがあると聞いていたので余裕を持って早目に向かった。おーあれか。写真で見た山の上からせり出している氷河が目の前に出てきた。10 時半に意外と早くついた。

　アイゼンとピッケルを持ってトレッキングに行く人がボートに乗った。わたしも何も分からずボートに乗り氷河のあるところまで行く。渡ってしまったので 2 時間コースはダメと言われファミリーコースになった。ま、いいや。軽アイゼンをつけ氷河の上を歩くコースなのだ。氷河の割れた裂け目は青白くなんとも美しい色。白の氷はどうして青白の色になるか不思議な感じがする。

　空は青空、真っ青で気持ちがいい。リーダーのあとに 12、3 人はロープをたよりに歩く。わたしは一番最後を歩く。降りる時がちょっと怖かった。宿に戻って 16 時トコヤに行く、予約は 17 時なのでダメといわれ近くをうろうろ散歩して時間をつぶす。トコヤは 30 分で終わり 180Kr= 約 2000 円。ユースに戻り「あと一泊」しますと話したら満杯で今日はプール（満室）で

「だめ」と、えー荷物を部屋に置きっぱなしですよ。

　シングルしか空いてなくて260kr=3300円、ああー高いなー。しょうがない泊まることにする。オートバイの前のブレーキがシャーシャーシャと音がする。だいぶ気になる音になってきた。早目に交換したいが山の中、あと2、3日ガマンして走るしかないか。

裂けた氷河は青白くうつくしい色になっていた。全員ロープでつなぎ滑落防止。降りる時恐かった。

2001年7月19日木曜　　　くもり　くもり　くもり　　　　ノルウェイ

　団体のお客さんが出て静かになった。8時前に起きてそのまま8時15分出発。きょうはベルゲンBergenまでの予定。55号からE39に移り意外と早く船着き場11時30分。そのまま直接船に乗り込む、料金忘れた、20〜30Kr=200〜300円ぐらいだろう。30分ぐらいで到着。あと120kmでベルゲン市だ。意外とスムーズ宿を出て岩山のから雪崩みたいなところを通ってきれいなところだった。たびたびフェリーに乗ることが多い。

　ベルゲンの町に近いところでオートバイにまたがり口に郵便をくわえていた人がいた。地元の人だろう。すみませんがブレーキを修理したい、ホンダ店を知りませんか。口にくわえて人は地図を書いてくれ説明してくれるが。わたしが首をひねるばかりなので「ちょっと待ってくれ」と待っているとオートバイレーサ服とヘルメットをかぶってきた。おれの「あとをついて来い」と走り出す。2マイルと聞いたが意外と遠い。20、30km走り街のホンダ店まで引っ張ってくれた。

「お金」を払うからというと 25、6 歳の青年は「オートバイ仲間だからいいよ」言葉はわからなかったがおそらくそのようなしぐさだった。どうもありがとう手を合わせる。（本当にありがとうございました）。ホンダ店の人はオートバイを引っ張って工場に入れた。①ブレーキ前後②フロントのスプリングの油漏れ③オイルフィルター④オイル交換を頼んだ。14 時から 19 時 15 分まで 5 時間かかって直してくれた。

湖、雪山、花、滝（フィヨルド）
どこに行ってもノルウェイ
の自然はうつくしい、ここは
迫力ある滝だった

　営業時間を過ぎてしまい従業員は帰えってしまい残ったのは 2 人だけになってしまった。修理代を払いユースホステルの地図を見せるとすぐ近くだと話す。エー「ラッキー」だ。ついでに「連れて行ってくれ」と頼んでみた、5、6 分で着きユースには 20 時ジャストについた。最近はほんとに甘えが多いな。だんだんオートバイ仲間に頼り切って楽な走り方を覚えてから厚かましさが過ぎるのではと思う。

　もともと「隠し持っている厚かましさ」が出ているだけだから勘弁してもらおう。それに最近宿を探すのが面倒になってきた。いつか「罰が当たるぞ」と思わざるを得ない。オートバイ修理には丸一かかるのにきょうは効率がよかったなと思う。ブレーキの音「シャーシャー」も無くなって当分修理もしなくてすみ大分気持ちが楽になった。宿には日本人女性 2 人、男 1 人が泊まっている。女性は福岡、奈良、男性はうーんと忘れた。

　日本語でしゃべるるうれしさ。3 人とはこれまでの旅のことを深夜 2 時過ぎまで話し込む。日本語に飢えていたのだろう、自分の思いだけをしゃべっていたのではないだろうかとあとになって反省する。

2001 年 7 月 20 日金曜　　　くもり　雨　くもり　　　　ノルウェイ

　ゆうべ遅くまで起きていたので朝起きるのがつらい。昼めし前にオートバイを洗車してビールを飲む。眠たくなって 5 時ごろまで部屋の中。結局何もしないで晩飯はきのうのメンバー女性 2 人、男性 1 人いっしょにたべる。

2001 年 7 月 21 日土曜　　　ノルウェイ

　きょうは土曜日、日曜はマーケットが休み、忘れずにあしたの分まで食料を買っておかなきゃ。ボブ？　Bobu まで行きヨソネフィヨルドにむかうツアーそこに着いたらなんと 3 日前まで泊まっていた場所まで船で回る 3 時間コースだった。オートバイを駐車場に置いて船に乗り込む。船には日本人ツアーの人たちが乗っていた、宗教団体のようだ。「優雅の旅ですね」ときた……。どっちが「優雅なのか」とのどまで出かかったが我慢した。

　片言で外人の人たちとも談笑。今まであまりにも長いきれいな滝を見てきたから……。船の上から見るフィヨールドそれほどまでに美しくは感じない。船から下りて宿に帰る時三段滝（フィヨールド）は見ごたえがあった。日本のうす暗いトンネルと違って明るい長ーいトンネルを通って 21 時に宿についた。

2001 年 7 月 22 日日曜　　　雨　雨　雨　くもり　　　　ノルウェイ

　10 時一路ノルウェイの首都オスロ Oslo に向かって出発。これからまだまだ旅を続ける日本女性二人関西の M さん、福岡 T さんたちを記念写真に撮って別れる。細い道に入りアレレ行き止り、またまた船で渡って進む。7 号 → 13 号 → 134 号ずーっと雨の中。13 号線にはド迫力の滝がとどろき音をさせながら道のそばを流れ落ちていた。有名どころなのだろうおみやげ屋さんも大滝のそばにある。

　そしてさくらんぼの実はいっぱいなっている。ちぎって（もぎって）くいたい衝動にかられる。首都オスロまであと 100km ぐらいのところにユースホステルがあった。泊まろうと入ってみたが満杯でダメ。しょうがない近くのモーテルに入ってみたがここも満杯でダメ。モーテルの紹介で行ってみた。

日本の田舎農家の離れにそっくりの納屋。そうワラを積み込んだ納屋そっくりの部屋だった。そこにベッドがあった。

　そこは300Kr＝3900円と高いな。あーしょうがない腹も減ってるし、泊まることにした。ホント腹が減ってるガマンできなくなってすぐ決める。寝る支度をすましてボックスから出したたまねぎ・缶詰めの「つまみ」と「ビール」に晩飯にがっつく。農家小屋はなんとなく落ち着く寝床だ。

長いトンネルが30kmぐらいありそう……
2001年7月23日月曜　　快晴　　ノルウェイ

　9時40分洗車してオスロに向かう。快晴なんと高速に乗って11時にオスロについた。街でユースホステルを聞くがなんだか面倒になったのでタクシーに頼んで案内してもらった。市内からどんどん坂道を上がってその見晴らしのいい高台にユースはあった。宿料金120Kr＝1500円。最近は自分で探すのが面倒になってしまった。楽に楽の方にころげて行くようになってきた。

　午後宿から下って市内を一回りした。街は何かおっとりしている豊かな感じでのびやかな静かな街。

2001年7月24日火曜 くもり くもり はれ はれ　ノルウェイ〜スウェーデン

　オスロには申し訳ないが一泊で次の都市ストックホルムに向かう。ベルゲンもオスロも高台にあるユースホステルだった。9時半出発12時に国境についた。買い物したバックペイ（税金）はここで手続きをすませることができた。国境からちょっと離れたオフィスでバックペイしてもらった。ついでにノルウェイの通貨をすべてスウェーデン通貨に替えてもらった。

オートバイメーター「99999」→「00000」ゼロになった

　スウェーデンに入ったとたんに道が広くなりスピードを出せる、100〜120キロに乗せる。天気は暑いぐらいの陽気になってきた。あともう100mぐらいのところでオートバイのメーターが10万kmになった。いいところ

で気がついた「99999km」で記録写真・ちょこっと走り 00000km「ゼロ」になった数字を「記録写真」におさめる。オートバイのメーターは 10 万 km で一回転になって 0km に戻るようになっているという。

「さくらんぼ」たわわ……

　ストックホルムには夕方 6 時半につく。以外にもユースホステルはすぐに見つかった。このホテルは帆船が宿になっている人気のホテル。船のユースホステルきょうは満杯で泊まれないがそこで紹介してもらったところは専門学校を夏休みの間ホテルにして一時的に開放しているような施設。町から一段高くなった高台、庭には一本の木に熟した大きい赤いさくらんぼがいっぱい実っている。

　「がめつさ」「いやしさ」は「この時のためだ」もう「ガマン」出来ない。人目を気にしながら、もぎっては口の中に、もぎっては口に入れる。うまかったー。

真っ赤なさくらんぼの実がこぼれるようになっていた。ガマンできなくて「ちぎって（もぎって）」口に入れる。うまかった

2001 年 7 月 25 日水曜　　　はれ　はれ　はれ　　　　　スウェーデン

　9 時半きのうのチャプマン帆船に予約するために早めに行く。予約できたがチェックインは 15 時、それまで市内を一回りして買い物をすませる、牛肉 1kg。昼飯はビールだけで終わり。ストックホルムは歴史ある街並み落ち着いた整然としてきれいな印象をうける。街の人たちも海外の人たちに気遣いしていることを感じる。夕方早く飲みたい「一心」で早目に洗濯機を回して終わらせよう。

　夕方 6 時ごろから船内の炊事室で夕食に取りかかる。買ってきたステーキ

を焼く今夜はイヤ今夜も船の上でゆっくりとできるぞ。丸窓の寝室から見える外はちょこっとだけ見えるだけ。はじめての船のホテル。

2001 年 7 月 26 日木曜　　　はれ　はれ　はれ　　　　スウェーデン

　市内の温度計は「26℃」を表示している。10 時 10 分船の宿を出る。あと一泊するかと考えたが出発することにした。一路デンマークへ進もう。デンマークまで 700km か。スウェーデンの道路は広くて気持ちがいい。高速に乗って走っていると景色がいいので一般の道をどうしても走りたくなる。100km ぐらい走った所で下の道に降りる。ゆっくり走れるし景色を見る余裕が出て気持ちが落ち着いてくる。

　いったんまた高速に乗って再び下の道を走ったりとくり返す。32 号から23 号へ、さらに 21 号 19 号へと移る。マルメまであと 80km ぐらいのところでホテルを訪ねる。25km 先にあるとガススタンドの話し。「サンキュウ」。走り出してすぐに「ユース」の看板を見つけた。エエーッ左に入ってすぐのところにあった。小ぎれいなホテルだ。130Kr=1700 円、それもシングルの部屋だった。ラッキーラッキー。

　コペンハーゲンまで一気にと最初は思った。6 時と少し早いがきょうはここまでにする。600km ぐらい走っただろうか。

デンマーク入国
2001 年 7 月 27 日金曜　　　スウェーデン～デンマーク

　ホテルを 9 時半に出発、マルメからデンマーク・コペンハーゲンまで船なのかトンネルなのかわからなかった、地図では道路になってはいた。なんと橋が架かって有料 150kr=2200 円だった。10 分ぐらいでコペンハーゲンに着いてしまった。セントラルに行ってユースホステル探し。中央駅にオートバイを停めインフォーメーションで聞くと意外とユースホステルは近いようだ。人通りが多いのは夏休みだからなのか。

　普段もこんなに多いのかはわからない。ユースホステルに向かう。確かこ

こらあたりだ。すぐにわかると思ったホテルが見つからない。なかなかわからなくてぐるぐる走りまわった。一時間ぐらい探して見つかったが「わかればなーんだ」と思うところにあった。ふー。なんだか海を埋め立てたような野原の場所だった。受付は1時から、まだ1時間もあるのでスーパーに買い物に行く。宿は95Krと安かった。自転車で旅している佐世保の男性とひとり旅の女性と夜1時まで話して過ごす。

各国の観光客の人気を集めている人魚姫

伝説「人魚姫」にごあいさつ

2001年7月28日土曜　はれ31℃ くもり はげしい夕立 はれ　デンマーク

　ゆうべ遅かったので眠い。あと一泊してもいいかと考えたが「人魚姫」を見たら次の都市オーデンセに向かうことにした。人魚姫像のある海岸の近くまでオートバイで行き停めてから……歩いて人魚姫像へ。添乗員を先頭に日本人観光客の他海外からぞろぞろと歩いている。海から船で見に来る人たちも。ふーん、これが「伝説の人魚姫」なのだ、実際目にしたことで納得できた。

　オーデンセのユースホステルに15時についた。受付は16時からでレセプションには人がいない。時間をつぶして16時に戻ると「フール」満室だという。泊まれると思って荷物を下ろしたのになー。又走り始めるのは疲れる。おっくうだなー。まだ2時間ぐらいは走れるが泊まれると思ってビールを飲んだので眠くてしょうがない。ハイウェイでベッドマークを見つけたので下りて探した。なんとそこもフール（満杯）で泊まれなかった。

　そのまま下の道170号をドイツに向かって走り続ける。ユースの看板を

見つけた。なんとそこも「フール」で泊まれないと言う。海岸のバンガロにも行ってみたが満杯でだめ。そこの紹介で民家の家に行ってみた。ここも満室？　だったが小さい部屋を空けてもらって泊まれることになった。アー助かったなー。ありがとう。100Kr=1300 円と安くしてもらった。大きな民家で芝生の広い庭園もある農家の民宿だった。

ドイツ入国

2001 年 7 月 29 日日曜　はれ 20℃ はれ暑い 22℃ はれ　デンマーク〜ドイツ

　泊まった農家の夫婦は眺めのいい場所があると連れて行ってもらった。10km ぐらい走って丘というか山の上に出た。そこから海が見える場所だった。ありがとうございました。涙を浮かべて見送ってくれた。一時間でドイツに入った。一路ロストックへ、そしてリュウゲン島に向かう。ここは 30 年ぐらい前に来たことがある思い出深い場所だったが泊まったホテルを見つけることは出来なかった。

　ドイツに入っていきなり 120 キロスピード OK の標識が出た。一般道路である。わたしなどとてもとても出せるスピードではない。せいぜい 80 キロが精いっぱい。北欧では最高 120 キロで走る車が多かった。ここでは 120 キロでも遅いのだ。スイスイと走りぬけていく車ばかりだ。トラックを追い越そうとバックミラーで後ろに車がないことを確認して追い越しをかけた。追い抜けると同時にもうわたしのうしろには車がピタッと着いていた。

　話には聞いていたが「いやはや」すごもんだドイツは。ベンツ、BMW、フォルクスワーゲンは飛ばすに飛ばす。きょうはモーテルに泊まる。

ブランデンブルグ門

2001 年 7 月 30 日月曜　　　はれ 20℃　はれ 32℃暑い　はれ　　　ドイツ

　久しぶりに朝食が豊富で味もうまい。9 時頃出発きょうはとりあえずベルリンまでだからゆっくりでいい。一般道でもお昼頃には着くだろうと計算していたが最初の曲がり角を通り過ぎてしまった。ま、いいか。下の道をゆっくり走ろう。黄金色の美しく輝いて見える麦畑はどこまでも続く。いいなー

こんな風景も。ところどころに旧東ドイツらしい建物を見ながら走る。

　途中から高速に乗ったがトラックの横転事故でノロノロ運転になった。ベルリンについたのは16時頃。もっとも高速道路からベルリン市内の入り口がわからなくて行きすぎて戻ってから地元の人に聞いてようやくベルリン市内に入ることが出来た。あーブランデンブルグ通りだ。なつかしい、30年前とは様変わりである。前回来た時はここで行き止りだった。今は車も人でも出入り自由になっている。

　そのブランデンブルグ門にあるインフォーメーションでユースの場所を聞く。ユースは満杯でダメ。インフォーションの紹介で同じ安ホテルへ、同じく部屋を探していたイタリア人のうしろについて行く。250Dm=1300円、二泊予約した。

１９８２年１１月。ここは東ドイツと西ドイツの国境だったブランデンブルグ門。労働大学ＤＤＲ（東ドイツ）学習交流団参加の時のもの

２００１年８月オートバイの旅で立ち寄った３０年ぶりのブランデンブルグ門は「さまがわり」していた。

2001年7月31日火曜　　はれ　はれ　19時ごろから夕立　　　ドイツ

　どうも、またブレーキのすれる音が気になるようになって来たぞ、どこかで見てもらおう。きょうはゆっくり休むことにしていたが9時に起きて「朝昼」兼用を4Fキッチンでビールとつまみで終わりにする。洗車したあと西ベルリン市内を一回り走ってくる。ついでにデパートで肉を買った。宿に

戻ってから久しぶりにネットを覗こうとしたが自分では開けることが出来ず
スタッフの人に助けてもらう。

　じっくり読んで行くうちに1時間あっという間に過ぎた。あっっ、画面が
暗くなってしまった。再びスタッフに助けてもらった。めずらしい「ひと」
からメッセージが届いている。こういう時はうれしくなって元気が出る。あ
りがたいことだ。うれしい。

再びアムステルダム・ユースホステル
2001年8月1日水曜　　くもり18℃　はれ　はれ22℃　ドイツ〜オランダ
　8月に入ったんだなー。夕べと言うより朝方3時ごろ同室の2人が帰って
きた。こっそり寝ればいいものを、遠慮なくしゃべりまくっている。電気こ
そ、つけないでいるが……トイレに起きるふりして舌打ちして「何時だと思っ
てんだ」「朝方じゃないか」「アウトサイド……」「そとに出てしゃべれ」日
本語で怒鳴る。トイレから戻るとソクソクと部屋から出て行った。あー「く
そーっっ」朝早くで出かけようと思っていたのに腹が立つ。

　昼間走るのに眠くなるじゃないか。このく○ったれーめ。いつの間にか眠っ
て7時に起床。8時前に出発できた。ハイウェイに乗るまでとまどい時間が
かかった。目的のアムステルダムまでの高速にようやく乗ることが出来た。
約600km4時にアムステルダムについた。平均120キロのスピードで走っ
てきたがこのスピードだと周りの景色を見わたししながらというわけにはい
かない。

　やっぱり下の一般道路をゆっくりの方が自分に合っているなー。10カ月
ぶりにアムステルダムに戻った。このユースホステルでは「ビスケット強
盗」にあったことを知っている女性スタッフもわたしのことを覚えてくれて
いた。「やーしばらく」「元気でしたか」日本語で話す。もしかして部屋が満
室ではないかと心配していたが「空き」がありホッとする。ここには飲み屋
のバーはあるがキッチンがないので外食になる。シャワーを浴びてステーキ
ハウスのあるレストラン街にいく。

　10時を過ぎ、暗くなってきた「なぜだ」と思うこのごろである。なにせ6月初めから約2ヵ月間夜にならない白夜で過ごしてきた。今はかえって暗くなるのが不安になるような錯覚になる。8時になれば暗くなるのが当たり前なのに習慣になれば恐ろしいものである。2、3日前、夜中3時ごろ起きて星が出ているのを見てビックリしたほどである。もうすぐ日が短くなるんだなー。

24時間オープンのアムステルダム・ユースホステル・オランダ

　さて、ひとまわりヨーロッパを回ってきた。あとオートバイで走ってないルクセンブルク、チェコ、そして最後と決めていたスイスだけになった。出来たら早めに切り上げてカナダかアメリカに渡りたい気持ちだ。きょうイギリス大使館にイギリスからアメリカに船が出ているのかどうか電話を入れたがずーっと話し中でダメだった。ほんとに仕事してんのかな。（このときアメリカに送る船など探すのは手探りで何も分からないでいた）

「アンネの日記」館

「アンネの日記」のアンネが過ごした家。毎日見学者が訪れている。アムステルダム

　今世紀・最大の「大悪人」ドイツ「ヒットラー」に「何の罪」もない大量

の人びとがひどい仕打ちをうけた、その記録のひとつ「アンネの日記」アンネの家を見に行ってきた。最後は追い詰められて「自殺する」「ヒットラー」こんな「卑怯者」はいない。

2001 年 8 月 2 日木曜　　うす曇り 18℃　弱いはれ　はれ 22℃　　オランダ

　朝ゆっくり起きようと思ったが今晩の泊まりの予約に 7 時 30 分レセプションに並ぶ。整理券を受け取り午後 3 時 15 分再び並ぶとか。朝食を終えてバイクでアムステルダム市内を一回り、ここはきれいな街だと思う。出発前ロッテルダムでお世話になった「アルジ」さんにあしたロッテルダム、ユースホステルに泊まりますからと片言英語で電話で伝えた。はたして通じたかどうか。

2001 年 8 月 3 日金曜　　　　くもり　くもり　くもり　　　オランダ

　アムステルダム 9 時出発ロッテルダムに向かって走る。60km ぐらいだろうかロッテルダム・ユースホステルについた。駅を見つけてガードをくぐりそこからいつも歩いていたのでなんとなく記憶をたよりに走る。いつも買っていたサバの揚げ物屋の店も見つけた。おーここらあたりだ、ユースホステルは見つかった。10 時半になっていた。受付は 12 時から。昼過ぎにアルジさんがユースホステルに来てくれた。

右側通行、信号機のある交差点など走り始める前眠れないほど不安だった。その時、はじめて車に乗せてもらったアルジさん。その時アルジさんの先祖のお墓まいりについて行った時のもの見ず知らずの人間に親切にしてもらった。

　電話が通じていてよかったな。元気な姿で約一年ぶりの再会になった。おかげさまで「走りまわって」来ましたとお礼を述べる。二人で近くのマーケットへ、刺身、唐揚げ、生の魚など店内で食べる。残念ながらビールがない。ユースには日本人女性 3 人も宿泊していた。夕食はユースで食べて今までの

旅のことを片言英語でアルジさんに報告した。

走る前には右側通行、信号機のある交差点など走り始める前眠れないほど不安だった。その時、はじめて車に乗せてもらったアルジさん。その時アルジさんの先祖のお墓まいりについて行った時のもの。見ず知らずの人間に親切にしてもらった。

2001年8月4日土曜　くもり　はれ肌寒い　はれ20℃　はれ20℃　オランダ

　アルジさんの家に泊まっていくように誘われる。オートバイでのスタートの時大変お世話になっていたので今回もお世話になることにする。後ろのブレーキの音が気になっていたのでアルジさんの車の後ろについて行く。大きな修理屋で直してもらい200Fl＝約1万円。ベルゲンで直したばかりなのにどうしたのかな。シャシャと気になる音はなくなって気が楽になる。

　バイクの修理をしてもらっている間にアルジさんの父親が入っている老人ホームについて行った。目を見張るようなきれいなで立派な施設だ。ちょうどお昼時間で食堂に老人は集まっていた。車いすで「眠って」いる人「話し」している人「相づち」をする人、まったく「反応」しない人、わたしが見た10人ぐらいの人たちだった。ほとんど80歳以上の人ではないか。

　アルジさんの父親は歩けるのできょうは外に出ているようだと現れなかった。うーん、立派な施設ではあるけれど、やっぱり「死を」待つだけの施設だなーと思わざるを得ない光景だった。出来たら自分は入りたくないと考えさせられたがどうなるのか……。

ルクセンブルク入国
2001年8月5日くもり18℃くもり15℃14℃20℃オランダ〜ルクセンブルク

　アルジさん宅にお世話になり朝9時に出発した。アルジさんは礼拝堂に行かなければならないからと途中まで引っ張ってもらい一路ルクセンブルクに向かう。ずーっと高速を走るがやっぱり「下の道」がいいなー高速はまったく味気がない。いったん高速から下の道を走り、いつのまにかまたハイウェ

イに乗っていた。それでルクセンブルクの入り口が分からなくなってしまった。田舎道に入り込んで牧場の狭い道になった。人はひとりもいない。

　牛に、馬に道を聞くにも聞けない。幹線にどうにか戻ることが出来てトラックやマイカーを停めてルクセンブルクへの道を聞き出した。2、3回聞き直してようやくルクセンブルクのセントラル中央駅に16時に着くことが出来た。それにしてもこの国は上り下りの激しい丘陵地帯だ。泊まるユースホステルも急に落ち込んだ場所にあった。夕方ようやく暖かくなってきた。走っている間は肌寒く咳が出るぐらいだった。

急な登り下りの坂が多い丘陵
地帯のルクセンブルク市内

2001年8月6日月曜 雨18℃ 雨 くもり20℃ はれ20℃ ルクセンブルク～ドイツ

　最近は朝方雨が降るのが多いみたいだ。けさもシトシトと降りつづいている。夕べ晩飯の8時前、外で食べていた。部屋に行って戻るとテーブルに置いた御膳が片付けられていたので怒った。残りの分をテーブルに戻して食べ直したが気分はよくない。テーブルを離れる時「一言話して」おけばよかったのにだ。自分の責任であるのに相手を怒ってしまった。「自分さえよければすべてよし」の道をさらけだした。

　こういう自分の性格だから言った後は自分でも気分がよくない「いやな気分」になった。雨だが早目に宿を出よう。きょうはチェコ・プラハに向かう。ハイウェイでも雨のため80キロとゆっくりに走る。10時過ぎに雨も上がってきて気分もはれてきた。チェコへの道が途中からわからなくなった。東に向かって走っているつもりだったが北に向かっているようだ。いまは、まだドイツを走っている。

　静かな田舎の道を走っていると途中泊まってみたいドイツらしい家の「民宿」を見つけた。47Dm=2500円とチト高いが泊まることにした。見るからに清潔感、気遣いもほどほど料理もジャガイモの煮たものサラダとか心のこもった家庭料理はうまかった。

チェコ・プラハ到着

2001年8月7日火曜　小雨15℃　雨　くもり　はれ27℃暑い　ドイツ～チェコ

　またも朝から雨が降っている。小雨の中8時30分民宿を出る。まーきょうはチェコ・プハラまで約200kmぐらいだ。晴れだったら一般道をと考えたが雨だものハイウェイに入る。プラハに11時に着いた。センターのインフォーメーションが見つからず1時間もうろうろした。ユースに行ったが満室、そこで紹介してもらっている間、路上にオートバイを停めていたらワイヤーでロックされて駐車違反になった。

　オートバイはこのままここに置いて日本に帰るからとおまわりとやりあっていたら100K=300円の違反金をホテル側が支払ってくれた。悪いことになった。すみませんでした。さすがに国際的な観光地特にカレル橋周辺は多くの観光客でにぎわっている。カレル橋を渡ったりしたあとオートバイで近くを走りまわってみた。そして泊まる駐車場のあるホテルを探す、2万円のホテルは一流のホテルの値段。

100年以上かかって造られたと言われるカレル橋・チェコ・プラハ市内

　地元で聞き出した2軒目ホテル6000円に泊まることにした。最近までは「チェコ、スロバキア」今は「チェコ」「スロバキア」と独立している。オリンピックで有名女子体操選手チャフラスカ選手はどっちの出身だったのだろ

うか。チェコだろうか。

馬車にゆられての家族はうらやましい！

2001 年 8 月 8 日水曜　　　くもり 15℃　はれ 24℃　　　チェコ

　プラハの市内見物再びオートバイでプラハ市内をまわったあと 13 時ごろオーストラリアに向かって走る。郊外に出たら馬車に引かれた両親・子ども二人が乗ったのどかさは、いやされる感じでうらやましい光景。いつまでもその馬車をずーっと過ぎ去るまで眺めていた。この近くにホテルはないかと探してみた、あった。しかし今はホテルとし泊めていないと女の子どもの話だった。少し走った所の道ばたにレストラン兼民宿があり安かったので泊まる。こういう小さい宿屋は気が休まる。

2001 年 8 月 9 日木曜　くもり 18℃　くもり　うすぐもり 24℃　くもり 20℃　夕立雨　チェコ〜ドイツ

　安宿を 10 時過ぎに出て一路オーストリアのリンスをめざす。30 キロぐらい走った所に国境があった。パスポートを見せるだけですんだ。日本人ツアーバスも停まっている、これからチェコに向かうらしい。窓の日本人に手を振って自分は反対方向オーストリアに走る。リンスには 12 時に着いて市内を一回り、実はローカル 1 号線を見つけるためだったがとうとう分からずじまい。

　再びハイウェイに乗った、そのとたんローカル 1 号線の看板を見つけた。なーんだ、最初からハイウェイを走っていればよかったがあとの祭りだ。意外とローカル 1 号線は混んでいて思うように走れない。前に進まないので再びハイウェイに乗る。120 キロぐらいでフンリン？　に着いた。ユースホステルを探して 16 時ちょうど、フロントの受け付けは 17 時までクローズ。

　近くのビアーガーデンでビールを飲んで時間を過ごす。17 時ホテルに戻り受付、幸いに部屋が空いててよかった。キッチンはないので近くのレストランでステーキ 200g を 2 枚＋スパゲティ＋ビール 3 杯＝80DM4＝4000 円はチト高くないか。さーあしたはフィニッシュ・スイスに入るぞ。

2001 年 8 月 10 日金曜　雨 18℃　大雨　激しい雨　ドイツ〜オーストリア

　日本人男性が二人泊まっていることを朝に知った。大阪の人だった。てっきりオーストリアだとばかり思っていたが、ここのユースホステルはドイツであることも二人の話で知った。写真を撮りあって別れる。降る雨のホテルを 9 時半に出る。ハイウェイに乗ると激しい雨になった。いつのまにかズボンまで浸み込んできて冷たく感じるようになってきた。来たことのある、見たことのあるオーストリア・インスブルグに来た。

　二度泊まったのできょうは泊まらず素通りした。しばらく走りガススタンドで給油。「スイス」はこれで大丈夫」と聞くと「ノーノー」「カムバック」エエーッ。幸い 3 キロぐらいバックした所の分岐点まで戻る。ハイウェイは工事中で切れ切れになっている。トンネルも多い。そろそろスイスに入るころだ。大きな文字で二手に分かれている標識、てっきり右の方だろうと走る。分岐点が出てきた 190 号ここから左へとひとり合点して走り続ける。

地図で見るとボーデン湖はドイツ・オーストリア・スイスにまたがっている湖なのかな

　ガススタンドで「道を確かめる」と「ノーノー」「こっちの方ではない」と教えてくれたのを「言葉がわからず」「教えてくれたと」勝手に思い込み聞かずにそのまま走っていると「サンツブルグ」の標識。アレー戻っているぞ。Uターンしてきれいなボーデン湖のほとりにあるブルゲンツ市内につく。きょうはブルゲンツに泊まることにしよう。「そこをぐるーっと」まわると……「すぐ」と教えてくれた。そのとおりユースホステルがあった。

　きれいな設備で気持ちよいホテルだ。しかしキッチンがないので外食。ここは 21 時になっても空は明るいなー。でも長袖でないと寒さを感じる夏だ。

それにしてもきょうの走りのように独りよがりで自分勝手に思い込んでしまう性格は自分でもつくづくあきれる。

「アルプスの少女ハイジ」はリヒテンシュタインの国
2001 年 8 月 11 日土曜　はれ 18℃ はれ 20℃ はれ 30℃ オーストリア～スイス～リヒテンシュタイン

　バイオリンをかかえた日本人女性が泊まっていた。音楽際に出た？　とか出るとか話していた。そう言えば音楽で有名なチューリヒもこの近くにある。きょうこそはスイスの中心まで走ろう。202 号線は渋滞でノロノロ約 1 時間ぐらいで E43 ハイウェイに乗る。夕べ 300 キロぐらいと聞いていたが、そんなにはないだろう、パーキングに停めて地図で確かめる。なんだー、このへんじゃないのか。

　次で降りた、ここは「リヒテンシュタイン」何回か聞きながらユースホステルに着く。周りは前も裏も高い山に囲まれた、「アルプスの少女」「ハイジ」のふるさとなのか。なるほどなーと思わせる静かなところである。ユースの周りは芝生、キャベツの畑とか緑の多い。若い女性や子どもが「はだし」で歩いているのを何人か見た。へーほんとにハイジそのものではないかと驚く。今 12 時受付は 17 時から。

「アルプスの少女ハイジ」の里リヒテンシュタインは国であること ここに来るまで国とは知らなかった

　だいぶ時間が空いている。それではとゆっくりビールでもと地区のレストランに向かう。3 時に戻りお世話になったオートバイをていねいに洗車してごくろうさんでしたと声をかける。天気はいいオートバイのボックスの荷物をすべて出して虫干しをする。あーとうとう 42 ヵ国目スイスまで来たんだ。ようやく終わったんだなー。（実はここはスイスではなかったのだ）「アルプ

スの少女ハイジ」の里、リヒテンシュタインはここに来るまで国であるとは
知らなかった。スイスの中にある国だった。

2001 年 8 月 12 日日曜　　はれ　はれ　はれ　　　リヒテンシュタイン

　リヒテンシュタインのことを知らずに「リヒテンシュトラウス」と書いて
いた。リヒテンシュタインが国であることも知らなかった。てっきりスイス
だと思っていたのだがスイスの中にある小さい「国」だった。きょうはなん
にも「しない日」あさからビールでも飲んでと 11 時頃街に出かける。しか
しである、日曜でレストランは休みだった。郵便局でめずらしい切手を買っ
て、国であることを証明するリヒテンシュタインのスタンプもパスポートに
押してもらった。

　めずらしく開いていたスーパーでハムを買ってユースに戻る。目の前は芝
生である。ユースで売っているビールを買って三方を山に囲まれた芝生の中
庭でくつろぐ。あーのんびりした静かな場所は雲ひとつない天気で気持ちが
いい。

2001 年 8 月 13 日月曜　はれ 18℃　はれ 20℃　はれ　リヒテンシュタイン

　日本はお盆なんだな。泊まっていた大阪の人に新聞を見せてもらう。高校
野球の真っ盛りなんだなー。日本にいるときはテレビの前釘づけで見ていた、
全国の代表校を知りたいものだ。「アルプスの少女」ハイジの里に行ってみた。
「ハイジの泉」「ハイジの家」山の上に住んでいたハイジの「おじいさん」の
山まではオートバイを降りて 1 時間半ぐらい歩いた。

　登りきった所には「おじいさん」の家、それにおじいさんに似たひげをは
やした現代のおじいさんもいた。アニメと同じ場所や家がそのまま残されて
いた。夜食事に行った時 20 歳を過ぎた「丸目の大きい」愛くるしいハイジ
に似た女性をレストランで見つけた。もうこのぐらいの女性になっているか
もと思いをはせた。山から下りて少し走った所のユースホステルに泊まる。
きょうは久しぶりに歩いたのですこしふくらはぎが張っている。

2001 年 8 月 14 日　はれ 18℃ はれ 快晴 22℃　リヒテンシュタイン〜スイス

　ユースのカードを又忘れてきたのかと思っていた。夕方洋服の正札みたいなものが落ちていた。実はそれをユースのカードとは気付かずに窓際に置いた。朝、見たことのある裏面だなー、なーんだユースのカードじゃないか。何のことなのか自分でもわけのわからないことを書いているな。朝からカンカン照りの夏空だ。9 時 50 分スタート走り始めるとさわやか、じつに気持ちがいい。

　これからは予定がないので自由に走れる。最後はスイスにしてよかったと思う。山、高原、谷、湖、さすがにスイス。午後 3 時ごろになって暑い暑い28℃になってしまった。泊まろうと「城」の「ユースホステル」に行くが「団体でなければ」泊まれないと解釈したが「団体が入っている」から泊まれないとインフォメーションの話だったのだろう。仕方ない次の街の場所ルガノ Lugano に泊まる。

「アルプスの少女ハイジ」山の上には「おじいさん」の家が建っている

2001 年 8 月 15 日水曜　　はれ　はれ　はれ　　スイス〜イタリア〜スイス

　10 時にホテルを出発。きょうはイタリアのミラノに行ってみよう。ミラノってなんだかおしゃれの街のイメージがわたしの頭にある。ミラノまで80km と聞いていたので気が楽である。ミラノ手前で高速を降りてミラノの街に 12 時ごろ着いた。なんとなく静か、静かすぎる。人が少ない、歩いていない。そう言えばイタリアは 12 時〜 3 時までごろまで商店は休みだったかのかなー。街の中心に向かって走る。

　インフォメーションを探すが見つからない。中央駅に行っても案内所がな

い。ここはもういいや、スイスに戻ろう。ハイウェイに乗って走りだすスイスに向かっているとばかり思っていたが違っていた。イタリアのトリノに向かっている。Uターンして E6 に乗る。ガソリンがないリザーブに切り替えじゃ、ガス欠になり危ないと下の道に入りスタンドを探す。無人のガススタンドがあった。とりあえず 10 フラン分 5 リッター入れた。

　人のいる次のスタンドを探すがまた無人のスタンド。12 リッター入れてお札 500 フラン入れたのにおつりが出てこない。「オーイ」「だれか」「どうなってんだーい」。こん○○しょう。「だれーも」「いない」のだ。とうとうダメ。半分の 250 フランがパーになってしまった。これだから無人は困るんだなー、あー腹が立つ。ずーっと湖に沿って走ってきて、はずれにあったロカルナ lacarna のユースホステルに泊まった。

2001 年 8 月 16 日木曜　　　　はれ 29℃　はれ 30℃　はれ　　　スイス

　宿を 9 時半に出発。スイス・マッターホルンに向かうが地図では途中少しだけイタリアを通過するようだ。山岳の道は狭くなってくる。黒部の下廊下みたいなかなり高い岩を削った崖っぷちを走る、めずらしい道だ。崖崩れか？両サイドストップして「作業」のためなのか渋滞している。ヘリコプターも飛んでいる。20 分ぐらいで進めるようになった。イタリア～スイス国境だ。パスポートを提示しただけですんだ。

　山岳地帯が続く。見晴らしのいい場所に停めて休憩。ウーン気持ちがいい。トンネルを過ぎてブリーグ Brig に着く。タイヤのブレを感じるのでホンダ店で見てもらった。ブレーキも異常なし、タイヤのブレも関係ないと話す。気になるがマッターホルンのあるツェルマットに向かう。ここは車、オートバイなど環境対策ですべて駐車場に止めて登山電車に乗り換えるそれからマッターホルンに向かうことになる。

　電車の終点に着いた。街には観光客がぞろぞろと歩いている、おー「歩いている」半分は「日本人」じゃないか。ウヘぇーと言う感じがするぐらい多い、子連れの人もいる。それほど日本に人気のある街なんだー。

マッターホルンからアイガーまで山岳列車に載せる

2001 年 8 月 17 日金曜　　　　雨　雨　くもり　くもり　　　　スイス

　夕べから雨になり夜半から雷をともなって雨が激しく降っていた。駐車場に止めてきたオートバイのことが気がかり。オートバイで走る前に列車で来てここはゆっくりしたこともあるので一泊でさようなら。前回来た時宿のおばさんが毛糸のジャージを貸してくれたので返しに来たのだがおばさんは覚えてくれてなかった。ほぼ 1 年前だからなー。まぁ、わたしは暖かくて助かったので「ありがとうございました」とお礼を述べてお返しした。

　雨の中街の下にある「駐車場」まで電車で戻る。駐車場からオートバイを取り出して入り口の脇から脱出、すみません。駐車場で出会った日本の高年夫婦はベンツで旅しているとか話していた。きょうは有名なアイガーのあるグリンデンワールドまで走る。列車に載せることが出来るとか聞いたので目安をつけて登って行く。ブリーグからトンネルを抜けた所に「板の上に乗せたクルマ」マークが出ている。

　どうなってるのだろうかオートバイも大丈夫だろうか。前を走っている車について行く。その車はそのまま列車に乗りいれた。ホームで止まっていると係員がきて屋根の着いた車両まで誘導してくれた。料金 16 フラン =1100円。列車はトンネルを走り 15 分ぐらいで駅に着いた。へー山を越えるのにトンネルでは列車で運ぶんだ。アイガーのあるグリンデルワールドに 13 時に着いた。ユースホステルの受け付けは 15 時からなので近くのレストランで昼飯。

山の途中は行き止まりになっていてホームから直接列車に乗り込むようになっている山岳列車

2001 年 8 月 18 日土曜　　はれ　はれ　はれ　　　　スイス

　雲ひとつない青空、日本から船で送ったオートバイがオランダに到着する間に、一度来たことがある。それを思い出しながら走る。ユースホステルから眺める目の前にはどでかいアイガーがデーンと居座って飽きることがない。

ヨーロッパ最後の国スイスに着く。アイガーをバックに民宿の人たちと。グリンデンワールド

2001 年 8 月 19 日日曜　　　　スイス

　どこを「撮っても」絵になるグリンデンワールド、午前中アイガーのふもとまで走って見た。登山電車のそばで暮らす地元のおじいさんと電車を見ながらこんな「いいところ」に住んで「いいですねー」。午後 2 時半からパラグライダーの予約を入れていたので現場に向かう。10 分ぐらいで準備は終わり、インストラクターはわたしのうしろに乗りすぐに飛ぶと話す「大丈夫」かな。ぐんぐん高度が上がる 2800m 少し気持ち悪い。

　空、空中からの眺めは初めてだ、なんとも素晴らしい景色である。飛んでいる時は何でもなかったが地上に降りたとたん吐き気がして少しもどした。パラグライダーで酔ったのだ。ユースの泊まっている日本人の女性たちと町中で会った。オートバイに「乗るかい」「乗りたーい」街の外れまでの往復をかわるがわる 3 人を乗せる。いつもユースで食事も一緒だった。期待していたのにそれからもこれまでもメールなど一切なし。

2001 年 8 月 20 日月曜　　　雨　雨　くもり　雨　　　スイス

　ここのユースホステルはキッチンがないので自炊できない。散歩の途中どこかいい宿がないかと探していたら 200m と近いところに民宿を見つけた。料金はあまりユースと変わらないしキッチンを使えるのでそこの民宿に移る。さっそくマーケットで肉を買い焼いて食べる。ほとんど生に近いステーキはうまかった。そう言えばこれまであっちこっちのほとんどの国で生に近い牛ステーキを喰ってきた。

　サーッと焼いただけで食べても一度も腹を壊したことはない、なんと言っても日本と比べて値段は「格段」に「安い」のがいい。この宿にスペインの夫婦の奥さんは日本人、何組かのヨーロッパの人が泊まっている。天気がくずれてきた、今日もなんとなくまとまったことはしなかった。日本に電話を入れた。きのうユースで日本人に教わった自分のネットを見る。

2001 年 8 月 21 日火曜　　　はれ　はれ　　　スイス

　午前中この近くの街インタリケンまで降りてフイルムの現像に行く。安ければ頼むつもりで料金を聞く、なんと 24 枚フイルムハガキ大で 40 フラン=2800 円！　日本の 2 倍はする値段である、ほかの国でやろう。市内を一回りして宿に戻ろう。湖のほとりには「日本語」で「持ち帰り弁当」などの看板も見る。あー日本の観光客の多さを物語っている。

泊まった民宿の隣の人が家の庭で日本に演奏に行くと練習していた

　泊まっている宿の隣りの家では「長——い」アルプホルンの練習をしている。秋には大阪に演奏に行くと話していた。きのう写真を撮らせてもらいきょうは厚かましくオートバイを洗剤まで借りて洗車させてもらった。ありがと

うございました。

2001 年 8 月 22 日　　　はれ　はれ　　　スイス

あさから快晴、きょうは近くの山ミューレンに行くことにする。オートバイで 3、40 分ぐらい走らせて、朝の風は気持ちがいい。ロープウェイに乗るため駐車場にオートバイを停める。乗り場には 5、60 人がもう並んでいる。チケット 89 フラン =6300 円高いなー。3 回乗り換えて頂上に着いた。素晴らしい見晴らしのいいところ。気温 10℃。頂上から中腹まで戻るがあまりにも景色がいいところだ。

雪山を見渡せるアイガーより見晴らしはいい。ただ、ここはマイカーやオートバイは乗り入れ禁止になっている。最近時計が止まってしまうことが多い。時計屋に持って行くとこの時計は自動まきではなく「手動」ですと！　なーんだネジを巻けばいいんだ。頼んでいたオートバイの船輸送の見積もりが日本に着いていた。FAX してもらう。

オランダ→カナダ・トロント =93500 円

オランダ→ニューヨーク =74000 円

2001 年 8 月 23 日木曜　　　はれ　　　スイス

ミューレンに行き安い宿があったら泊まってもいいかと行ってみたがキッチンつきの宿がなくて近くのレストランで食事して再び今までの宿に戻る。

2001 年 8 月 24 日金曜　　　はれ　　　スイス

きょうでグリンデンワールドともお別れ。ジュネーブをめざそう。ジュネーブユースホステルに泊まる。それぞれの国の人たちや学生達で混んでいてにぎやかになっている。年寄りはわたし一人のようだ。わたしはまわりを無視するようにして過ごす。

スイス・ジュネーブで 42 ヵ国目

2001 年 8 月 25 日土曜　　　はれ　　　スイス

午前中ジュネーブ市内を一回り。国連本部の前で記念写真を撮る。白いご

飯を喰いたくなってきた。とりあえずヨーロッパをまわってきたので日本の里が恋しくなってきたのだろうか。日本に帰りたい気持ちが強くなってきた。アメリカに船を送っている間に日本に一時帰国しよう。9 月中旬に帰国し「ふるさと吉田会」も 10 月 13 日にあるのでそれが終わってからニューヨークに戻ろうと考える。

約一年間走り終えてとりあえず一区切りついた。スイス・ジュネーブ国連本部前に到着。42 ヵ国目。

2001 年 8 月 26 日日曜 はれ 29℃ はれ 34℃ はれ暑い暑い スイス〜フランス

ジュネーブ Geneve を 11 時に出発フランス・リヨンに向かう。記念写真を撮るためこれまでの通過国の国名を地図の裏に書いていたら出発が遅くなってしまった。ハイウェイでリヨンに入る。大きな川の淵にオートバイを停めてリヨンの街を眺め・近くの中華レストランで最後にトイレに行って精算しようとレジに行くと「OK」という。へーお金いらないの。会計の人は他の友だち？　としゃべりまくっていて相手にしない。

いらなきゃバイバイ。これって喰い逃げじゃねーの。リヨン市内を抜けてロアンネ Roanne のユースホステルに泊まる。合宿所みたいな感じがするユース。

2001 年 8 月 27 日月曜　はれ 18℃ はれ 29℃ はれ 23℃ はれ 22℃　フランス

9 時 15 分学生合宿所みたいなユースを出る。静かでのどかな場所だった。約 400 キロでパリ。ハイウェイを避けて下の道 N7 を走る。朝から快晴で 20℃シャツ 1 枚、薄いコートを脱ぎたくなる暑さ。だんだん北パリに向かって走っていると「ほどよい」さわやかな涼しさに変わってきた。自然豊かな川の流れの沿道を走り続ける。この道は途中ハイウェイになったり一般道になっている。

　二度目のパリ市内に着いた。セントラルを目ざす、エッフェル塔も見えてきた。しかしどこをどう走っていいのかわからない。地図を見せて「自分の位置」がどこなのかオートバイを停めて街の人に聞いて確かめた。だいたいのパリ市内を頭の中に入れることが出来た。いつも走っていたエッフェル塔〜凱旋門〜そしてクリシイのユースホステルへすんなり行けた。ユースの女性スタッフも覚えていてくれて「オー」「フォト・ジャパン」

　オートバイに乗せて写真を撮っていたスタッフ女性3人も元気だった。日本語を話せる男は辞めたとのこと。いつものメンバー男の人も元気のようだ。とりあえず3泊分予約する。4人部屋だったが、空いていればとネットで調べて3人部屋に替えてもらった。今のところ3人部屋は自分ひとりである。ありがとう。

2001年8月28日 はれ 18℃ はれ 23℃ はれ暑いが日陰はさわやか フランス

　ひさしぶりにゆっくりくつろげる空気になった。朝から素晴らしいいい天気。朝方涼しいというより肌寒さはもう秋の気配を感じさせる。オートバイを洗ってパリ市内を一回り、前回よりなんとなく余裕を持って走れるような気持ちになっている。方角もだいたいつかめる、走ったことのない道で凱旋門へ。きのう「シティバンク」で「シティバンクカード」が使えなかったのできょうも行ってみたがやっぱり使えない。

　「いったい」「どうした！」「しょうがない」となりのビルの ATM に行ってみる。ATM よ「反応してくれーい」オオーっと「よしよし」反応してくれたぞー。おー助かった。これで安心だ。ほんとにシティバンクにはいやな思いをさせられることたびたびだ。せっかくいい気持ちでパリ市内を走ってきたのに「きょうも」シティバンクに又も嫌な思いをさせられた。トラブルになると日本のシティバンクに電話を入れる。お金と時間がかかりこれがやっかいでいやなのだ。

　海外からは有料なのでカードを必ず用意して①ようやく日本に電話が通じた②日本語「希望の方」は「一番」それ以外の方は二番③口座番号・暗証番

号を入れて人間スタッフが電話口に出るまで時間がかかる。ようやくつな
がったスタッフに用件を告げようとするとカードの残りがなくなってしまい
切れてしまう。あーああー。新しいカードでふたたび入れての繰り返し。

　シティ銀行の人間は海外から電話したことがあるのだろうかと腹が立つ。
最近はこれでもよくなったが最初のころは生ぬるい声で「世界のシティバン
クでは……」とキャンペーンの長ーい案内まで聞かされたあとガイダンスに
従って番号を入れていた。最近はなくなってホッとしている。そんなシティ
バンクのキャンペーンまで聞かされるたびにカード度数がどんどん減って行
くのだ「オーイ」「早くしてくれーい」と「怒鳴って」いた。

「おれは今「海外」なのだ」と怒鳴りたくなってくる。まったくシティバン
クには泣かされる。ほかのバンクにしとけばよかった。シティバンクにはほ
んと電話するたびに「いやな」思いをさせられる。電話するたびに「高額電
話料金」をとられるのだ。あー不愉快だ。「電話代返せー」

2001 年 8 月 29 日水曜　　　　　はれ　　　　　フランス
　きょうは何もしない日。一日中部屋にこもる。日本の青年に教わって自分
のホームページにメッセージをはじめて入れることが出来た。ありがとうご
ざいました。

2001 年 8 月 30 日木曜　　　　　雨　小雨　雨　くもり　　　　　フランス
　夕べ寝ようとしたら同じ部屋の人が夜中、水道の水が止まらないとレセプ
ションに行ったが「一晩中」流れぱなっしで「となり」の部屋に移っても音
が聞こえてくるし眠れなかった。最近カード 3 枚とも具合が悪くなっている。
シティバンク、マスターカード、ビザカードを ATM に入れても戻ってきて
しまう。きょうも夕方「シティバンク本店」に行ってもダメだった。前回使
えたビルの「ATM」でもだめだった。これからバイクの輸送、飛行機代が
いると言うのにどうするんだ。

オランダからニューヨークにオートバイ船輸送

2001 年 8 月 31 日　　　　くもり　一時雨　くもり　　　　フランス

　きょうロッテルダムに移動する気になっていたがシティバンクカードが使えなくて心配になった。パリでダメだったらロッテルダムでも使えないだろうと思い朝 10 時シャンゼリゼ大通り凱旋門の近くにある「シティバンク」に行く。案の定やっぱりカードが使えない。窓口に行くと発行元の日本に電話を入れてもらい「緊急のため」と言ってパスポートを提出。一時間ぐらい待って 1000$=12 万円を手にすることが出来た。

　アメリカまでのバイクの輸送代、飛行機代これで大丈夫だろう。まぁとりあえず「まとまった金」を下ろされたのでひとまず安心。マスターカードが使えなくなったのは「支払い日」に「入金が間に合わなくて」「停止」に「なっている」ことがはじめて分かった。原因が分かればいい。それにしてもカードが使えなくなることは不安だ。手元には 300$=3 万 6 千円しかなかった。これからカードは最低でも 4 枚ぐらいは必要かなと思う。

　オランダからニューヨークに飛んで、日本に一時帰国しようと計画している。そのあと北米〜中米〜南米、そしてアラスカの旅の予定。

ヨーロッパの旅……おわり

これまで走ってきた４２ヵ国・国名を書きだして「記念写真」とする。
ジュネーブユースホステル前

アルバニア

リトアニア

ポーランド

ルーマニア

オーストリア

オーストリア

ロシア

ノルウェイ

あとがき

　走り始めのヨーロッパ編はオランダからスタートして、西欧、南欧、中東、東欧、北欧と走ることができた。約一年間にわたって42ヵ国。思った以上に走れてきたものだと思う。日本とは違う右側通行、交差点や信号など走るのを恐れていたのだが現地の人にマイカーに乗せてもらったおかげで落ち着き自然と走れるようになった。しかしイタリアでは夕方「なんで俺の前に車がいるんだ」……なんのことはない自分が間違って左を走っていた。ふっと油断すると日本の習慣が出てしまうのだろう。危ない、危ない。

　ヨーロッパ編での宿はほとんどユースホステルに泊まった。最初のフランスでは、イングランドから一軒あるパリ市内クリシイにあるユースホステル夜中にもかかわらず、ユースホステルを探し、たどり着いた。自分でもすごいと思った。もちろん聴いて聞きまくってのことだ。ユースホステルを探すのに2時間以上かかることもあった。すぐに見つかるとあっけなく感じてしまい逆に物足りなさを感じることもあった。なんかユース「ホステル探し」になってしまったヨーロッパであった。

　病院に行ったのはヘリコプターで運ばれたアラスカの交通事故3巻アメリカ編で詳しく書きます。歯医者さんは5ヵ所。ギリシャ2回、マケドニア、レバノン、トルコ。食あたりだったのだろう、すごい激痛で病院に行った。現地の薬でスーッと治った。図々しく、厚かましいふるまいにもかかわらず、現地の人たちには思っていた以上の親切に助けられてのひとり旅だった。

　家内には長い間家を開けていろいろと心配をかけた。お金も前半は家内、後半には長女に援助してもらって旅を続けることができた。感謝です。ありがとうございました。内容のない文書であっても、一字一句削らないでと無理な注文聞いていただいた。出版社の鳥影社のみなさんにはたびたびアドバイスを受けた、そして感想もいただきました。大変ありがとうございました。

　「記念すべき旅のはじまりヨーロッパ編。コロナ禍で国内旅行にも行けない今日この頃ですが、本書により元気と勇気をいただきました」(百瀬精一社長)

「かつて存在しただろうか？　地球を小さくし、地球人の悩み事さえも小さくできる本なんて……！　少しオーバーな表現ですがこれは事実です。大した本です」(CD の吉田格さん)

「まだ旅に慣れておらず、数々のトラブルもあり、戸惑いもあったと思いますが、物怖じせず、現地の人たちとふれあい、名所を巡り、国境を乗り越えていく姿に憧れます。国際化が進む現代、言語教育ばかりが盛んに言われますが、言葉が通じなくても気持ちでふれあえることがこの本からわかります。子どもたちにもぜひとも読んでいただきたいです」(編集の北澤晋一郎さん)

　まだシリーズ 7 巻まで続きます。
　お粗末な内容ですがよろしくお願いします。

　なお、ライダー袴田耕平さんが 2021 年 4 月に亡くなられた 70 才。
　ろう者で世界 80 ヵ国以上走られてきた。本書を袴田耕平さんに捧げます。
　合掌。

2021 年 7 年 7 日

アフリカを走行中の袴田耕平さん
(2012 年撮影)

一時帰国中に横浜で会う
(2013 年撮影)

世界の国境

ヨーロッパ編

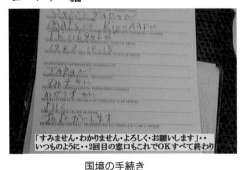

「すみません・わかりません・よろしく・お願いします」・・いつものように・・2回目の窓口もこれでOKすべて終わり

国境の手続き

イタリアとアフリカ・チュニジア

アンドラとフランス、ピレネー山脈の吹雪

アンドラとフランス

スペインとポルトガル

ドーバー海峡・トンネル列車係員スタッフ

ドーバ海峡トンネル列車に乗り込むのは二回目

↑フランスとイングランド、ドーバー海峡トンネル↑

↓

中東編

イランとパキスタン

アゼルバイジャンとジョージア

イランとアルメニア

ギリシャとトルコ

ジョージアとアゼルバイジャン

ジョージアとトルコ

UAE とオマーン

UAE とオマーン（飛び地）

トルコとレバノン

トルコとイラン

パキスタンとインド

トルクメニスタンとイラン

パキスタンと ↕ フンジュラブ峠

パキスタンと中国国境「フンジュラブ峠」4900m
歩いていると頭がふらふらしてきた（2003年11月16日）

パキスタンと中国国境「フンジュラブ峠」4900m。歩いていると頭が
ふらふらしてきた。中国管理事務所には誰もいなかった。
この標識から右側通行になる。（2003年11月16日）

2003年10月↑

アゼルバイジャンとジョージア

↓2014年6月

2001年2月↑

ギリシャとトルコ

↓2015年5月

ギリシャからトルコ入国二回目同じ場所（2001年・2015年）前回
写真は撮ることができなかったが今回は国境保官が撮ってくれた

トルコとシリア

東欧編

モルドバとルーマニア

ウクライナとモルドバ

アルバニアとモンテネグロ

モルドバとウクライナ

モルドバとルーマニア

モルドバとルーマニア

ウクライナとモルドバ

エストニアとフィンランド（フェリー）

セルビアとマケドニア

ブルガリアとセルビア

セルビアとマケドニア

ポーランドとウクライナ

マケドニアとアルバニア

マケドニアとコソボ

モルドバとルーマニア

当時ユーゴスラビア（今セルビア）と
ルーマニア国境（2001年）

←ユーゴスラビア（セルビア）とルーマニア

リトアニアとポーランド国境・・・いまは使われていない
今はすいすい・・・走り抜ける・・直近まで「国境」だった・・・思わず泊まりそうになる「建物」

リトアニアとポーランド

北欧編

フィンランド、ノルウェイ、スウェーデン
三ヵ国の国境。

フィンランドとノルウェイとスウェーデン

フィンランドとノルウェイ国境
これからノルウェイに向かう

フィンランドとノルウェイ

ロシア・中央アジア編

ジョージアとロシア　コーカサス山脈

モスクワから2500km戻ってロシアとカザフスタン国境
これから中央アジアを南下していく

↑ロシアとカザフスタン↑

モスクワから2500km戻ってロシアとカザフスタン国境
これから中央アジアを南下していく

↓ベラルーシとリトアニア↓

ロシアとモンゴル

モンゴルとロシア

モンゴル・ウランバートルからロシア・ウランウデに戻る・・モンゴル側ゲート。ロシアに結構待たされた

モンゴルとロシア

ウズベキスタンとトルクメニスタン国境、ここの緩衝地帯800m。朝から夕方まで一日中行ったり来たり待たされた。ウズベキスタン旅行者に事前に連絡していなかったのが原因

ウズベキスタンとトルクメニスタン

丸一日ここの国境で待機夕方ようやく入国できたウズベキスタンとトルクメニスタン国境

ウズベキスタンとトルクメニスタン

カザフスタン・アルマティからキルギス国境・キルギス側

カザフスタンとキルギス

カザフスタンとキルギス国境キルギス側

カザフスタンとキルギス

キルギスとウズベキスタン国境。三日目でようやくウズベキスタン国境「オシOsh」に着いた

キルギスとウズベキスタン

キルギスとウズベキスタン

北米・中米・南米編

アメリカとメキシコ

ニカラグアとコスタリカ

メキシコとグアテマラ

グアテマラとニカラグア

アメリカとカナダ

カナダとアメリカ・アラスカ

コロンビアとエクアドル

ブラジルとベネズエラ

ペルーとチリ

ペルーとボリビア

ボリビアとペルー（チチカカ湖）

アジア編

インドとネパール

タイとカンボジア

タイとミャンマー　　　　　　　　　　　　タイとカンボジア

タイとミャンマー　この国境では入国できず　　　タイとラオス　入国できず

タイとラオス　入国できず　　　　　　　　　タイとラオス

タイとラオス

↑北朝鮮と韓国の「軍事境界線」（※国境ではない）↓

韓国と北朝鮮の「軍事境界線」（※国境ではない）

アフリカ編

スペインとモロッコ

モザンビークとジンバブエ

広大な国立動物公園・・・タンザニアとケニア国境表示

タンザニアとケニア

ザンビアに抜ける道は山道でわたしのオートバイでは無理　タンガニーカ湖を船で渡ることにしたブルンジ首都ブジュンブラ港イミグレーション

ブルンジとザンビア（タンガニーカ湖）↑
　タンザニアで降ろされる ↓

小さい港から誰もいない道路をザンビアの国境まで必死に歩いてもらった。ここでトマトを買った
2007.10.27

ブルンジとタンザニア

ザンビア国境に入る。手続きはここまで付いて来てくれたタンザニアの係官がやってくれたのでありがたかった。

タンザニアとザンビア

ジンバブエとボツワナ

マラウイとタンザニア

タンザニアとザンビア

ブルキナファソとマリ

ニジェールとブルキナファソ　　　　セネガルとモーリタニア

モーリタニアから西サハラの国境についた。
これからモーリタニアの出国手続き。待っ
ている間にわからないだろうと写真を撮っ
たら係員が見ていたようだ。「ノーノー」
わたしの「オートバイ」を撮っていた。
説明かろうじて没収にはならなかった。

モーリタニアと西サハラ

先に見えているのはルワンダの国境。ツチ族とフツ族
の民族の争いで60万人〜100万人の虐殺が行われた
（1994年）と伝えられている。入国した後、親を亡くした
ツチ族の青年、女性たち何人にもあった。

ウガンダとルワンダ

ルワンダとブルンジ

2008.03.24

ベナン出国手続を終えてニジェール川を
渡りニジェール入国手続きに入る。
ニジェールでかわいい女の子がレモン？
を売りに来ていた。

ベナンとニジェールの国境についた。
これからベナン出国手続きをする。
見えるのはニジェール川を渡ると
ニジェール。

ベナン出国手続を終えてニジェール川を
渡りニジェール入国手続きに入る

ベナンとニジェール

セネガルとマリ　　　　　　　　　　タンザニアとケニア

ケニアとウガンダ　　　　　　　　スワジランドとモザンビーク

↑↓ガーナとトーゴ↑

チュニジアとイタリア

オートバイでこれまで走ってきたルート19年・140ヵ国・39万キロ

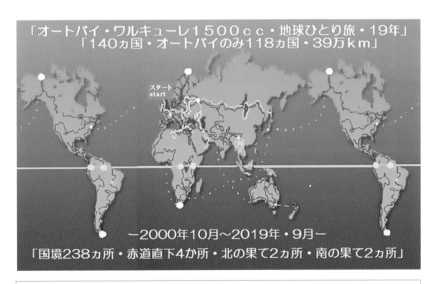

地図の左側にもアメリカ大陸を描いた「世界合併地図」
アフリカと南米が意外に近いことが分かる

訪問国一覧

1	日本出国 Japan Start （P.12）	2000−10− 9	
2	マレーシア Malaysia （P.12）	10−11	
3	オランダ Netherlands （P.12）	10−13	
4	ベルギー Belgium （P.19）	11− 6	
5	フランス　カレー France ドーバートンネル列車（P.21）	11− 8	
6	イギリス England （P.22）	11− 8	↓フェリー
7	フランス　パリ France （P.29）	11−19	
8	スペイン Spain （P.41）	12− 6	
9	ポルトガル Portugal （P.50）	12−12	
10	スペイン Spain　ジブラルタル （P.64）	12−24	↓フェリー
11	アフリカ・モロッコ Africa-Morocco （P.64）	12−24	↓フェリー
12	スペイン Spain （P.70）	12−26	
13	アンドラ Andorra （P.78）	2001− 1− 5	
14	フランス （南フランス） France （P.83）	1− 7	
15	モナコ Monaco （P.86）	1−10	
16	イタリア～シシリ島 Italy ～ Siciliana　パーリ （P.86）	2001− 1−10	↓フェリー
17	ギリシア Greece （P.105）	2001− 1−29	↓フェリー
18	トルコ Turkey （P.114）	2− 8	
19	シリア Syria （P.144）	3− 3	
20	ヨルダン Jordan　アカバ （P.149）	3− 7	↓フェリー
21	エジプト　ヌエーバ Egypt （P.160）	3−12	
22	イスラエル Israel　ハイファ （P.178）	3−28	↓フェリー
23	キプロス Cyprus （P.192）	4− 9	↓フェリー
24	ギリシャ Greece （P.194）	4−11	
25	ブルガリア Bulgaria （P.196）	4−15	
26	マケドニア Macedonia （P.205）	4−22	
27	アルバニア Albania （P.207）	4−24	
28	モンテネグロ Montenegro （P.209）	4−25	
29	クロアチア Croatia （P.211）	4−26	
30	ボスニア・ヘルツェゴビナ Bosnia and Herzegovina (P.213)	4−28	
31	クロアチア Croatia （P.216）	4−30	
32	ユーゴスラビア（セルビア）Yugoslavia (Serbia)（P.216）	5− 1	
33	ルーマニア Romania （P.220）	5− 3	
34	ウクライナ Ukraine （P.226）	5− 9	
35	ハンガリー Hungary （P.229）	5−13	
36	クロアチア Croatia （P.233）	5−18	
37	スロベニア Slovenia （P.235）	5−18	
38	イタリア　ベネチア Italy （P.236）	5−20	
39	オーストリア Austria （P.238）	5−23	
40	スロバキア Slovakia （P.246）	6− 1	
41	チェコ Czech （P.246）	6− 2	
42	ポーランド Porland （P.247）	6− 2	
43	リトアニア Lithuania （P.252）	6− 7	

44	ラトビア Latvia （P.253)	6−10	
45	ロシア・モスクワ Russia サンクトペテルブルク (P.257)	6−14	
46	エストニア Estonia　タリン （P.269)	6−22	↓ フェリー
47	フィンランド・ヘルシンキ Finland （P.271)	6−23	
48	ノルウェイ Norway （P.275)	6−28	
49	スウェーデン Sweden （P.290)	7−14	
50	デンマーク Denmark （P.299)	7−27	
51	ドイツ Germany （P.301)	7−30	
52	オランダ Holland Netherlands （P.303)	8− 1	
53	ルクセンブルク Luxembourg （P.307)	8− 5	
54	ドイツ Germany （P.307)	8− 6	
55	チェコ Czech （P.308)	8− 7	
56	ドイツ Germany （P.309)	8− 9	
57	オーストリア Austria （P.310)	8−10	
58	スイス Swiss （P.311)	8−10	
59	リヒテンシュタイン Liechtenstein （P.311)	8−11	
60	スイス Swiss （P.313)	8−14	
61	フランス・リヨン France （P.319)	8−26	
62	オランダ Holland Netherlands （P.322)	9− 5	
63	アメリカ・ニューヨーク America USA	9− 8	
64	マンハッタン Manhattan 同時ビル爆破事件	9−11	
65	日本帰国 Japan Back	9−17	
66	アメリカ USA　ニューヨーク・キーウェスト	10−15	
67	メキシコ Mexico	11−20	
68	グアテマラ Guatemala	11−28	
69	エルサルバドル El Salvador	11−29	
70	ホンジュラス Honduras	12− 1	
71	ニカラグア Nicaragua	12− 2	
72	コスタリカ Costa rica	12− 3	
73	パナマ Panama	12− 6	
74	コロンビア Colombia	12−11	
75	エクアドル Ecuador	12−15	
76	ペルー Peru　クスコ、1/1 マチュピチュ	12−22	
77	ボリビア Bolivia　チチカカ湖	2002− 1− 7	↓ フェリー
78	ペルー Peru　チチカカ湖	1−10	
79	チリ Chile	1−10	
80	アルゼンチン Argentina　1/25 ウシュアイア	1−21	↓ フェリー
81	チリ・プエルトウィリアムス Cheli	2− 3	↓ フェリー
82	アルゼンチン Argentina	2− 7	↓ フェリー
83	ウルグアイ Uruguay	2−27	
84	ブラジル Brazil	3− 2	
85	パラグアイ Paraguay	3− 3	
86	ブラジル イグアスの滝 Brazil ブラジリア、アマゾン川	3−14	
87	ベネズエラ　カラカス Venezuela	5−11	

88	コロンビア　ボゴタ Colombia	5-17	
89	メキシコ　メキシコ Mexco　カリフォルニア半島	5-17	
90	アメリカ　サンディエゴ USA	6- 8	
91	カナダ　トロント Canada　ニューファンドランド	7- 2	
92	アメリカ　アラスカ USA（交通事故）〜ハワイ	7-27	
93	日本帰国 Japan Back	10-10	
94	日本→トルコ Japan → Turkey	2003- 3- 4	
95	トルコ→ヨルダン Turkey → Jordan	3- 5	
96	ヨルダン→イラク Jordan → Iraq	3- 9	
97	イラク→ヨルダン Iraq → Jordan	3-11	
98	日本帰国 Japan Back	3-12	
99	日本出国 Japan Start 富山・伏木港	6-19	
100	ロシア　ウラジオストク Russia Vladivostok	6-22	↓
101	モンゴル Mongolia Ulan Bator	7- 6	
102	ロシア　ウランウデ Russia Moscow	7-15	
103	カザフスタン　アルマティ Kazakhstan	8-12	
104	キルギス　ビシュケク Kirghiz	8-21	
105	ウズベキスタン　サマルカンド Uzbekistan	8-27	
106	タジキスタン　ドウシャンベ Tajikistan	9-19	
107	ウズベキスタン　ブハラ Uzbekistan Bukhara	9-21	
108	トルクメニスタン Turkmenistan アシガバード	9-25	
109	イラン　テヘラン Iran Tehran	9-29	
110	アゼルバイジャン　バクー Azerbaijan Baku	10- 5	
111	グルジア（ジョージア）Georgia	10- 9	
112	トルコ Turkey	10-11	
113	イラン　タブリーズ Iran teheran	10-14	
114	パキスタン Pakistan　イスラマバード	10-20	
115	中国・北京 China Beijing	12-15	
116	日本帰国 Japan Back	2004-3-22	
117	日本→中国北京 China Beijing	3-22	
118	パキスタン Pakistan	3-22	
119	インド India	5-13	
120	ネパール Nepal Kathmandu	5-22	
121	中国　チベット（西蔵）China Tibet	9-1 〜 9-30	
122	ネパール Nepal Kathmandu	9-30	
123	インド India	10-26	
124	タイ　バンコク Thailand Bangkok	12-12	
125	日本帰国 Japan Back	12-18	
126	タイ Thailand Bangkok	2005- 2- 2	
127	ブルネイ Brunei	2- 9	
128	オーストラリア Australia Perth	2-10	
129	ニュージーランド New Zealand	3-21	
130	オーストラリア Australia	4- 5	
131	ブルネイ Brunei	6- 9	
132	タイ　バンコク Thailand Bangkok	6- 9	

133	日本帰国 Japan Back　次期待機中	2005- 6-17	
134	日本出発　Japan Start	2007- 6-19	
135	中国　上海 China Shanghaig	6-19	
136	モルジブ Maldives	6-20	
137	南アフリカ　ダーバン South Africa Durban	6-20	
138	スワジランド Swaziland	7-12	
139	モザンビーク Mozambique	7-25	
140	ジンバブエ Zimbabwe	8- 2	
141	モザンビーク Mozambique	8- 7	
142	マラウイ Malawi	8- 8	
143	タンザニア Tanzania	8-16	
144	ケニア Kenya	8-31	
145	エチオピア Ethiopia	9-12	
146	ケニア Kenya	9-21	
147	ウガンダ Uganda	10- 3	
148	ルワンダ Rwanda	10-10	
149	ブルンジ Burundi　タンガニーカ湖	10-16	↓フェリー
150	タンザニア Tanzania	10-27	
151	ザンビア Zambia	10-28	
152	ジンバブエ Zimbabwe	11-10	
153	ボツワナ Botswana	11-11	
154	ナミビア Namibia	11-18	
155	南アフリカ　喜望峰 South Africa ケープタウン	11-29	
156	ナミビア Namibia　ナミブ砂漠	12-16	
157	南アフリカ アグラス岬 South Africa ケープタウン	12-23	
158	レソト Lesotho	2008- 1-16	
159	南アフリカ South Africa	1-18	
160	ヨハネスブルグ～ケニア～ガーナ	1-28 / 1-29	
161	ガーナ Ghana Accra	1-29	
162	トーゴ Togo	3-13	
163	ベナン Benin	3-20	
164	ニジェール Niger	3-24	
165	ブルキナファソ Burkina Faso	3-30	
166	マリ　バマコ Mali Bamako	4- 4	
167	セネガル Senegal Dakar	4-11	
168	モーリタニア Mauritania　ヌアクショット	4-18	
169	西サハラ Western Sahara	4-22	
170	モロッコ　カサブランカ Morocco Casablanca	4-27	
171	スペイン　バルセロナ Spain Barcelona	4-30	
172	スイス Swiss	5-11	
173	タイ　バンコク Thailand Bangkok	5-12	
174	ベトナム Vietnam	5-25	
175	日本帰国 Japan Back	5-26	
176	日本出発 Japan Start　下関港	11- 4	↓

177	韓国プサン Korea 一周	11-5 ～ 11-22	↓
178	日本帰国 Japan Back 次期待機中	2008-11-22	
179	日本出国 Japan Start	2011- 8-22	
180	中国 北京 China Beijing 経由	8-23	
181	朝鮮民主主義人民共和国（北朝鮮）North Korea	8-23	
182	日本帰国 Japan Back 次期待機中	2011- 8-27	
183	日本出国 Japan Start	2014- 2-16	
184	中国 南京 China Nanjing	2-16	
185	中国 昆明 China Kunming	2-17	
186	アラブ首長国連邦 United Arab Emirates (UAE)	2-18	
187	オマーン Oman	3- 1	
188	アラブ首長国連邦 ドバイ United Arab Emirates (UAE)	3- 3	
189	オマーン Oman Muscat	3- 5	
190	アラブ首長国連邦 ドバイ United Arab Emirates (UAE)	4-27	↓ フェリー
191	イラン Iran	5- 3	
192	アルメニア Armenia	5-16	
193	ジョージア（グルジア）Georgia	5-26	
194	アゼルバイジャン Azerbaijan	6-20	
195	ジョージア（グルジア）Georgia	6-24	
196	ロシア コーカサス山脈 Russia Sochi Musscat	6-29	
197	ベラルーシ Belarus	7-22	
198	リトアニア Lithuania	7-27	
199	ポーランド Porland アウシュビッツ	7-30	
200	ウクライナ Ukraine チェルノブイリ	8- 6	
201	モルドバ Moldova	8-13	
202	ハンガリー Hungary ブダペスト	8-20	
203	オーストリア Austria	8-26	
204	ドイツ Germany	8-29	
205	ベルギー・フランス Belgium-France	8-30	
206	イギリス England	8-31	フェリー
207	アイルランド Ireland	9- 1	↓ フェリー
208	イギリス・スコットランド Scotland	9-17	↓
209	フランス France	9-21	
210	ベルギー Belgium	9-21	
211	ドイツ ミュンヘン Germany	9-23	
212	スイス Swiss	9-29	
213	イタリア ミラノ Italy Milan	10-10	
214	モナコ Monaco	10-13	
215	フランス・ニース France Nice	10-13	
216	イタリア ミラノ Italy Milan	10-29	
217	日本帰国 Japan Back	2014-11- 4	
218	日本出国 Japan Start	2015- 2- 2	
219	イタリア ミラノ Italy Milan	2- 3	
220	アフリカ・チュニジア Africa Tunisia	2-22	
221	イタリア シシリ島 Italy Sicily	5- 8	

222	ギリシャ Greece	5-10	
223	トルコ Turkey	5-12	フェリー
224	レバノン Lebanon	5-22	フェリー
225	トルコ Turkey	6-11	
226	ブルガリア Bulgaria	6-25	
227	マケドニア Macedonia	6-26	
228	コソボ Kosovo	6-26	
229	セルビア Serbia	6-28	
230	ボスニア・ヘルツェゴビナ Bosnia and Herzegovina	7- 1	
231	クロアチア Croatia	7- 3	
232	スロベニア Slovenia	7- 3	
233	ハンガリー Hungary	7- 5	
234	スロバキア Slovakia	7- 5	
235	ポーランド Porland	7- 6	
236	リトアニア Lithuania	7- 7	
237	ラトビア Latvia	7-18	
238	ロシア　モスクワ Russia	7-19	
239	モンゴル Mongolia	8- 4	
240	日本帰国 Japan Dack	8-11	
241	モンゴル Mongolia	8-18	
242	ロシア　サハリン Russia Sakhalin	8-20	
243	日本帰国　稚内 Japan Back	2015- 9- 8	
244	日本出国 Japan Start	2017- 4-26	
245	タイ　バンコク Thailand Bangkok	4-26	
246	ミャンマー Myanmar	5-19	
247	タイ　タチレク Thailand	6- 6	
248	ラオス Laos	6-19	
249	カンボジア Cambodia	7- 3	
250	ベトナム Vietnam	7- 6	
251	カンボジア Cambodia	8- 7	
252	タイ Thailand	8- 8	
253	日本帰国 Japan Back	8-20	
254	日本出国 Japan Start	9- 1	
255	フィリピン Philippines Manila	9- 1	
256	パプアニューギニア Papua New Guinea	9- 3	
257	フィリピン Philippines Manila	9- 9	
258	マレーシア Malaysia	9- 9	
259	シンガポール Singapore	9-11	
260	スリランカ Sri Lanka	9-14	
261	マレーシア Malaysia	9-22	
262	タイ　バンコク Thailand Bangkok	9-29	
263	ネパール Nepal	10- 4	
264	ブータン Bhutan	10- 7	
265	ネパール Nepal	10-12	
266	マレーシア Malaysia	10-12	

267	日本帰国 Japan Back	2017-10-13	
268	日本出国 Japan Start	2019- 6-27	
269	メキシコ Mexico	6-27	
270	ドミニカ Dominican	6-28	
271	スパニオラ Hispaniola	6-29	
272	ジャマイカ Jamaica	6-30	
273	パナマ Panama	7- 2	
274	キューバ Cuba	7- 2	
275	メキシコ Mexico	7- 9	
276	日本帰国 Japan Back	2019- 7-11	
277	日本出国 Japan Start	2019- 9-10	
278	タイ　バンコク Thailand Bangkok	9-11	
279	カタール Qatar	9-12	
280	クウェート Kuwait	9-13	
281	バーレーン Bahrain	9-15	
282	トルコ　イスタンブール Turkey Istanbul	9-15	
283	スウェーデン　ストックホルム Sweden Stockholm	9-15	
284	ノルウェイ　オスロ Norway Oslo	9-15	
285	アイスランド Iceland	9-15	
286	チェコ Czech	9-20	
287	ロシア　モスクワ Russia Moskva	9-20	
288	タイ　バンコク Thailand Bangkok	9-22	
289	日本帰国 Japan Back	2019- 9-23	

〈著者紹介〉

松尾清晴（まつお　きよはる）

1943年（昭和18）10月15日

佐賀県嬉野市嬉野町吉田両岩生まれ

鹿島実業高校（定時制）卒業

国鉄・肥前鹿島駅・東京駅・浦和車掌区・上野要員機動センター
などを経て、2000年10月退職

家族：妻・長女・長男・次男

住所：熱海市下多賀431－3－805号

メール：bikenomatsuo@gmail.com

オートバイ地球ひとり旅
ヨーロッパ編

定価（本体1600円＋税）

2021年7月 8日初版第1刷印刷
2021年7月17日初版第1刷発行

著　者　松尾清晴

発行者　百瀬精一

発行所　鳥影社 (www.choeisha.com)

〒160-0023 東京都新宿区西新宿3-5-12トーカン新宿7F
電話 03-5948-6470, FAX 0120-586-771

〒392-0012 長野県諏訪市四賀229-1(本社・編集室)
電話 0266-53-2903, FAX 0266-58-6771

印刷・製本　シナノ印刷

© MATSUO Kiyoharu 2021 printed in Japan

ISBN978-4-86265-912-5　C0095

乱丁・落丁はお取り替えします。

松尾清晴 著　全7巻予定

ワルキューレ 1500cc

オートバイ地球ひとり旅

笑われて・笑わせて・道に迷い・親切に泣いた！
駆け抜けた 19 年・140 ヵ国・39 万 Km ！

①巻　ヨーロッパ編（本書）
　　2000 年 10 月〜 2001 年 8 月
　　西欧、南欧と巡り、中東も経由して東欧、北欧へ

②巻　アメリカ大陸編（北米・中米・南米）
　　2001 年 9 月〜 2002 年 10 月
　　NY で 9.11 同時爆破テロに遭遇、アラスカで大怪我
　　中米・南米最南端、北斗七星と南十字星を一緒に見る

③巻　シベリア横断・中央アジア編
　　2003 年 3 月〜 2004 年 5 月
　　シベリア横断に挑む。イラク戦争に抗議も

④巻　アジア・オセアニア編
　　2004 年 5 月〜 2005 年 6 月
　　エベレストで人生最高の感動を味わう

⑤巻　アフリカ編（既刊）
　　2007 年 6 月〜 2008 年 4 月
　　決死の覚悟でサハラ砂漠を突っ走る

⑥巻　朝鮮半島編　70 歳記念編
　　2008 年 10 月（韓国）・2011 年 8 月（北朝鮮）
　　2014 年 2 月〜 2015 年 9 月（走り残した国を中心に）
　　70 才を記念して各地をめぐり再度のシベリア横断へ

⑦巻　東南アジア編
　　2017 年 4 月〜 2019 年 9 月
　　最後の地・東南アジアへ

鳥影社